आचार्यश्री दिङ्नागः

སློབ་དཔོན་ཕྱོགས་ཀྱི་གླང་པོ།

बौद्धाचार्यदिङ्नागप्रणीतं

न्यायप्रवेशकशास्त्रम्।

NYĀYAPRAVEŚAKAŚĀSTRA

of BAUDH ĀCĀRYA DIṄNĀGA

(The father of the Buddhist Logic)

With the commentary of Ācārya Haribhadrasūri

and with

the subcommentary of Pārśvadevagaṇi

Critically edited by Muni Jambuvijaya, the disciple of

H. Holiness Munirāja Śrī Bhuvanavijayajī Mahārāja.

Published by

MOTILAL BANARSIDASS - DELHI,

SIDDHIBHUVAN MANOHAR JAIN TRUST - AHMEDABAD,

&

JAIN ATMANAND SABHA, BHAVNAGAR.

याकिनीमहत्तराधर्मसूनु-जैनाचार्यश्री **हरिभद्र**सूरिविरचितया
शिष्यहिताभिधया वृत्त्या, **पार्श्वदेव**गणिविरचितया तत्**पञ्जिकया** च विभूषितं
बौद्धाचार्य**दिङ्नाग**प्रणीतं

न्यायप्रवेशकशास्त्रम् ।

आद्यसंशोधकाः

आगमप्रभाकर-पूज्यमुनिराजश्री **पुण्यविजयजीमहाराजाः**

ततः परं संशोधकः सम्पादकश्च

पूज्यपादाचार्यश्रीमद्विजय**सिद्धिसूरीश्वर**पट्टालंकार-
पूज्यपादाचार्यश्रीमद्विजय**मेघसूरीश्वर**शिष्य-
पूज्यपादगुरुदेवमुनिराजश्री **भुवनविजयान्ते**वासी
जैनमुनि जम्बूविजयः

सहायकाः

मुनिराजश्री धर्मचन्द्रविजय-पुण्डरीकरत्नविजय-धर्मघोषविजय-
महाविदेहविजय-नमस्कारविजयाः ।

प्रकाशकाः

मोतीलाल बनारसीदास, दिल्ली,
श्री सिद्धिभुवनमनोहर जैन ट्रस्ट, अहमदाबाद.
श्री जैन आत्मानंद सभा, भावनगर. (पिन - ३६४००१)

प्रथम संस्करण: दिल्ली २००९ (संवत २०६५)

ISBN: 978-81-208-3350-0

प्राप्ति स्थान

मोतीलाल बनारसीदास
४१, यू.ए. बंगलो रोड, जवाहर नगर
दिल्ली – ११० ००७, फोन: ०११–२३८५ ८३३५,
२३८५ १९८५, २३८५ ४८२६
ई–मेल: mlbd@vsnl.com
बेबसाइट: www.mlbd.com

श्री सिद्धिभुवन मनोहर जैन ट्रस्ट
C/o अशोकभाई बी. संघवी, महावीर ट्रेडर्स,
८१०, मेडीसीन मार्केट, शेफाली सेंटर के सामने,
पालडी, अहमदाबाद – ३८० ००७
फोन: ०७९–२६५७ ८२१८
मोबाईल: ९८२५० ३७१७०

सरस्वती पुस्तक भंडार
हाथीखाना, रतनपोल,
अहमदाबाद – ३८० ००१
फोन: ०७९–२५३५ ६६९२

श्री जैन आत्मानंद सभा
खारगेट, भावनगर – ३६४ ००१

टंकण व साजसज्जा
कीरीट ग्राफिक्स, २०९, आनंद शॉपिंग सेंटर,
रतनपोल, अहमदाबाद – ३८० ००१
फोन: ०७९–२५३५ २६०२
मोबाईल: ९८९८४ ९००९१
ई–मेल: kiritgraphics@yahoo.com

मोतीलाल बनारसीदास, ४१, यू.ए. बंगलो रोड, जवाहर नगर, दिल्ली – ११० ००७,
श्री सिद्धिभुवन मनोहर जैन ट्रस्ट, ८१० मेडीसीन मार्केट, पालडी, अहमदाबाद – ३८० ००७
व श्री जैन आत्मानंद सभा, खारगेट, भावनगर – ३६४ ००१ द्वारा संयुक्त रूप से प्रकाशित एवं
श्री जैनेन्द्र प्रेस, ए–४५, नारायणा, फेज–१, नई दिल्ली – ११० ०२८ द्वारा मुद्रित

विषयानुक्रमः

	Preface	vii
	प्रस्तावना	xiii
	प्रास्ताविकं किञ्चित्	xxi
	न्यायप्रवेशकशास्त्रम् १-२७ सूत्राणि	**१-१२६**
(१)	शास्त्रार्थसंग्रहः	१
(२)	पक्षादिवचनानां साधनत्वम्	२
(३)	पक्षस्वरूपम्	२
(४)	हेतुस्वरूपम्	२
(५)	दृष्टान्तस्वरूपम्	३
(६)	साधनावयवस्वरूपम्	३
(७)	पक्षाभासस्वरूपं भेदाश्च	३
(८)	पक्षाभासभेदस्वरूपम्	४
(९)	हेत्वाभासभेदाः	४
(१०)	असिद्धभेदवर्णनम्	४
(११)	अनैकान्तिकभेदवर्णनम्	५-६
(१२-१३)	विरुद्धभेदवर्णनम्	७
(१४)	दृष्टान्ताभासभेदाः	८
(१५-१६)	साधर्म्येण दृष्टान्ताभासभेदस्वरूपम्	८
(१७-१८)	वैधर्म्येण दृष्टान्ताभासभेदस्वरूपम्	९
(१९)	पक्ष-हेतु-दृष्टान्ताभासानां साधनाभासत्वम्	१०
(२०-२१-२२)	प्रमाणभेदाः तत्स्वरूपं च	१०
(२३-२४)	प्रत्यक्षाभासा-ऽनुमानाभासयोः स्वरूपम्	१०
(२५-२६)	दूषण-दूषणाभासस्वरूपम्	१०-११
(२७)	शास्त्रोपसंहारः	११
	न्यायप्रवेशकवृत्तिः	**१३-५५**
	न्यायप्रवेशकवृत्तिपञ्जिका	**५६-१२६**
	पञ्च परिशिष्टानि	**१२७-१६१**
	१. R. मध्ये विद्यमाना न्यायप्रवेशकटीकापाठभेदाः।	१२७
	२. आचार्यश्रीहरिभद्रसूरिविरचितायां टीकायां विद्यमानाः साक्षिपाठाः।	१३०
	३. पार्श्वदेवगणिविरचितायां पञ्जिकायां विद्यमानाः साक्षिपाठाः।	१३१
	४. पञ्जिकायां निर्दिष्टानि ग्रन्थ-ग्रन्थकृतां नामानि।	१३२
	५. PREFACE FOR NARTHAANG EDITION	१३३-१३५
	Narthang edition of *Nyāyapraveśaka*-Tibetan translation	१३६-१४८
	Peking edition of *Nyāyapraveśaka*-Tibetan translation	१४९-१६१

Preface

With the grace of the my most venerable, gracious benefactor, father and revered teacher, great sage Shri **Bhuvanavijayaji Maharaja,** I feel extremely happy in presenting a work known as *Nyāyapraveśaka,* along with a commentary and *Pañjikā,* before them who are interested in the Buddhist logic.

Nyāyapraveśakaśāstra, written by the famous Buddhist preceptor, **Diṅnāga,** known as the father of Buddhist logic, in the fourth century of the Vikram era, is an important work. On this text *(Nyāyapraveśakaśāstra)* there is a commentary known as *Śiṣyahitā,* written by the preceptor Śrī **Haribhadrasūri,** religious son of **Yakinimahattarā** in the seventh century of the Vikram era and an old commentary known as *Nyāyapraveśakavṛttipañjikā* written on palm-leaves by Śrī **Pārsvadevagani** in the twelfth century of the Vikram era. We have critically edited this text *Nyāyapraveśakaśāstra* on the basis of the above-mentioned commentaries.

Almost seventy-seven years ago (1930 A.D.) this work was published by the Oriental Institute, Baroda. Its editor was a famous scholar **Anandashankar Bapubhai Dhruva** from Gujarat. On the basis of the available material at that time, he had edited this work. He mentioned in its introduction the material that was available to him at that time on page xxxiv. We have quoted his words in this publication on page 12. It is however natural that there may have remained some mistakes in the edition based on the scant manuscripts (mss.).

On the basis of the different mss. from Jaisalmer, Khambhat etc., āgamaprabhākara venerable sage (late) Shri **Punyavijayaji** did a painstaking work by completing the broken texts and variants. We got this edition of the text and the *Nyāyapraveśakavṛttipañjikā* of venerable sage Shri Punyavijayaji, giving different readings in the foot-notes or offering different informations separately. Making this as our basis and utilizing the other materials available, we have edited this text in a systematic way. In the history of the Buddhist logic, this is a significant work. We have elaborately mentioned in the foot-notes on pages 1, 13 and 56 the different mss. collected and used in this edition.

The Sanskrit text of *Nyāyapraveśakaśāstra* was translated into the Bhota language of Tibet and into Chinese language many years ago. Besides, this text was also translated independently from Chinese language into Bhota language. Keeping all this in mind, Pandit **Vidhushekhara Bhattacharya** in 1927 also published its Tibetan translation in the Roman script. This translation has been published by Central Library, Baroda as the Gaekwards Oriental Series No. XXXIX, which might be extremely useful for the scholars of Tibetan language. Therefore, we have included it as the fifth appendix of this publication in the original Tibetan script. I am grateful to Sadhviji Shri **Jinendraprabhashriji** for the help, who was the disciple of my revered mother Sadhviji Shri **Manoharashriji.**

Tibet is a country on the other side of the Himalaya and its original name is Bhota. The inhabitants of this country are known as Bhotias. Their language has been referred to here as Bhota language and their script as Bhota script. About five thousand Buddhist works on different subjects written in Sanskrit were translated in the Bhota language hundreds of years ago.

These translations in Bhota language have been divided into two parts — **Kanjur** and **Tanjur.** The works dealing with epistemology (logic) are covered under the title **Tanjur**. Many years ago, the system of first carving out these translated treaties on wooden slabs and then printing on paper was started at different places in Tibet and China. The printed treatises from carved wooden frames were known as Xylographs. Lakhs of such inscribed wooden slabs are still available there at different places. These Xylographs are known after the names of the places where these wooden plates are preserved, e.g., **Narthang** edition, **Peking** edition, **Choni** edition, **Derge** edition, **Lhasa** edition etc. The Narthang edition is available at different places in the world. The Peking edition is available in Bibliotheca Nationale Library, Paris (France) and Japan. The Choni edition is in the Congress Library, Washington D.C., U.S.A. The works brought from Derge, situated in the eastern part of Tibet are known as the Derge edition. These are in Tohoku University, Sendai (Japan). All the reprinted works of the Peking edition, having been recently published from Tokyo (Japan), have become available in one hundred and fifty volumes. All the relevant informations about the contents and their authors taken from the Derge edition were published many years ago in the form of a big catalogue edited by **Yensho Kanakura,** of Tohoku University, Japan.

Vidhushekhar Bhattacharya published this translation on the basis of the Narthang edition in the Roman script. Our old Japanese friend Prof. **Fujinaga Sin** (c/o Miyakonojo Kosen, Miyakonojo, Miyarzaki, Postal Code 885-8567, Japan) has sent to us this translation (according to the Narthang and the Peking edition) in Tibetan script.

These Buddhist works were translated by Indian and Tibetan scholars in Bhota language so that the Tibetans might understand them. Sometimes these translations were literal, and sometimes on the basis of sense only. If the translator has no good knowledge, he might have even made some mistakes. Sometimes mistakes in the original manuscript also resulted in mistakes in the translation. However, many people feel that the Bhota translations of the Buddhist works were normally done very carefully.

From the two verses quoted by Śrī Haribhadrasūri in the beginning of the commentary (p.13), it is apparent that many commentaries had been written on the *Nyāyapraveśakaśāstra.* In this work (p. 2, line 4) a sentence reads as ***pratyakṣādyaviruddha iti vākyaśeṣah.*** This *sūtra* is not from *Nyāyapraveśakaśāstra,* because the translation of this sentence is not available in the two Bhota and a Chinese language translations of this text. Again in the *Nyāyapraveśakavṛttipañjikā* (p.70, lines 1-6) it is clearly stated that this sentence belongs to some other *vārtikā.*

While preparing this work two textual traditions of the commentary, written by Śrī Haribhadrasūri, has been alluded on p.14, line 20. One of the textual traditions has been placed along with the text and the second one has been mentioned as foot-note.

Of *Pañjikā* also two textual traditions are available, (see p. 56, line 18) but there is no big difference between them. However, whenever there is any significant difference that has been shown in the foot-note.

Three mss. of the *Pañjikā* written on the palm-leaves are also available at:–

1. Shantinath palm-leaves *bhaṇḍāra,* Khambat
2. Jinabhadrasuri, *Jñāna bhaṇḍāra,* Jaisalmer
3. Khetarvasahi Pada *Jñāna bhaṇḍāra,* Patan

Some time back many mss. were stolen from the store of Khetarvasahi Pada, Patan. Therefore, the original mss. is not available there at present. But its photocopy is available in the Oriental Institute Library, Baroda. This copy was utilized by Shri Anandshankar Bapubhai Dhruva. In this copy there are 119 folios. Out of these folio nos. 1, 4, 62, 63, 64, 67, 70 and 90 were not available to even Shri Anandshankar Bapubhai Dhruva. After completion of the *Pañjikā* by us, an original resident of Kacch-Mandavi, Shri **Navinchandra Nanalal Shah,** who handles an important job in the Baroda University, met us. We talked to him and he immediately sent us a photocopy of the same. We are very grateful to him for this.

After printing of the complete *Pañjikā* text, another edition of the *Nyāyapraveśakavṛtti* has come to my notice recently which has been published and printed by the Higher Tibet Education Institute, Sarnath (Varanasi) in 1986 in the Bhota Bharatiya Granthamala-6 series. Prof. **Sempa Dorje** has translated and edited both these works into Tibetan language and published it in the Bhota script along with an exhaustive introduction comprising 136 pages.

Keeping in mind both the *Nyāyapraveśakaśāstra,* published by the Oriental Institute, Baroda in 1930 and the *Nyāyapraveśakavṛtti,* Prof. Sempa Dorje has himself translated this in the Bhota language. Therefore, there can be some textual variations in the version of the *Nyāyapraveśakaśāstra,* and the *Nyāyapraveśakavṛtti.*

For clarity, the improvised part of the text has been given in round brackets and the extended parts in square brackets. At many places in the copies we have mentioned for the original and for revisions, certain symbols, which are there in the notes.

Acknowledgements

As per notes by āgamaprabhākara venerable Shri **Punyavijayaji,** regarding the text variations in the manuscripts written on palm-leaves of original *Nyāyapraveśakavṛtti* and *Pañjikā* from Jaisalmer, Khambat and Patan, we have edited this work. Therefore, it can be said that he is the original editor of this work. He is also responsible for initiating me into the area of editing through *Dvādaśāraṇayacakra.* I, therefore, express my deep sense of gratitude to him.

It was an extremely difficult task for us to publish the Bhota translation of *Nyāyapraveśakaśāstra* in the Bhota script itself. We are highly grateful to our old Japanese friend, Kalyaṇamitra Dr. **Fujinaga Sin** for sending us the photocopy of Narthang and Peking editions in the Bhota script from Japan.

We got a xerox copy of the *Nyāyapraveśakaśāstra,* lying in the library of Shri Roopvijayaji, Dahela (Dosiwada Ki Pol, Ahmedabad-380001) courtesy Acharya Shri **Jagatchandrasuriji.** I offer him many thanks. There are many textual variations in this ms., which are not available in other mss.

It is a matter of extreme joy that Shri **Shrenikbhai** and Shri **Piyushbhai,** sons of Shri **Kiritbhai,** did the computer typesetting of this Tibetan translation in the Bhota script themselves with great effort. Therefore, both these brothers deserve our special thanks.

In the printing of this work, Shri **Jitendrabhai Manilal Sanghavi** and Shri **Ashokbhai Bhaichandbhai,** also deserve our thanks for their utmost cooperation.

By offering this treatise like flower in the lotus-like hands of my benefactor and venerable father sage Shri **Bhuvanavijayaji Maharaja,** I consider myself fortunate enough to have worshipped the supreme Lord Jineshvara, through him.

Muni Jambuvijaya

the son and disciple of His Holiness *Muniraja Shri Bhuvanavijayaji Maharaja.*

Palitana C/o Visanima Bhawan, Taleti Road, Near Jambudweep
Chaitra Sudi-5, Vikram Samvat 2063, 22nd of March, 2007, Friday

श्री सिद्धाचलमण्डन श्री ऋषभदेवस्वामिने नमः ।
श्री शंखेश्वरपार्श्वनाथाय नमः ।
णमोत्थु णं समणस्स भगवओ महइमहावीरवद्धमाणसामिस्स।
श्री पुण्डरीकस्वामिने नमः । श्री गौतमस्वामिने नमः ।
श्री सद्‌गुरुदेवेभ्यो नमः ।

वृत्ति-पञ्जिका-सहित न्यायप्रवेशक की

प्रस्तावना

परमकृपालु परमात्मा तथा परमोपकारी पूज्यपाद पिताश्री एवं गुरुदेव मुनिराज श्री **भुवनविजयजी** महाराज की कृपा से बौद्धन्याय के अभ्यासियों के समक्ष वृत्ति-पञ्जिका सहित **न्यायप्रवेशक** ग्रन्थ प्रस्तुत करते हुए हम अत्यन्त आनन्द का अनुभव कर रहे हैं। विक्रम की चौथी शताब्दी में हुए बौद्ध तर्कशास्त्र के पिता के रूप से ख्यातिमान् बौद्धाचार्य दिङ्नाग रचित **न्यायप्रवेशक** नाम का अत्यन्त महत्वपूर्ण ग्रन्थ है। उसके ऊपर विक्रम की सातवीं शताब्दी में हुए याकिनीमहत्तराधर्मसूनु आचार्य **श्री हरिभद्रसूरि** विरचित **शिष्यहिता** नाम की टीका तथा विक्रम की बारहवीं शताब्दी में हुए **श्री पार्श्वदेवगणि** विरचित **न्यायप्रवेशकवृत्तिपञ्जिका** की ताडपत्रोपरिलिखित प्राचीन तथा कागज ऊपर लिखित प्राचीन-अर्वाचीन प्रतियों के आधार से इसका संशोधन व सम्पादन किया गया है।

आज से लगभग 77 वर्ष पूर्व (ईस्वी सन् १९३०) ओरियन्टल इन्स्टीट्यूट, बड़ौदा की तरफ से यह ग्रन्थ प्रकाशित हुआ था । उसके सम्पादक गुजरात के प्रसिद्ध विद्वान् **आनन्दशंकर बापूभाई ध्रुव** थे । उस समय में उन्होंने प्राप्त सामग्री के आधार पर इस ग्रन्थ का संशोधन-सम्पादन किया था। उनको प्राप्त सामग्री किस प्रकार की थी, उसका उन्होंने अपनी प्रस्तावना में उल्लेख किया है। उसी को अक्षरशः हमने इस प्रकाशन के पृष्ठ XVII पर दिया है। अल्प तथा खण्डित प्रतियों के आधार से किए गए संशोधन सम्पादन में कमियाँ रह जाना स्वाभाविक ही है ।

आगमप्रभाकर पूज्य मुनिराज श्री **पुण्यविजयजी** महाराज ने जैसलमेर, खम्भात आदि की प्रतियों के आधार से इसके पाठ-भेद तथा खण्डित-पाठों की पूर्ति करने का अत्यन्त श्रमसाध्य पुण्यकार्य किया था । इन पाठों को पाद टिप्पण में या अलग रूप से सूचन करने वाली पू. मुनिराज श्री पुण्यविजयजी महाराज की बड़ौदा से प्रकाशित न्यायप्रवेशक-वृत्ति- पञ्जिका की पुस्तक हमारे हाथ में आई । उसी का आधार लेकर तथा दूसरी अन्य प्राप्त सामग्री का उपयोग कर व्यवस्थित पद्धति से हमने संशोधन-संपादन किया है। बौद्ध-न्याय के इतिहास में यह महत्त्व का प्रकाशन है। हमने एकत्रित की हुई सामग्री में से कौन-कौन-सी और किस-किस प्रति का उपयोग किया है, वह इस ग्रन्थ के पृष्ठ १, १३, तथा ५६ की टिप्पण में विस्तार से दिखाया है। इसके अतिरिक्त इसी **न्यायप्रवेशक** संस्कृत भाषा का तिब्बत की भोट भाषा तथा चीन की चीनी भाषा में भी अनेक वर्षों पहले अनुवाद हो चुका है। उसी प्रकार चीनी भाषा से भोट भाषा में स्वतन्त्र अनुवाद भी हुआ है। इन सब को सन्मुख रखकर पण्डित विधुशेखर भट्टाचार्य ने ईस्वी सन् १९२७ में तिब्बती अनुवाद भी रोमन लिपि में प्रकाशित किया है। अनुवाद Central Library BARODA की ओर से Gaekwad's Oriental Series, No XXXIX रूप में प्रकाशित हुआ है। यह अनुवाद भी तिब्बती भाषा के अभ्यासी विद्वानों के लिए अत्यन्त उपयोगी होगा, ऐसा समझ कर हमनें मूल तिब्बती लिपि में ही पंचम भोट-परिशिष्ट में इसी ग्रन्थ में प्रकाशित किया है। यह तिब्बती लिपि पढ़ने में तथा लिखने में मेरी मातुश्री शत र्षाधिकायु साध्वीश्री **मनोहरश्रीजी** महाराज सा. की शिष्या परम सेविका साध्वीश्री **सूर्यप्रभाश्रीजी** म.सा. की शिष्या साध्वीश्री **जिनेन्द्रप्रभाश्रीजी** ने अत्यधिक सहयोग दिया है, इसके लिए वे साधुवाद की पात्रा हैं।

हम जिसे तिब्बत कहते हैं वह **हिमालय** के उस पार का देश है, जिसका मूल नाम **भोट** है। वहाँ के निवासी **भोटिया** कहलाते हैं । उनकी भाषा **भोट** भाषा और लिपी **भोट** लिपि के रूप में यहाँ निर्दिष्ट की गई है । भिन्न-भिन्न विषयों के लगभग ५००० बौद्ध संस्कृत ग्रन्थों का सैंकड़ों वर्ष पूर्व भोट भाषा में अनुवाद हो चुका है।

यह भोट भाषानुवाद कंजुर और तंजुर- दो विभागों में विभक्त है । प्रमाण (न्याय) शास्त्र के ग्रन्थ तंजुर विभाग में आते हैं । अनेक वर्षों पूर्व तिब्बत और चीन में इन अनुवादित ग्रन्थों को लकड़े के पाटियों पर कुरेद कर, लकड़ी के बीबां (सांचा, ढांचा, प्रतिकृति) बनाकर और उसके ऊपर से कागज के ऊपर छापने की प्रथा भिन्न-भिन्न

स्थलों पर शुरु की गई थी । ऐसे लकड़ी के पाटियों का सांचा बनाकर मुद्रित ग्रन्थों को (Xylographs) कहा जाता है । ऐसी कुरेदी हुई लाखों पट्टिकाएं (पाटीयाँ) उन-उन स्थानों पर हैं। जिन-जिन स्थानों पर इन पाटियों का संग्रह है उन-उन स्थानों पर मुद्रित ग्रन्थ (Xylographs) उन-उन स्थानों के नाम से पहचाने जाते हैं । जैसे- **नार्थंग** संस्करण, **पेक्गि** संस्करण, **छोनी** संस्करण, **देर्गे** संस्करण और **ल्हासा** संस्करण आदि । विश्व के विभिन्न स्थानों में **नार्थंग** संस्करण मिलता है। **पेकिंग** संस्करण **बिब्लिओथेका नेशनाले** नामक लायब्रेरी, पेरिस-फ्रांस में तथा जापान में भी है । **छोनी** संस्करण काँग्रेस पुस्तकालय, वॉशिंगटन-अमेरिका में है। **देर्गे** तिब्बत के पूर्व भाग में स्थित हैं, वहाँ से उन ग्रन्थों को लाया गया था इसीलिये वे देर्गे संस्करण कहलाते हैं। यह देर्गे संस्करण **टोहोकु विश्वविद्यालय,** सेन्डाई-जापान में है। **पेकिंग संस्करण** के आधार से ब्लॉक बनाकर पुनर्मुद्रित **पेकिंग संस्करण** के समस्त ग्रन्थ **टोकियो** (जापान) से अभी प्रकाशित होने के कारण **पेकिंग संस्करण** के समस्त ग्रन्थ सुलभ हो गए हैं। ये समस्त ग्रन्थ डेढ़-सौ भागों में हैं। कौन से भाग में कौन-कौन सा ग्रन्थ किस-किस पृष्ठ पर है और उसका कर्ता कौन है, आदि की जानकारी देने वाली सूची (बृहद् केटलॉग) भी टोकियो (जापान) से प्रकाशित हुई है। वर्षों पूर्व प्रोफेसर **येन्शो कानाकुरा** द्वारा सम्पादित ऐसी बृहद् सूची जापान के **टोहोकु विश्वविद्यालय** से प्रकाशित हुई है, किन्तु उसमें आगत समस्त सूची **टोहोकु विश्वविद्यालय** में विद्यमान देर्गे संस्करण के आधार पर है । जिज्ञासुओं के लिए यह सूची मंगवाकर देखने योग्य है ।

विधुशेखर भट्टाचार्य ने नार्थंग संस्करण के आधार पर इस अनुवाद को रोमन लिपि में प्रकाशित किया था। हमारे पूर्व परिचित कल्याण मित्र जापान निवासी प्रो. **फुजीनागा सिन** ने तिब्बती लिपि में इस नार्थंग संस्करण के अनुवाद को तथा पेकिंग संस्करण के भी इसी अनुवाद को जापान में तिब्बती लिपिमें एन्ट्री करवाकर भेजा है।

इन ग्रन्थों को तिब्बत के निवासी समझ सकें इसीलिए भोट भाषा में जब बौद्ध ग्रन्थों के अनुवाद किए जाते थे, उस समय यहाँ से गए हुए भारतीय पंडित तथा वहाँ के तिब्बती पंडित दोनों मिलकर अनुवाद को सम्पन्न करते थे। यह अनुवाद कई बार शब्दश: होते थे और कई बार भावानुवाद भी होते थे । यदि अनुवादक पूर्णत: विज्ञ नहीं होता तो वह अनुवाद में भी भूल कर जाता । पुन: जिस ग्रन्थ का अनुवाद करने का होता उसका मूल हस्तलिखित ग्रन्थ यदि अशुद्ध हो तो उस स्थान का अनुवाद भी

अशुद्ध हो जाता था, यह बात ध्यान में रखने की है । सामान्यतः बौद्ध ग्रन्थों के भोट भाषानुवाद सावधानी पूर्वक किए जाते थे, ऐसा अनेक लोगों का अनुभव है।

श्री हरिभद्रसूरि महाराज द्वारा टीका के प्रारम्भ में ही (पृष्ठ १३में) दिए हुए दो श्लोकों से यह स्पष्ट प्रतीत होता है कि **न्यायप्रवेशक** के ऊपर अन्य अनेक व्याख्याओं का निर्माण हुआ था । **न्यायप्रवेशक** में (पृष्ठ २ पंक्ति ४) **प्रत्याक्षाद्यविरुद्ध इति वाक्यशेषः** यह जो वाक्य है वह न्यायप्रवेशक सूत्र का नहीं है। क्योंकि, न्यायप्रवेशक के दो भोट भाषा के अनुवादों और चीनी भाषानुवाद में इस वाक्य का अनुवाद ही प्राप्त नहीं है। पुनः **न्यायप्रवेशकवृत्ति-पंजिका** (पृष्ठ ७० पंक्ति १-६) में भी स्पष्टतः सूचित किया गया है कि यह वाक्य किसी अन्य **वार्तिक** का है ।

इस ग्रन्थ को तैयार करते हुए, आचार्य श्री हरिभद्रसूरि विरचित टीका की दो पाठ-परम्पराएं प्राप्त होती हैं, (यह संकेत हमने पृष्ठ १४ पंक्ति २० में किया है।) उनमें से एक पाठ-परम्परा ऊपर रखकर, दूसरी पाठ-परम्परा टिप्पणी में प्रदान की है।

पञ्जिका की भी दो पाठ-परम्पराएँ मिलती हैं, (देखो पृष्ठ ५६ पंक्ति १८) किन्तु उसमें महत्त्व का भेद प्राप्त नहीं है । जहाँ महत्त्व का भेद है वहाँ उसे टिप्पणी में दिखाया गया है।

पञ्जिका की ताडपत्र पर लिखी हुई तीन प्रतियाँ मिलती हैं:-

१. शान्तिनाथ ताडपत्र भण्डार, खंभात
२. जिनभद्रसूरि ज्ञान भंडार, जैसलमेर
३. खेतरवसही पाडा का भंडार, पाटण

इनमें खेतरवसही पाडा के भंडार-पाटण-में कुछ समय पूर्व कितनी ही प्रतियो चोरी हो गई थी। उस कारण वह प्रति इस समय वहां प्राप्त नहीं है । परन्तु इसकी फोटोकॉपी ओरियन्टल इन्स्टीट्यूट लाइब्रेरी, बड़ौदा में प्राप्त है । इसी प्रति का उपयोग आनन्दशंकर बापूभाई ध्रुव ने भी किया था । सामान्यतः इस प्रति में ११९ पत्र हैं । उसमें से १, ४, ६२, ६३, ६४, ६७, ७० और ९० इतने पत्र आनन्दशंकर बापूभाई ध्रुव को भी नहीं मिले थे । हमारे द्वारा पञ्जिका ग्रन्थ सम्पूर्ण तैयार हो जाने के पश्चात् मूलतः कच्छ-माण्डवी के निवासी होते हुए भी वर्तमान में बड़ौदा विश्वविद्यालय में महत्त्व का काम संभालने वाले **नवीनचन्द्र नानालाल शाह** हमसे मिले थे । हमने उनसे बात की और उन्होंने

तत्काल ही इसकी फोटो कॉपी भेज दी। इसके लिए वे अत्यन्त धन्यवाद के पात्र हैं।

यह पूर्ण ग्रन्थ मुद्रित होने के पश्चात्, उच्च तिब्बती शिक्षा संस्थान, सारनाथ, वाराणसी की ओर मे ईस्वी सन् १९८६ में भोट भारतीय ग्रंथमाला-६ में मुद्रित-प्रकाशित हुए न्यायप्रवेशकवृत्ति ग्रन्थ अभी-अभी मेरे देखने में आया है। इस ग्रन्थ के अनुवादक एवं सम्पादक विद्वान् आ. **सेम्पा दोर्जे** महोदय ने इन दोनों ग्रन्थों का तिब्बती भाषा में भाषान्तर कर भोट लिपि में ही मुद्रण किया है । इस संस्करण में भोट भाषा में ही लिखी हुई १३६ पृष्ठों की अत्यन्त विस्तृत भूमिका है।

यह समस्त भोट भाषानुवाद ईस्वी सन् १९३० ओरियन्टल इन्स्टीट्यूट, बड़ौदा से प्रकाशित हुए **न्यायप्रवेशक** तथा **न्यायप्रवेशकवृत्ति** को सामने रखकर, आ. **सेम्पा दोर्जे** ने स्वयं अनुवाद किया है । इसलिए हमारे सम्पादित संशोधित **न्यायप्रवेशक** तथा **न्यायप्रवेशकवृत्ति** में कहीं पर पाठभेद भी देखने में आ सकता है ।

ग्रन्थ में सुधारने योग्य पाठ ( ) ऐसे कोष्ठक में दिया गया है और सरलता अथवा स्पष्टता के लिए कोई बढाये गये पाठ हमने [ ] ऐसे कोष्ठक में दिया है ।

कई स्थलों पर प्रतियों के पास में मू० और सं० ऐसा निर्देश हमने किया है . उदाहरणार्थ- J1मू० अर्थात् J1 में मूल लिखित पाठ, J1सं० अर्थात् J1 में ही किसी के द्वारा सुधारा गया संशोधित पाठ। इस संशोधन-पद्धति का हमने टिप्पण में निर्देश किया है।

धन्यवाद

न्यायप्रवेशक मूल, वृत्ति तथा पञ्जिका का संशोधन करने के लिए जैसलमेर, खंभात, पाटण आदि के ताडपत्रीय लिखित ग्रन्थों से जो पाठभेदों का संकेत स्वर्गीय आगमप्रभाकर पूज्य मुनिराज श्री **पुण्यविजयजी** महाराज ने किया था उसी को आधारभूत मानकर हमने यह संशोधन सम्पादन किया है । अर्थात् यह कहा जा सकता है कि इस ग्रन्थ के आद्य संशोधक वे ही हैं । इस संशोधन-सम्पादन के क्षेत्रमें **द्वादशारनयचक्र** के माध्यम से मुझे लाने वाले भी वे ही हैं। इसलिए उनको मेरा कोटिश: वन्दन तथा अभिनन्दन है।

भारत में इस **न्यायप्रवेशक** के भोट भाषानुवाद को भोट लिपि में छापने का कार्य हमारे लिए अत्यन्त दुष्कर था । इसलिए जापान में ही भोट लिपि में नार्थंग संस्करण

तथा पेकिंग संस्करण के भोट भाषानुवाद को एन्ट्री करवाकर भेजने वाले हमारे वर्षों पुराने कल्याण मित्र जापानी विद्वान **डॉ० फुजीनागा सिन** (Dr. Fujinaga sin C/o Miyakono'o Kosen, Miyakonojo, Miyarzaki, Postal Code 885-8567 Japan) बहुत-बहुत धन्यवाद के पात्र हैं ।

R = श्री रूपविजयजी महाराज, डहेला के जैन उपाश्रय (दोशीवाड़ा की पोल, अहमदाबाद-३८०००१) में विद्यमान ग्रन्थ भण्डार से **न्यायप्रवेशक** मूल तथा टीका की प्रति आचार्य महाराज श्री **जगच्चन्द्रसूरि**जी महाराज के सौजन्य से ही प्राप्त हुई है। एतदर्थ मेरी ओर से उनको पुनः-पुनः धन्यवाद। इस प्रति में अनेक पाठान्तर प्राप्त होते हैं जो अन्य प्रतियों में प्राप्त नहीं हैं।

श्री सिद्धक्षेत्र **पालीताणा** नगर में वीसानीमा की धर्मशाला में, विक्रम संवत् २०५१ पोष सुदि दशमी बुधवार, तारीख ११-०१-१९९५ की रात्रि में ८ : ५४ मिनट पर मेरे परमोपकारी परमपूज्या मातुश्री संघमाता साध्वीजी श्री **मनोहरश्री** जी महाराज १०१ वर्ष की आयु पूर्ण कर स्वर्गस्थ हुई जो कि स्वर्गीय साध्वीश्री **लाभश्रीजी** महाराज (सरकारी उपाश्रय वाले) की बहन तथा शिष्या है । उनका सतत आशीर्वाद ही मेरा अन्तरंग बल है और अति महान सौभाग्य है ।

मेरे वयोवृद्ध अत्यन्त विनीत प्रथम शिष्य देवतुल्य स्वर्गीय मुनिराज श्री **देवभद्रविजयजी** जिनका **लोलाड़ा** (शंखेश्वर तीर्थ के पास) ग्राम में विक्रम संवत् २०४० में कार्तिक सुदि २ रविवार (६-११-८३) सायंकाल ६ बजे स्वर्गवास हुआ था, उनका भी इस प्रसंग पर अत्यन्त सद्भाव के साथ स्मरण कर रहा हूँ।

मेरे अत्यन्त विनीत शिष्य मुनिश्री **धर्मचन्द्रविजयजी,** उनके शिष्य सेवाभावी मुनिराज श्री **पुण्डरीकरत्नविजयजी,** तपस्वी मुनिराजश्री **धर्मघोषविजयजी,** मुनिराजश्री **महाविदेह-विजयजी** तथा मुनिराजश्री **नमस्कारविजयजी** इस कार्य में निरन्तर मेरे सहयोगी रहे हैं।

विशेष रूप से अत्यन्त हर्ष की बात है कि श्री **किरीटभाई** के पुत्र श्री **श्रेणिकभाई** तथा श्री **पीयूषभाई**ने स्वयं ही कम्प्यूटर में तिब्बती लिपि में टाइप सेटींग कर इस तिब्बती अनुवाद को भोट (तिब्बती) लिपि में कठिन परिश्रम के साथ कम्पोज करके मुद्रित किया है इसलिए दोनों भाईयोंको विशेष रूप से धन्यवाद।

इस ग्रन्थ के मुद्रणादि में वर्तमान अहमदाबाद निवासी किन्तु मूलतः आदरियाणा निवासी **जितेन्द्रभाई मणिलाल संघवी** तथा माण्डल निवासी **अशोकभाई भाईचन्दभाई संघवी** ने भी बहुत सहयोग दिया है इसलिए वे भी धन्यवाद के पात्र हैं।

पूज्यपाद अनन्त उपकारी पिताश्री गुरुदेव मुनिराजश्री **भुवनविजयजी** महाराज के करकमलों में यह ग्रन्थ रूपी पुष्प अर्पित कर, उनके द्वारा इस पुष्प से जिनेश्वर परमात्मा की पूजा कर आज मैं धन्यता का अनुभव कर रहा हूँ।

पालीताणा
C/O वीसानीमा भवन
तलेटी रोड, जम्बूद्वीप के पास
चैत्र सुदी ५ वि.सं. २०६३
शुक्रवार तारीख २२-०३-२००७

पूज्यपाद आचार्यदेव**श्री विजयसिद्धिसूरीश्वर**पट्टालंकार-
पूज्यपाद आचार्यदेव**श्री विजयमेघसूरीश्वर**शिष्य
पूज्यपाद सद्गुरुदेव मुनिराज**श्री भुवनविजया**न्तेवासी
मुनि जम्बूविजय

श्री सिद्धाचलमण्डन श्री ऋषभदेवस्वामिने नमः ।
श्री शंखेश्वरपार्श्वनाथाय नमः ।
णमोत्थु णं समणस्स भगवओ महइमहावीरवद्धमाणसामिस्स।
श्री पुण्डरीकस्वामिने नमः । श्री गौतमस्वामिने नमः ।
श्री सद्गुरुदेवेभ्यो नमः ।

प्रास्ताविकं किञ्चित्

परमकृपालोः परमात्मनः, परमोपकारिणां पितृचरणानां गुरुदेवानां पूज्यपादमुनिराजश्री **भुवनविजयजी**महाराजानां च कृपया साहायाच्च वृत्ति-पञ्जिका सहितं **न्यायप्रवेशक**शास्त्रं प्राचीनानर्वाचीनांश्च हस्तलिखितादर्शाननुसृत्य संशोध्य बौद्धन्यायरसिकानां पुरतः उपन्यस्यन्तो वयमद्यामन्दमानन्दमनुभवामः।

रचयितारः- बौद्धतर्कशास्त्रस्य पितृत्वेन [Father Of the Buddist Logic] प्रसिद्धा **दिङ्नागा**भिधा बौद्धाचार्याः पूर्वस्मिन् कालेऽभवन्। तैर्विरचितस्य न्यायप्रवेशकस्य याकिनीमहत्तराधर्मसूनुभिः जैनाचार्यश्री **हरिभद्र**सूरिभिर्विरचिता **शिष्यहिता** नाम टीका संप्रति उपलभ्यते । टीकायाः विषमपदविवरणरूपा जैनाचार्य**पार्श्वदेव**गणिविरचिता **पञ्जिका**ऽपि उपलभ्यते ।

अस्य न्यायप्रवेशकस्य अन्यान्यपि अनेकानि विवरणान्यासन्निति हरिभद्रसूरिविरचित-टीकाप्रारम्भे विद्यमानाच्छ्लोकद्वयात् स्फुटं प्रतीयते । किञ्च, 'प्रत्यक्षाद्यविरुद्ध इति वाक्यशेषः' [पृ०२ पं०४] इति न्यायप्रवेशकान्तर्गतः पाठोऽपि न न्यायप्रवेशकसत्कः, अपि तु केनचिद् विरचितस्य न्यायप्रवेशकवार्तिकस्य स पाठ इति पञ्जिकायां [पृ० ७० पं० १-६] स्पष्टमेव निर्दिष्टमित्यपि ज्ञेयं सुधीभिः।

समयः- **दिङ्नाग**स्य वैक्रमे चतुर्थे पञ्चके वा शतके स्थितिः आसीत्, आचार्यश्री **हरिभद्रसूरी**णामपि सप्तमेऽष्टमे वा वैक्रमे शतके स्थितिरासीत्, **पार्श्वदेव**गणिनामपि वैक्रमे द्वादशे शतके स्थितिरासीदिति ऐतिह्यविदः संशोधका आमनन्ति ।

अस्य **न्यायप्रवेशक**स्य प्राचीने समये **भोट**भाषायां **चीन**भाषायां चानुवादा अभूवन् । एतदादि विस्तरेण अस्य ग्रन्थस्य प्रथमे द्वितीये च पत्रे टिप्पन्यां निवेदितमस्माभिः। तथा द्वादशे पत्रे, त्रयोदशे पत्रे, षट्पञ्चाशत्तमे च पत्रेऽपि विशेषजिज्ञासुभिर्विलोकनीयम् ।

न्यायप्रवेशकवृत्तिपञ्जिकायाः **पाटण**नगरे खेतरवसीपाडामध्ये विद्यमान-स्तालपत्रोपरिलिखित आदर्शोऽधुना तत्र नास्ति, किन्तु तस्य Photostat Copy वडोदरा नगरे University मध्ये Library Of the Oriental Institute, BARODA इत्यत्र विद्यते, किन्तु तेषु १, ४, ६२, ६३, ६४, ६७, ७०, ९० एतानि पत्राणि न सन्ति, अस्यैव चोपयोगः **आ**नन्दशंकर **बा**पुभाई ध्रुवमहोदयैः कृतः, अस्य Photostat Copy प्रतिबिम्बस्य उपलब्धिः कच्छ-**मांडवी**वास्तव्यस्य संप्रति Baroda University मध्ये कार्यवाहकस्य '**न**वीनचन्द्र **ना**नालाल शाह' महोदयस्य साहाय्येनैव संप्रति सञ्जातेति स भूयो भूयो धन्यवादमर्हति ।

अस्माकं संशोधनपद्धतिः- यत्र मूलपाठे काचिदशुद्धिः संभाव्यते तत्रास्मत्संभावितः पाठ ( ) एतादृशे कोष्ठके निवेशितः। यत्र कश्चित् पाठः पूरणीय इति अस्माकं प्रतिभाति तत्र तादृशोऽस्मत्संभावितः पाठ [ ] एतादृशे कोष्ठके निवेशितः । यत्र पूर्वं कश्चित् पाठो लिखितः, पश्चात् केनचिदध्येतृणा संशोधितः पाठः तत्र मू०= पूर्वं मूले लिखितः, सं०= पश्चात् केनचित् संशोधित इत्यर्थो ज्ञेयः। क्वचित् सं० पाठापेक्षया मू० समीचीनो भवति, क्वचित् सं० पाठोऽपि विचारणार्हो भवति ।

धन्यवादः- अस्य ग्रन्थस्य संशोधने सम्पादने च यतो यतः किमपि साहायकं लब्धं तेभ्यः सर्वेभ्यो भूयो भूयो धन्यवादान् वितरामि । विशेषतस्तु इमे सहायका :-

आगमप्रभाकर पूज्यमुनिराजश्री **पु**ण्यविजयजीमहाराजैः Oriental Institute, Baroda तः Gaekwad's Oriental Series मध्ये No. xxxvIII रूपेण 1930 A.D. वर्षे प्रकाशिते न्यायप्रवेशकवृत्तिपञ्जिकापुस्तके एव महता महता परिश्रमेण लिखितान् जेसलमेर-खंभातादिनगरस्थिततालपत्रोपरिलिखितमूल-वृत्ति-पञ्जिकादर्शेषु स्थितान् पाठभेदानवलम्ब्यैव एतत् संशोधनं संपादनं चास्माभिर्विहितमिति त एवास्य आद्यसंशोधकाः, अतस्ते सहस्रशो धन्यवादानर्हन्ति ।

परमोपकारिणी परमपूज्या विक्रमसंवत् २०५१ तमे वर्षे श्री **सिद्धक्षेत्र पालिताणा** नगरे पोषशुक्लदशम्यां दिवंगता शताधिकवर्षायुः मम माता साध्वीजीश्री **मनोहरश्री**रिहलोक-परलोककल्याणकारिभिराशीर्वचनैर्निरन्तरं मम परमं साहायकं सर्वप्रकारैर्विधत्ते ।

लोलाडाग्रामे विक्रमसंवत् २०४० कार्तिकशुक्लद्वितीयादिने दिवंगतो ममान्तेवासी वयोवृद्धो देवतुल्यो मुनि**देवभद्र**विजयः सदा मे मानसिकं बलं पुष्णाति ।

ममातिविनीतोऽन्तेवासी मुनि**धर्मचन्द्र**विजयः तच्छिष्यः मुनि**पुण्डरीकरत्न**विजयः मुनि**धर्मघोष**विजयः मुनि**महाविदेह**विजयः मुनि**नमस्कार**विजयश्च अनेकविधेषु कार्येषु महद् महद् साहायकमनुष्ठितवन्तः।

एवमेव मम मातुः साध्वीश्री**मनोहर**श्रियः शिष्यायाः साध्वीश्री **सूर्यप्रभा**श्रियः शिष्यया साध्वीश्री **जिनेन्द्रप्रभा**श्रियाऽपि एतद्ग्रन्थसंशोधनसम्बन्धिषु सर्वकार्येषु प्रभूतं प्रभूतं साहायकमनुष्ठितम्।

अस्य ग्रन्थस्य कोम्प्युटरद्वारा Type-Setting आदि कार्यं **किरीट ग्राफिक्स** (२०९, आनन्द शोपींग सेन्टर, चोथे माले, गोलवाड, रतनपोल, अमदावाद-३८०००१) इत्यस्य अधिपतिना **किरीटभाई** महोदयेन तत्पुत्राभ्यां च विहितमिति तेऽपि धन्यवादमर्हन्ति ।

अस्य मुद्रणकार्ये **आदरियाणा**भिजनेन सम्प्रति **अमदावाद**निवासिना **जि**तेन्द्रभाई **म**णिलाल संघवी इत्यनेन, **मांडला**भिजनेन सम्प्रति **अमदावाद**वास्तव्येन **अ**शोकभाई **भा**इचंद संघवी इत्यनेन च महानुभावेन बहु साहायकं विहितमिति तावपि धन्यवादमर्हतः ।

Central Library, Baroda तः Gaekwad's Oriental Series मध्ये 1927 A.D. वर्षे न्यायप्रवेशकस्य भोटभाषानुवादः (Tibetan Translation) **विधुशेखरभट्टाचार्येण** रोमनलिप्यां (Roman Script) प्रकाशितोऽस्ति । अस्मिन् ग्रन्थे सोऽनुवादः भोटलिप्यां पञ्चमे परिशिष्टे मुद्रितोऽस्ति। भोटलिप्यां मुद्रणं भारतवर्षे न सुकरमिति जापानदेशे भोटलिप्यां मुद्रयित्वा एतत् परिशिष्टमस्माकं कल्याणमित्रेण Dr. Fujinaga Sin इत्यभिधानेन जापानदेशीयविदुषा (c\o Miyakonojo Kosen, Miyakonojo, Miyazaki, Postal code 885-8567, Japan) प्रेषितम्। किञ्च, Central Library, BARODA तः प्रकाशितो भोटभाषानुवादः (Tibetan Translation) Narthan Edition अनुसारेण मुद्रितोऽस्ति, Dr. Fujinaga Sin महोदयेन Peking Edition अनुसारी भोटभाषानुवादोऽपि प्रेषितः । अतोऽयं महानुभावो भूयो भूयो धन्यवादमर्हति।

प्रभुपूजनम् ।

परमकृपालूनां परमेश्वराणां श्री सिद्धाचलतीर्थाधिपानाम् **आदीश्वरदादा**प्रभूणाम्, श्री शंखेश्वरतीर्थाधिपानां श्री **शंखेश्वरपार्श्वनाथ**प्रभूणाम्, परमोपकारिणां पूज्यपादानां पितृचरणानां सद्गुरुदेवानां मुनिराजश्री **भुवनविजयजी**महाराजानां च कृपया साहाय्याच्चैवेदं कार्यं सम्पन्नमिति तेषां चरणेषु अनन्तशः प्रणिपातं विधाय महयाम्येतेन कुसुमेन ।

चैत्री पूर्णिमा.
विक्रम सं २०६३,
ता. २-४-२००७,
वीसानीमा भवन, जंबूद्वीप पासे,
तलेटी रोड, **पालिताणा**
(जि. भावनगर) पीन : ३६४२७०

पूज्यपादाचार्यमहाराजश्रीमद्विजय**सिद्धि**सूरीश्वरपट्टालंकार-
पूज्यपादाचार्यमहाराजश्रीमद्विजय**मेघ**सूरीश्वरशिष्य-
पूज्यपाद-गुरुदेव-मुनिराजश्री **भुवनविजया**न्तेवासी
मुनि **जम्बूविजयः** ।

शुद्धिपत्रकम्।

(अतोऽत्र ये शुद्धपाठाः यत्र केचन मुद्रणदोषाः सन्ति, तेऽत्र प्रदर्श्यन्ते)

पृ० ६ पं० १६	प्रयत्ना०R॥
पृ० ७ पं० १३	भाव इति।
पृ० २७ पं० १६	बौद्धं प्रति
पृ० ३० पं० १७	धर्मस्य स्वरूपं
पृ० ३० पं० २१	निराकरणमुखेन
पृ० ३१ पं० २	तथा प्रति
पृ० ४३ पं० ६	सदिति
पृ० ४६ पं० ३	इत्याशङ्क्याह

बौद्धाचार्यश्री दिङ्नागविरचितं

न्यायप्रवेशकशास्त्रम्* ।

सू० [१], **साधनं दूषणं चैव साभासं परसंविदे ।**
प्रत्यक्षमनुमानं च साभासं त्वात्मसंविदे ॥
—इति शास्त्रार्थसंग्रहः ॥

---

*अत्रेदमादाववधेयम्— बौद्धन्यायस्य पितृत्वेन [Father of the Buddhist Logic] प्रसिद्धेन बौद्धाचार्य**दिङ्नागेन** विरचितस्य **न्यायप्रवेशक**सूत्रस्य याकिनीमहत्तरासूनुना जैनाचार्यश्री **हरिभद्रसूरि**णा विरचितया **टीकया** तदुपरि **पार्श्वदेव**गणिविरचितया **पञ्जिकया** च सह, प्राचीनांस्तालपत्रोपरि कागजपत्रोपरि च लिखितानादर्शानवलम्ब्य संशोधनं सम्पादनं च विधाय ग्रन्थोऽयं प्राचीनन्यायरसिकानां जनानां पुरतः प्रकाश्यते ।

न्यायप्रवेशकसूत्रस्य संस्कृतभाषायां विविधा आदर्शाः प्राप्यन्ते, तद्यथा —J1, J2, D, K, K1, P1, P2, P3, V । तेषां स्वरूपम्—

J1 = **जेसलमेर**दुर्गे **जिनभद्रसूरि**संस्थापिते ज्ञानभाण्डागारे विद्यमानः तालपत्रात्मकः आदर्शः, ग्रन्थाङ्कः ३७४, पत्रसंख्या १-१०॥

J2 = **जेसलमेर**दुर्गे **जिनभद्रसूरि**संस्थापिते ज्ञानभाण्डागारे विद्यमानः तालपत्रात्मकः आदर्शः, ग्रन्थाङ्कः ३७५ । J2 मध्येऽत्र १-१३४ पत्रेषु त्रयो ग्रन्थाः—

[१] न्यायप्रवेशकसूत्रम्, पत्रसंख्या—१-१७ A,

[२] सर्वसिद्धान्तप्रवेशकः, पत्रसंख्या-१७ A- ४२ A,

[३] न्यायप्रवेशकटीका, पत्रसंख्या ४२ B-१३४ B। तत्र १३४ B मध्ये ''**श्री हरिभद्राचार्यकृतन्यायप्रवेशकटीका समाप्तेति । ग्रंथ ५९० ॥ संवत् १२०१ वर्षे माघमासीयचरमशकले तुरीयतिथौ तिमिरासहनवासरे श्री भृगुकच्छस्थितिमता पंडितेन यशसा सहितेन धवलेन पुस्तिकेयमलेखि ॥**'' ईदृश उल्लेखो वर्तते । अतः J2 आदर्शः प्राचीनतमो भाति।

J2 मध्ये विद्यमानाः सर्वेऽपि पाठाः स्व. आगमप्रभाकरमुनिराजश्री **पुण्यविजयजी**महाभागैः संगृहीता इति ते भूयो भूयो धन्यवादानर्हन्ति ।

D = **डभोई** [=**दर्भावती**]नगरे विद्यमानः **मुक्ताबाई**ज्ञानमन्दिरे विजय**जम्बूसूरिजी**हस्तलि०कोशसत्कः तालपत्रोपरिलिखित आदर्शः । ग्रन्थाङ्कः १२७१८/१८। पत्रसंख्या-१-७ ।

सू० [२], तत्र पक्षादिवचनानि साधनम् । पक्षहेतुदृष्टान्त-वचनैर्हि प्राश्निकानामप्रतीतोऽर्थः प्रतिपाद्यत इति ।

सू० [३], तत्र पक्षः प्रसिद्धो धर्मी प्रसिद्धविशेषणविशिष्टतया स्वयं साध्यत्वेनेप्सितः। प्रत्यक्षाद्यविरुद्ध इति वाक्यशेषः। **तद्यथा—[1]अनित्यः शब्दो नित्यो वेति ।**

सू० [४], हेतुस्त्रिरूपः । किं पुनस्त्रैरूप्यम् ? पक्षधर्मत्वम्, सपक्षे सत्त्वम्, विपक्षे चासत्त्व[2]मेव । कः पुनः सपक्षः, को वा[3]

K = **खंभात**नगरे तपगच्छ**अमरजैन**शालामध्ये विद्यमानः **नीतिविजयजैनशास्त्रसंग्रह**सत्कः कागजपत्रोपरिलिखितो जीर्णप्रायः प्राचीन आदर्शः, पोथी ३२४, ग्रन्थाङ्कः २७१६, पत्रसंख्या १-५ ।

K1 = **वडोदरा**समीपे **छाणी**ग्रामे प्रवर्तकश्री**कान्तिविजयजी**सत्के ज्ञानभाण्डागारे विद्यमानः कागजपत्रात्मक आदर्शः । ग्रन्थाङ्कः ३४० । पत्रसंख्या १-३ ।

P1 **पाटण**नगरे श्री हेमचन्द्राचार्यजैनज्ञानमन्दिरे विद्यमानः कागजपत्रात्मक आदर्शः, ग्रन्थाङ्कः २५२५ । पत्रसंख्या १-४ ।

P2 **पाटण**नगरे श्री हेमचन्द्राचार्यजैनज्ञानमन्दिरे विद्यमानः कागजपत्रात्मक आदर्शः, ग्रन्थाङ्कः २८६७, पत्रसंख्या १-२ ।

P3 **पाटण**नगरे संघवीपाडाभाण्डागारसत्कः, किन्तु सम्प्रति श्री **हेमचन्द्राचार्यजैनज्ञानमन्दिरे** विद्यमानः तालपत्रात्मक आदर्शः, डा०नं० १७१-२। मूलपत्रसंख्या २-६ । टीकापत्रसंख्या १-२३ ॥

R = श्री**रूपविजयजी डहेलानो जैन उपाश्रय**-ग्रन्थभण्डार-दोशीवाडानी पोल अमदावाद-सत्क आदर्शः। डाबडा नंबर १०५, प्रतिनंबर ५३४४ । पत्रसंख्या- १-१३ । १-३A मध्ये न्यायप्रवेशकसूत्रं वर्तते । ३A-१३B मध्ये न्यायप्रवेशकटीका वर्तते ।

V = **वडोदरा**नगरे प्रवर्तकश्री **कान्तिविजयजी**सत्के ज्ञानभाण्डागारे विद्यमानः कागजपत्रात्मकः सटीक आदर्शः। ग्रन्थाङ्कः १२७६ । पत्रसंख्या-मूलमात्रम् १, हारिभद्रीटीका २-६ ।

न्यायप्रवेशकस्य द्विविधा पाठपरम्परा दृश्यते , परस्परमपि हस्तलिखितादर्शेषु बहवः पाठभेदा दृश्यन्ते। ते च तत्र तत्र टिप्पनेषु अस्माभिर्दर्शिताः । यद्यपि तालपत्रनिर्दिष्टाः पाठाः प्राचीनतमाः, प्रायः त एव चास्माभिः मूले स्थापिताः, तथापि **हरिभद्र**सूरिविरचिता टीका P2 मध्ये विद्यमानां पाठपरम्परां प्राधान्येन अनुसरति इति बहुषु पाठेषु अस्माकमनुभव इति सुधीभिरवश्यं ज्ञेयम् । न्यायप्रवेशकसूत्रस्य द्वौ **भोट**भाषानुवादौ [Tibetan Translations] अपि उपलभ्येते- एकः संस्कृताद् **भोट**भाषायां विहितोऽनुवादः,अपरस्तु संस्कृतभाषातः **चीन**भाषायां विहितमनुवादमवलम्ब्य **भोट**भाषायां विहितोऽनुवादः । अनयोः संस्कृतात् परस्परं च पाठभेदा अनेकेषु स्थलेषु दृश्यन्ते ॥

१. नित्यः शब्दोऽनित्यो वेति P 1, 3, K, K1, V,D ॥ **२. °मिति** V । **°मेव निश्चितं** । **K** ॥ **३. वा पुनर्वि°** R॥

विपक्ष इति? साध्यधर्मसामान्येन समानोऽर्थः सपक्षः । तद्यथा— अनित्ये शब्दे साध्ये घटादिरनित्यः सपक्षः। विपक्षो यत्र साध्यं नास्ति, यन्नित्यं तदकृतकं दृष्टं यथाऽऽकाशमिति । तत्र कृतकत्वं प्रयत्नानन्तरीयकत्वं वा पक्षधर्म एव, सपक्ष एवास्ति, विपक्षे नास्त्येव। इत्यनित्यादौ हेतुः।

सू० [५], दृष्टान्तो द्विविधः— [१]साधर्म्येण वैधर्म्येण च । तत्र साधर्म्येण तावत् यत्र हेतोः सपक्ष एवास्तित्वं ख्याप्यते । [२]तद्यथा— यत् कृतकं तदनित्यं दृष्टं यथा घटादिरिति । वैधर्म्येणापि यत्र साध्याभावे हेतोरभाव एव कथ्यते। [३]तद्यथा— यन्नित्यं तदकृतकं [४]दृष्टं यथाऽऽकाशमिति । नित्यशब्देनात्राऽनित्यत्वस्याभाव उच्यते । अकृतकशब्देनापि [५]कृतकत्वस्याभावः। यथा भावाभावोऽभाव इति। उक्ताः पक्षादयः ।

सू० [६], एषां वचनानि परप्रत्यायनकाले [६]साधनमुक्तमिति । यथा— अनित्यः शब्द इति पक्षवचनम् । कृतकत्वादिति पक्षधर्मवचनम्। यत् कृतकं तदनित्यं दृष्टं यथा घटादिरिति सपक्षानुगमवचनम् । यन्नित्यं तदकृतकं दृष्टं यथाऽऽकाशमिति व्यतिरेकवचनम् । एतान्येव त्रयोऽ[७]वयवा इत्युच्यन्ते ।

सू० [७], साधयितुमिष्टोऽपि प्रत्यक्षादिविरुद्धः पक्षा[८]भास इति, तद्यथा—प्रत्यक्षविरुद्धः १, अनुमानविरुद्धः २, आगमविरुद्धः ३, लोकविरुद्धः ४, स्ववचनविरुद्धः ५, अप्रसिद्धविशेषणः ६, अप्रसिद्धविशेष्यः ७, अप्रसिद्धोभयः ८, प्रसिद्धसंबन्धश्चेति ९ ।

---

१. °र्म्येण च वै° D, K1सं० ॥ २-३. तद्यथा नास्ति J2, D ॥ ४. दृष्टं नास्ति K1॥ ५. कृतकत्वस्य । यथा P3, K. ॥ ६. साधनं यथा P2, D । साधनं तद्यथा V, R । ७. °यवा इत्युच्यते P1, 3 । °यवा उच्यन्ते P2 ॥ ८. °भासस्तद्यथा P2,3, D, V ॥

सू० [८], तत्र प्रत्यक्षविरुद्धो यथा अश्रावणः श[१]ब्द इति ।

अनुमानविरुद्धो यथा नित्यो घट इति ।

आगमविरुद्धो यथा वैशेषिकस्य नित्यः शब्द इति साधयतः।

लोकविरुद्धो यथा शुचि नरशिरःकपालं प्राण्यङ्गत्वाच्छङ्ख-शु[२]क्तिवदिति ।

स्ववचनविरुद्धो यथा माता मे [३]वन्ध्या, पिता मे कुमार-ब्रह्मचारीति।

अप्रसिद्धविशेषणो यथा बौद्धस्य सांख्यं प्रति विनाशी शब्द इति।

अप्रसिद्धविशेष्यो यथा सांख्यस्य बौद्धं प्रति चेतन आत्मेति।

अप्रसिद्धोभयो यथा वैशेषिकस्य बौद्धं प्रति सुखादिसमवायि-कारणमात्मेति ।

प्रसिद्धसंबन्धो यथा श्रावणः शब्द इति ।

एषां वचनानि धर्मस्वरूपनिराकरणमुखेन प्रतिपादनासंभवतः साधनवैफल्य[४]तश्चेति प्रतिज्ञादोषाः । [५]उक्ताः पक्षाभासाः ।

सू० [९], असिद्धाऽनैकान्तिक-विरुद्धा हेत्वाभासाः ।

सू० [१०], तत्रासिद्धश्चतुःप्रकारः, तद्यथा— उभयासिद्धः १, अन्यतरासिद्धः २, सन्दिग्धासिद्धः ३, आश्रयासिद्धश्चेति ४ ।

तत्र शब्दानित्यत्वे साध्ये चाक्षुषत्वादित्युभयासिद्धः ।

कृतकत्वादिति शब्दाभिव्यक्तिवादिनं प्रत्यन्यतरासिद्धः ।

---

१. शब्दः। अनुमान°J2 ।। २. °शुक्तिकादि°R. ।। ३. वन्ध्येति । अप्रसिद्ध° P3, K, D, V।। ४. °तश्च प्रतिज्ञादोषा इति P3, K, D, V ॥ ५. उक्ताः पक्षाभासाः P3, K मध्ये नास्ति ॥

बाष्पादिभावेन संदिह्यमानो भूतसंघातोऽग्निसिद्धावुपदिश्यमानः संदिग्धासिद्धः ।

[1]द्रव्यमाकाशं गुणाश्रयत्वादित्याकाशासत्त्ववादिनं प्रत्याश्रयासिद्धः ।

सू० [११], अनैकान्तिकः षट्प्रकारः – साधारणः १, असाधारणः २, सपक्षैकदेशवृत्तिर्विपक्षव्यापी ३, विपक्षैकदेशवृत्तिः सपक्षव्यापी ४, उभयपक्षैकदेशवृत्तिः ५, विरुद्धाव्यभिचारी चेति ६।

तत्र साधारणः प्रमेयत्वान्नित्य इति । तद्धि नित्यानित्यपक्षयोः साधारणत्वादनैकान्तिकम्-किं घटवत् प्रमेयत्वादनित्यः शब्द [2]आहोश्विदाकाशवत् प्रमेयत्वान्नित्य इति? ।

असाधारणः[3] श्रावणत्वान्नित्य इति । तद्धि नित्यानित्यपक्षाभ्यां व्यावृत्तत्वान्नित्यानित्यविनिर्मुक्तस्य चान्यस्य[4] चासंभवात् संशयहेतुः— किंभूतस्यास्य श्रावणत्वमिति ?।

सपक्षैकदेशवृत्तिर्विपक्षव्यापी, यथा अप्रयत्नानन्तरीयकः शब्दोऽनित्यत्वादिति[5] । अप्रयत्नानन्तरीयकः[6] पक्षोऽस्य विद्युदाकाशादिः सपक्षः । तत्रैकदेशे विद्युदादौ विद्यतेऽनित्यत्वम्, नाकाशादौ । [7]प्रयत्नानन्तरीयकः[8] पक्षोऽस्य घटादिर्विपक्षः । तत्र सर्वत्र[9] विद्यतेऽनित्यत्वम्। [10]एतदपि विद्युद्-घटसाधर्म्येणानैकान्तिकम्— किं

१. तथा द्रव्य° J1, J2, P2, D, V विना ॥ २. आहोस्विदाकाशत्ववत् J2 । आहोस्विदाकाशवन्नित्य इति P3, K, R ॥ ३. °रणो यथा श्रा°R ॥ ४. चान्यस्यासंभवात् P2,3, K, D, R, V ॥ ५. °त्वात् । P2,3, K ॥ ६. °यकपक्षो J1, J2 ॥ ७. तथा प्रयत्ना° J1सं० ॥ ८. °कपक्षो J1, J2, P3 ॥ ९. सर्वत्र घटादौ विद्यते P1, 2, D ॥ १०. तस्मादेतदपि P2, 3, K, D, V, R ॥

घटवदनित्यत्वात् प्रयत्नानन्तरीयकः शब्दः [१]आहोश्विद् विद्युदादिवदनित्यत्वादप्रयत्नानन्तरी[२]यक इति ? ।

विपक्षैकदेशवृत्तिः सपक्षव्यापी, यथा [३]प्रयत्नानन्तरीयकः शब्दोऽनित्यत्वात् । प्रयत्नानन्तरीयक[४]ः पक्षोऽस्य घटादिः सपक्षः। [५]तत्र सर्वत्र विद्यतेऽनित्यत्वम् । [卐]अप्रयत्नानन्तरीय[६]कः पक्षो[७]ऽस्य विपक्षो विद्युदाकाशादिः। तत्रैकदेशे विद्युदादौ विद्यतेऽनित्यत्वम्, नाकाशादौ। तस्मादेतदपि विद्युद्-घटसाधर्म्येण अनैकान्तिकम् ।

उभयपक्षैकदेशवृत्तिर्यथा नित्यः शब्दोऽमूर्तत्वादिति । [८]नित्यः पक्षोऽस्य आका[९]श-परमाण्वादिः सपक्षः। [१०]तत्रामूर्त्तत्वमाकाशे विद्यते, न परमाणौ। [११]अनित्यः पक्षोऽस्य घट-सुखादिर्विपक्षः। तत्र सुखादौ विद्यतेऽमूर्तत्वम्, न घटादौ । तस्मादयमपि सुखा-ऽऽकाशसाधर्म्येणानैकान्तिकः ॥

विरुद्धाव्यभिचारी यथा—अनित्यः शब्दः कृतकत्वाद् घट[१२]वदिति। नित्यः शब्दः [१३]श्रावणत्वात् शब्दत्ववदिति । उभयोः संशयहेतुत्वाद् द्वावप्येतावेकोऽनैकान्तिकः [१४]भवति समुदितावेव ।

---

१. आहोस्विद् विद्युदादिवदनित्यत्वादप्रयत्नानन्तरीयकः शब्द इत्यनैकान्तिकं विपक्षैक° P3, K ॥ २. °रीयकः शब्द इति तस्मादेतदपि विद्युद्-घटसाधर्म्येणानैकान्तिकमिति विपक्षैक° P1, K1 ॥ ३. प्रयत्नानन्तरीयकत्वे साध्येऽनित्यो हेतुः प्रय° J2, P1, K1 ॥ ४. °कपक्षोऽस्य घटादिः J2,R । °कपक्षो घटादिः J1 ॥ ५. तत्र सर्वत्र घटादौ विद्यतेऽनित्यत्वं नाकाशादौ, तस्मादेतदपि विद्युद्-घटसाधर्म्येण पूर्ववदनैकान्तिकम् P2 ॥卐 प्रयत्ना०R ६. °कपक्षो J2 ॥ ७. °स्य विद्युदाकाशादिः विपक्षः। तत्रै° P3, K, R ॥ ८. नित्यपक्षो J1, J2, K मू० K1, P2, P3 ॥ ९. आकाशादिपर° J1 ॥ १०. तत्रैकदेशे आकाशादौ विद्यतेऽमूर्तत्वं न परमाणौ। अनित्य(नित्यः:R)पक्षोऽस्य घटसुखादिर्विपक्षः तत्रैकदेशे सुखादौ [विद्यतेऽमूर्तत्वं न घटादौ P3, K, R ॥] तस्मादेतदपि सुखाकाशसाधर्म्येणानैकान्तिकम् P2, 3, K, R. । इतः परं किं सुखादिवत् मूर्तत्वादनित्यः शब्दः, आकाशवदमूर्तत्वान्नित्य इति ॥ R मध्येऽधिकः पाठः ॥ ११. अनित्यपक्षो J1, 2, K, P3 ॥ १२. °वत् नित्यः J2,D, K1, V, R. ॥ १३. श्रावणत्वाच्छब्दत्ववदुभयोः P1,3, D, K। श्रावणत्वादित्युभयोः J2 ॥ १४. भवति नास्ति P1, 2, K1, D, V। भवति समुदितावेव नास्ति K, P3, R ॥

सू० [१२], विरुद्धश्चतुःप्रकारः—तद्यथा धर्मस्वरूपविपरीतसाधनः १, धर्मविशेषविपरीतसाधनः २, धर्मिस्वरूपविपरीतसाधनः ३, धर्मिविशेषविपरीतसाधनश्चेति ४ ।

सू० [१३], तत्र धर्मस्वरूपविपरीतसाधनो यथा— नित्यः शब्दः कृतकत्वात् प्रयत्नानन्तरीयकत्वाद्वेति । अयं हेतुर्विपक्ष [१]एव [२]अस्त्यतो नित्यत्व[३]लक्षणस्य साध्यधर्मस्य स्वरूपविपरीतमनित्यत्वं साधयति इति धर्मस्वरूपविपरीतसाधनाद् विरुद्धः ।

धर्मविशेषविपरीतसाधनो यथा— परार्थाश्चक्षुरादयः संघातत्वाच्छयनासनाद्यङ्गवदिति । [४]अयं हेतुर्यथा पारार्थ्यं चक्षुरादीनां साधयति तथा संहतत्वमपि [५]परस्य साध्यधर्मविशेषविपरीतं साधयति, उभयत्राव्यभिचारात् ।

धर्मिस्वरूपविपरीतसाधनो यथा— न द्रव्यम् [६]न कर्म न गुणो भाव [७]इति, एकद्रव्यवत्त्वात् गुणकर्मसु च भावात्, सामान्यविशेषवदिति । अयं [८]हि हेतुर्यथा द्रव्यादिप्रतिषेधं [९]भावस्य साधयति [१०]तथा भावस्याभावत्वमपि साधयति, उभयत्राव्यभिचा[११]रात् ।

धर्मिविशेषविपरीतसाधनो यथा— अयमेव हेतुरस्मिन्नेव पूर्वपक्षेऽस्यैव धर्मिणो यो विशेषः सत्प्रत्यय[१२]ैकर्तृत्वं तद्विपरीतमसत्प्रत्ययकर्तृत्वमपि [१३]द्रव्यादिप्रतिषेधवत् साधयति, उभयत्राव्यभिचा[१४]रात् ।

---

१. एव भावाद् विरुद्धः अतो नित्यत्व° P1, R. । एव भावाद् विरुद्धः P2, 3, K ॥ २. अस्त्यतो नित्यत्वलक्षणस्य साध्यधर्मस्य स्वरूपविपरीतमनित्यत्वं साधयति इति धर्मस्वरूपविपरीतसाधनाद् P2, 3, K मध्ये नास्ति ॥ ३. °लक्षणसाध्य° J1, P1 ॥ ४. अयं हि हेतु° P1, 3, K, D, R. ॥ ५. परस्यातानः साधयति P2, D ॥ ६. न गुणो न कर्म भाव एक° D ॥ ७. इति K, D, V. मध्ये नास्ति ॥ ८. हि K, D, V, मध्ये नास्ति ॥ ९. भावस्य J2, P2, D, V, K मध्ये नास्ति ॥ १०. तथा अभावत्वमपि भावस्य साधयति J1,2, P2, K1 ॥ ११. °रादिति D, V, ॥ १२. °कर्तृत्वं नाम तद्वि° D, V ॥ १३. द्रव्यादिप्रतिषेधवत् P1, 3, D, V, K मध्ये नास्ति ॥ १४. °रादिति D, V ॥ ०रादिति । हेत्वाभासाः समाप्ताः । R ॥

सू० [१४], दृष्टान्ताभासो द्विविधः- साधर्म्येण वैधर्म्येण च।

सू० [१५], तत्र साधर्म्येण[१] तावद् दृष्टान्ताभासः पञ्चप्रकारः[२]। तद्यथा-साधनधर्मासिद्धः १, साध्यधर्मासिद्धः २, उभयधर्मासिद्धः३, अनन्वयः ४, विपरीतान्वयश्चेति ५ ।

सू० [१६], तत्र साधनधर्मासिद्धो यथा-नित्यः शब्दोऽमूर्तत्वात् परमाणुवत् । यदमूर्तं वस्तु[३] तन्नित्यं दृष्टं यथा परमाणुः। परमाणौ हि साध्यं नित्यत्वमस्ति साधनधर्मोऽमूर्तत्वं नास्ति, मूर्तत्वात् परमाणूनामिति[४] ।

साध्यधर्मासिद्धो यथा— नित्यः शब्दोऽमूर्तत्वाद् बुद्धिवत्[५] । यदमूर्तं वस्तु[६] तन्नित्यं दृष्टं यथा बुद्धिः इति[७] । बुद्धौ हि[८] साधनधर्मोऽमूर्तत्वमस्ति, साध्यधर्मो[९] नित्यत्वं नास्ति, अनित्यत्वाद् बुद्धेः[१०]।

उभयासिद्धो[११] द्विविधः— सन्नसंश्चेति । तत्र घटवदिति विद्यमानोभयासिद्धः[१२], अनित्यत्वान्मूर्तत्वाच्च घटस्य । आकाशवदित्यविद्यमानोभयासिद्धः, तदसत्त्ववादिनं प्रति ।

अनन्वयो यत्र विनाऽन्वयेन साध्यसाधनयोः सहभावः प्रदर्श्यते, यथा घटे कृतकत्वमनित्यत्वं च दृष्टमिति ।

विपरीतान्वयो यथा—यत् कृतकं तदनित्यं दृष्टमिति वक्तव्ये यदनित्यं तत् कृतकं[१३] दृष्टमित्याह । अयं साधर्म्येण दृष्टान्ताभासः[१४]।

---

१. °र्म्येण दृष्टा° K ॥ २. पंचधा P2 ॥ ३. वस्तु नास्ति K, Dमू., P3, V ॥ ४. °माणूनाम् D ॥ ५. ° वदिति P2, D ॥ ६. वस्तु नास्ति K, V, P3, R. ॥ ७. इति नास्ति P2, 3, K, D,V ॥ ८. हि नास्ति K, V ॥ ९. साध्यं नित्यत्वं J2,R. ॥ १०. बुद्धेरिति P2, 3, K, D,V, R. ॥ ११. उभयधर्मासिद्धो R ॥ १२. °सिद्धः । आकाश° K, D ॥ १३. कृतकमित्याह अयं J 2 ॥ कृतकमिति ब्रवीति वैधर्म्येणापि D । कृतकं दृष्टमिति ब्रवीति । वैधर्म्येणापि P2, 3, V, K ॥ १४. °भासवर्गः K ॥

सू० [१७], [१]वैधर्म्येणापि दृष्टान्ताभासः पञ्चप्रकारः, तद्यथा-साध्याव्यावृत्तः १, साधनाव्यावृत्तः २, उभयाव्यावृत्तः ३,अव्यतिरेकः ४, विपरीतव्यतिरेकश्चेति ५ ।

सू० [१८], तत्र साध्याव्यावृत्तो यथा - नित्यः शब्दोऽमूर्तत्वात् परमाणु[२]वत् । प[३]रमाणोर्हि साध्यं नि[४]त्यत्वं न व्यावृत्तम्, नित्यत्वात् परमाणूनाम् । साधनधर्मोऽमूर्तत्वं नास्ति, मूर्त्तत्वात् परमाणूनाम् ।

साधनाव्या[५]वृत्तः कर्म[६]वदिति । तत्र कर्मणः साध्यं नित्यत्वं व्यावृत्तम्, अनित्यत्वात् कर्मणः। साधनधर्मोऽमूर्तत्वं न व्यावृत्तम्, अमूर्तत्वात् कर्मणः ।

उभयाव्यावृत्तः आकाशवदिति तत्सत्त्ववादिनं प्रति । ततो [७]हि नित्यत्वममूर्तत्वं च न व्यावृत्तम्, नित्यत्वादमूर्तत्वाच्चाकाश[८]स्य।

अव्यतिरेको य[९]त्र विना साध्यसाधननिवृत्त्या तद्विपक्षभावो निदर्श्यते । यथा घटे अनित्यत्वं मूर्तत्वं च दृष्टमिति ।

विपरीतव्यतिरे[१०]को य[११]था-यदनित्यं तद् मूर्तं दृष्टमिति वक्तव्ये यद् मूर्तं [१२]तदनित्यं दृष्टमिति ब्रवीति ।

---

१. वैधर्म्येणापि पंचधा तद्यथा साध्याव्यावृत्तः P2 । वैधर्म्येणापि साध्याव्यावृत्तः J2 ॥ २. वत्। यन्नित्यं तदमूर्तं दृष्टं यथा परमाणुः। परमाणोर्हि R। °वत्। यदनित्यं तन्मूर्तं दृष्टं यथा परमाणुः। परमाणोर्हि P2, D ॥ ३. परमाणोर्हि साधनधर्मोऽमूर्तत्वं व्यावृत्तं[मूर्तत्वात् परमाणूनामिति P1, K1 विना] साध्यधर्मोनित्यत्वं न व्यावृत्तं नित्यत्वात् परमाणूनामिति । साधना° P1, 2, 3, J2 सं., V, K1 ॥ परमाणौ हि साधनधर्मोऽमूर्तत्वं व्यावृत्तं साध्यधर्मो नित्यत्वं न व्यावृत्तं नित्यत्वात् परमाणूनामिति।साधना° K, D ॥ ४. नित्यत्वमव्यावृत्तं .... ऽमूर्तत्वं व्यावृत्तं, मूर्तत्वात् R ॥ ५. °वृत्तो यथा कर्म° P2, D ॥ ६. कर्मवदिति । तत्र साध्यं J1, 2 ॥ कर्मवत् कर्मणः साध्यं P3, K, D मू० ।। ७. हि नास्ति P2, V ॥ ८. °स्येति P2, 3, K, D, V, R. ॥ ९. यथा विना R. ॥ १०. °रेको यदनित्यं तन्मूर्तमिति P1, J1, K1 ॥ ११. यथा नास्ति D ॥ १२. तदनित्यमित्याह (तदनित्यं दृष्टमिति J2सं० ।) अयं वैधर्म्यदृष्टान्ताभासवर्गः P1, K1, J2 मू० । तदनित्यं दृष्टमिति ब्रवीति। एषां P2, D । तदनित्यमित्याह एषां J1 । तदनित्यमिति [ब्रवीति V] एषां P3, K, V ॥

सू० [१९], एषां पक्षहेतुदृष्टान्ताभासानां [१]वचनानि न साधनम्, साधनाभासाः ।

सू० [२०], [२]आत्मप्रत्यायनार्थं तु प्रत्यक्षमनुमानं च द्वे एव प्रमाणे [३]प्रतिपादनीये।

सू० [२१], तत्र प्रत्यक्षं कल्पनापोढम्[४], यज्ज्ञानमर्थे रूपादौ नाम-जात्यादिकल्पनारहितं तदक्षमक्षं प्रति वर्तत इति [५]प्रत्यक्षम् ।

सू० [२२], अनुमानं लिङ्गादर्थदर्शनम् । लिङ्गं पुनस्त्रिरूपमुक्तम् । तस्माद्यदनु[६]मेयेऽर्थे ज्ञानमुत्पद्यते 'अग्निरत्र, [७]अनित्यः शब्दः' इति वा तदनुमानम् । उभयत्र तदेव ज्ञानं फलम[८]धिगमरूपत्वात्। सव्यापारवत्ख्यातेः प्रमाणत्वमिति ।

सू० [२३], कल्पनाज्ञानमर्थान्तरे प्रत्यक्षाभा[९]सम् । यज्ज्ञानं घटः पट इति वा विकल्पयतः स[१०]मुत्पद्यते तदर्थस्वलक्षणाविषयत्वात् प्रत्यक्षाभासम् ।

सू० [२४], हेत्वाभासपूर्वकं ज्ञानमनुमानाभासम् । हेत्वाभासो हि बहुप्रकार उक्तः । तस्माद्यदनु[११]मेयेऽर्थे ज्ञानमव्युत्पन्नस्य भवति तदनुमानाभासम् ।

सू० [२५], साधनदोषोद्भावनानि दूषणानि । साधनदोषो न्यूनत्वम् । पक्षदोषः प्रत्यक्षादिविरुद्धत्वम् । हेतुदोषोऽसिद्धा-ऽनैका-

---

१. वचनानि साधनाभासाः (भासं P2, V) K, K1, J2मू०, P1, 2, 3, V, R। वचनाति न साधनमिति D। वचनानि न साधनं J1। वचनानि न साधनं साधनाभासाः J2सं० । २. आत्मप्रत्यायनार्थं पुनः प्रत्यक्षमनुमानं च द्वे एव प्रमाणे प्रतिपादनीये तत्र प्रत्यक्षं कल्पनापोढमभ्रान्तं यज्ज्ञानमर्थे P2॥ ३. प्रतिपादनीये नास्ति D, V, K, K1, P1, 3, R॥ ४. °ढमभ्रान्तं Dसं०,P2॥ ५. प्रत्यक्षं नास्ति J1 ॥ ६. °मेये ज्ञान° D, P2 विना ॥ दृश्यतां पृ० ५२ टि०१, पृ०६१ पं०१२ ७. अनित्य इति वा J2, Dमू० ॥ ८. परिच्छेदरूपत्वात् J2 टि.॥ ९. °भासं घटः पट इति वा विकल्पयतो यदुत्पद्यते P3, K॥ १०. उत्पद्यते D॥ ११. °मेये ज्ञान° P2, D विना ॥

न्तिक-विरुद्धत्वम् । दृष्टान्तदोषः साधनधर्माद्यसिद्धत्वम् । तस्योद्भावनं प्राश्निकप्रत्यायनं दूषणम् ।

सू० [२६], [१]अभूतसाधनदोषोद्भावनानि दूषणाभासानि । [२]संपूर्णसाधने न्यूनत्ववचनम् । अदुष्टपक्षे पक्षदोषवचनम् । सिद्धहेतुकेऽसिद्धहे[३]तुक[४]वचनम् । ऐकान्तिकहेतुकेऽनैकान्तिक-हेतुकवचनम्। अविरुद्धहेतुके विरुद्धहे[५]तुकवचनम् । अदुष्टदृष्टान्ते दुष्टदृष्टा[६]न्तवचनम् । एतानि दूषणाभासानि । न ह्येभिः परपक्षो दूष्यते, निरवद्यत्वात्त[७]स्य इति । इत्युपरम्यते ।

सू० [२७], पदार्थमात्रमाख्यातमादौ दिङ्मात्रसिद्धये ।
याऽत्र युक्तिरयुक्तिर्वा साऽन्यत्र सुविचारि[८]ता ॥

॥ इति न्यायप्रवेशकसूत्रं समाप्तम् ॥

---

१ अभूतदोषो° J 2॥ २ संपूर्णे साधने Kसं०, D, V̇, P2, R॥ ३ °हेतुकं व° P1, 2, J1, D॥ ४ °वचनम् । एकांतहेतुके अनैकान्त(न्तिक D)हेतुक(कं P2) वचनं । अविरुद्ध° K, V, D, P2, 3॥ °वचनम् । अविरुद्धहेतुके विरुद्धहेतुकवचनम्। ऐकान्तिकहेतुकेऽनैकान्तिक [हेतुकJ1] वचनम्। अदुष्ट° P1, J1, 2, K1, R ॥५ °हेतुकं व° P1, 2, V ॥ ६ °न्तदोषवचनम् P2, D, V॥ ७ °त्वादित्युपरम्यते R। °स्येत्युपरम्यते P2, K, D, V ॥८ °रितेति J2। °रितेति न्यायप्रवेशकसूत्राणि समाप्तानि P1। °रिता । इति न्यायप्रवेशकसूत्रं समाप्तमिति P2, 3, K । °रेति न्यायप्रवेशकसूत्रं समाप्तं J1 । °रिता न्यायप्रवेशकसूत्रं समाप्तं D । °रिता । सूरिः श्रीमानभूद् वादी श्वेताम्बरशिरोमणिः । हरिभद्र इति ख्यातः कृतिस्तस्य महामुनेः ॥ न्यायप्रवेशसूत्रं समाप्तमिति V ॥ °रिता ॥ १ ॥ छ॥ ग्रंथाग्रं १०० ॥ इति न्यायप्रवेशकसूत्रं ॥ छ॥—R ॥

अत्रेदमादाववधेयम्— वडोदरा Baroda मध्ये Oriental Institute, Baroda तः Gaekwad's Oriental Series No. XXXVIII रूपेण 1930 A. D. वर्षे प्रकाशिते टीका-पञ्जिकासहिते **न्यायप्रवेश**ग्रन्थे तत्संपादकेन A. B. Dhruva **'आनन्दशङ्कर बापुभाई ध्रुव'** महोदयेन तत्संशोधने येषां हस्तलिखितादर्शानामुपयोगो विहितः तेषां स्वरूपं न्यायप्रवेशकस्य Introduction तः उद्धृत्य A. B.Dhruva महोदयानां शब्दैरेवात्र उपवर्ण्यते-

XXXIV

4. Manuscripts :-

The present edition of the Nyāyapraveś'q and its Vṛtti and the Pañjikā of the Vṛtti has been based upon the following four manuscripts of which the first three were placed at my disposal by the Baroda State and the last was supplied by my learned and esteemed friend Jaina Ācārya Śri Vijaya-Nemisūriji of Ahmedabad:-

1. न्यायप्रवेशकसूत्रम् text–fol. 2, original from Hemacandrācārya Jain Sabhā, Pāṭaṇ A photostat copy of this is preserved in the Library of The Oriental Institute, Baroda.

2. न्यायप्रवेशकवृत्तिः— (1) fol. 16, original in the Oriental Institue, No. 2844.

   (2) Second copy, fol. 6, preserved in the Jaina Jnāna-Mandira, Pravartaka Śrī Kāntivijayaji Śāstrasaṁgraha, Baroda.

3. न्यायप्रवेशकवृत्तिपञ्जिका— (1) Palm-leaf old and dilapidated, fol. 119 minus 1,4,62-64, 67,70, and 90, obtained from Khetarvāsi Jain Bhandār, Pāṭaṇ. A photostat copy of this is also preserved in the Library of the Oriental Instituet, Baroda.

   (2) Second copy with folia 19, 20, 22-24 only obtained from the library of late Mr. T. M. Tripāthi of Nadiad.

4. न्यायप्रवेशकसूत्र with वृत्ति, a new copy on paper, fol. 14 ½ - with 15 lines to a page, supplied to me by Ācārya Śri Vijaya-Nemi-Sūriji of Ahmedbad from his Bhandār.

अत्रोपरि '3. न्यायप्रवेशकवृत्तिपञ्जिका-(1)' मध्ये निर्दिष्टः तालपत्रात्मक आदर्शः सम्प्रति **पाटण**नगरे **खेतरवसीजैनभण्डार**मध्ये नोपलभ्यते। अतोऽस्माभिरुपरिनिर्दिष्टस्य The library of the Oriental Institute, Baroda मध्ये विद्यमानस्य Photostat Copy प्रतिबिम्बस्यैवोपयोगो विहितः । तस्य च P इति संज्ञा विहितास्माभिः ।

बौद्धाचार्यदिङ्नागप्रणीतं

न्यायप्रवेशकशास्त्रम्।

सूत्रम् [१] **卐साधनं दूषणं चैव साभासं परसंविदे ।**
प्रत्यक्षमनुमानं च साभासं त्वात्मसंविदे ॥-
—इति शास्त्रार्थसंग्रहः ॥

याकिनीमहत्तराधर्मसूनुना आचार्यश्री **हरिभद्र**सूरिणा विरचिता

न्यायप्रवेशकटीका*

श्री सर्वज्ञाय नमः ।

टीका [१] सम्यङ्न्यायस्य वक्तारं प्रणिपत्य **जिनेश्वरम्** ।
न्यायप्रवेशकव्याख्यां स्फुटार्थां रचयाम्यहम् ॥ १ ॥
रचितामपि सत्प्रज्ञैर्विस्तरेण समासतः ।
असत्प्रज्ञोऽपि संक्षिप्तरुचिसत्त्वानुकम्पया ॥ २ ॥

卐 **न्यायप्रवेशके** ये ये पाठभेदाः तेऽत्र न निर्दिष्टाः । किन्तु पृ०१-११ मध्ये दर्शिताः तत्रैव विलोकनीयाः ।

* अत्रेदमादाववधेयम्-न्यायप्रवेशकस्य हरिभद्रसूरिविरचितायाः टीकायाः संशोधने J२ P३ इति तालपत्रलिखितमादर्शद्वयं P२, A, C, V, R इति कागजपत्रलिखितं च आदर्शपञ्चकमस्माभिरुपयुक्तम् । तत्र J२ P३ इत्येतयोः स्वरूपं प्रागेव न्यायप्रवेशकस्य प्रारम्भे वर्णितम् ।

J२ मध्ये पत्राणि ४२-**B** - १३४ **B**, ''**कृतिः श्वेताम्बरश्रीहरिभद्राचार्यकृतन्यायप्रवेशटीका समाप्तेति ॥ छ ॥ छ ॥ ग्रंथ ५९० ॥ संवत् १२०१ वर्षे ॥ माघमासीयचरमशकले तुरीयतिथौ तिमिरासहनवासरे श्री भृगुकच्छस्थितिमता पंडितेन यशसा सहितेन धवलेन पुस्तिकेयमलेखि ॥**'' इति प्रान्ते उल्लेखः ॥

P२ मध्ये **पाटण**नगरे श्री हेमचन्द्राचार्यजैनज्ञानमंदिरे विद्यमान आदर्शः, पत्राणि १-२० । डा० ३७२, ग्रन्थाङ्कः १७८०७। ''**समाप्ता चेयं शिष्यहिता नाम न्यायप्रवेशकटीका । कृतिः सिताम्बराचार्यजिनभट्टपादसेवकस्याचार्य श्री हरिभद्रस्य ॥ छ ॥ छ ॥ छ ॥......इति संपूर्ण। संवत् १९३३ ना वर्षे वैशाखसुदि द्वादशी । शुक्रः**'' इति प्रान्ते लिखितमस्ति ॥

P३ मध्ये पत्राणि १-२३ ''**समाप्ता न्यायप्रवेशकटीका ॥ छ ॥ कृतिराचार्यहरिभद्रस्य ॥ छ ॥ ग्रन्थप्रमाणमनुष्टुप्छन्दसां श्लोकशतानि पञ्च। अङ्कतोऽपि ५०० ॥ मंगलं महाश्रीः । शुभं भवतु लेखक-पाठकानामिति ॥**'' इति प्रान्ते उल्लेखः ॥

A = जैन आत्मानन्दसभा-भावनगर-सत्क आदर्शः, ग्रन्थाङ्कः ८८५, पत्राणि १-१५ । ''**समाप्ता चेयं शिष्यहिता नाम न्यायप्रवेशकटीका। कृतिः सितम्बराचार्यजिनभट्टपादसेवकस्याचार्यश्री हरिभद्रस्य । ....इति समाप्तोऽयं न्यायप्रवेशाख्यो ग्रन्थः॥ संवत् १९६३ वर्षे आषाढमासे शुक्लपक्षे १३ त्रयोदशी चन्द्रवासरे ॥ श्री धोलेरा बंदरे ॥ लि. शेठ दुर्लभजी सुंदरजी ॥ शुभं भवतु ॥ कल्याणमस्तु ॥ श्रीरस्तु ॥ छ ॥ श्री ॥ ग्रं०६५०**'' इति प्रान्ते उल्लेखः।

[1]तत्र च **साधनं दूषणं चे**त्यादिरादावेव श्लोकः । आह–अस्य किमर्थमादावुपन्यास इति । उच्यते । इह प्रेक्षापूर्वकारिणः प्रयोजना[2]दिशून्ये न क्वचित् प्रवर्तन्त इत्यतोऽधिकृतशास्त्रस्य प्रयोजनादि卐प्रदर्शनेन प्रेक्षावतां प्रवृत्त्यर्थमिति, शास्त्रार्थकथनकालोपस्थितपरसंभाव्यमानानुपन्यासहेतुनिराकरणार्थं च । तथा च '**न्यायप्रवेशका**ख्यं **शास्त्र**मारभ्यते' इत्युक्ते संभवत्येवंवादी परः– नारब्धव्यमि卐दं प्रयोजनरहितत्वात् उन्मत्तकवाक्यवत्। तथा निरभिधेयत्वात् काकदन्तपरीक्षावत् । तथा असंबद्धत्वात् **'दश दाडिमानि षडपूपाः कुण्डमजाजिनं पललपि卐ण्डः'** [**पा०म०भा० १/१/३**] इत्यादिवाक्यवत् । तदमीषां हेतूनामसिद्धतोद्भिभावयिषया प्रयोजनादिप्रतिपादनार्थमादौ श्लोकोपन्यासः। अयं चाभिधेय-प्रयोजने एव दर्शयति साक्षात्, संबन्धं तु सामर्थ्येन। यथा चैतदेवं तथा सुखप्रतिपत्त्यर्थमेनमेव लेशतो व्याख्याय दर्शयिष्यामः ।

व्याख्या च पद-वाक्यसंगतेति । उक्तं च—

[3]शास्त्र-प्रकरणादीनां यथार्थावगमः कुतः ।

व्याख्यां विहाय, तत्त्वज्ञैः सा चोक्ता पद-वाक्ययोः ॥ [ ] इत्यादि।

C = **चाणस्मा**ग्रामे जैनग्रन्थभाण्डागारे विद्यमान आदर्शः, पत्रसंख्या १-१३ । ग्रन्थाङ्कः २१७ । R = अस्य स्वरूपं पृ०२ टि० मध्ये द्रष्टव्यम् । R आदर्श एतन्मुद्रणानन्तरं लब्ध इति तत्र विद्यमानाः पाठभेदाः पृ० ५६ मध्ये द्रष्टव्याः । यत्र यत्र R मध्ये विशिष्टः पाठभेदः तत्र तत्र 卐 एतादृशं चिह्नमस्माभिः कृतमस्ति ।

C मध्ये प्रायः सर्वत्र P२-A सदृशः पाठोऽस्तीति ध्येयम् ।

V = **वडोदरा**मध्ये विद्यमानस्य न्यायप्रवेशकटीकाग्रन्थस्य स्वरूपं प्राक् पृ०२ मध्ये वर्णितं तत एवावसेयम् । अस्य प्रान्ते ''**समाप्ता न्यायप्रवेशकटीका, ग्रंथाग्रं ५९५। कृतिरियं हरिभद्रसूरेः**'' इति उल्लेखः ॥

इदं तु विशेषतोऽवधेयम् – न्यायप्रवेशकटीकाया द्विविधा पाठपरम्परा दृश्यते— एका J२,P३ इति तालपत्रलिखितादर्शयोः, अपरा तु P२, A, C इति कागजपत्रलिखितादर्शेषु। अतो नायं केवलं पाठभेदप्रकारः, किन्तु पाठपरम्परैव द्विविधा । J२,P३ मध्ये या पाठपरंपरा वर्तते तत्र केवलं टीकैव वर्तते । या तु P२,A,C मध्ये पाठपरम्परा तत्र मध्ये मध्ये सूत्रपाठोऽपि वर्तते, अपरोऽपि न्यूनोऽधिको वा पाठभेदो वर्तते । अयं च पाठपरम्पराभेदः टिप्पनेषु तत्र तत्रास्माभिर्दर्शितः । P२,A,C मध्ये टीकायां निर्दिष्टः सर्वः सूत्रपाठ इटालीक्ष Italics अक्षरैरत्र टिप्पनेषु सर्वत्र सूचित इति अवसेयम्। J२,P२,P३, C इत्यादर्शेषु यानि टिप्पनानि लिखितानि सन्ति तानि टि०J२ इत्यादिना संकेतेन अत्रैव टिप्पनेषु समावेशितानि ।

---

१ तत्र च V मध्ये नास्ति । ***तत्र च साधनं दूषणं चैव साभासं परसंविदे। प्रत्यक्षमनुमानं च साभासं त्वात्मसंविदे॥*** **इति आदावेव श्लोकः** P२, A, C, V । **२ °दिविरहेण न** J२ C, V विना ॥

३. अनेकार्थप्रतिपादकं शास्त्रम्। एकार्थप्रतिपादकं प्रकरणम् –टि०J२,A॥

तत्रापि पदसमुदायात्मकत्वाद् वाक्यस्याऽऽदौ पदार्थगमनिका न्याय्या । [1]साऽपि पदविभागपूर्विकेत्यतः पदविभागः — 'साधनम् दूषणम् च एव साभासम् परसंविदे प्रत्यक्षम् अनुमानम् च साभासम् तु आत्मसंविदे' 卐इति पदानि ।

अधुना पदार्थ उच्यते । साध्यते [2]अनेन सिद्धिर्वा साधयतीति वा **साधनम्।** [3]तच्च पक्षादिवचनजातम् । वक्ष्यति च-**पक्षादिवचनानि साधनम् [न्यायप्र० पृ०२]।** विषयश्चास्य धर्मविशिष्टो धर्मी । तथा दूष्यतेऽनेन दुष्टिर्वा दूषयतीति वा **दूषणम्।** तच्च साधनदोषोद्भावनं वचनजातमेव । वक्ष्यति च- **साधनदोषोद्भावनानि दूषणानि [न्यायप्र० पृ०१०]।** विषयश्चास्य साधनाभा[4]सम्, न सम्यक् साधनम्, तस्य दूषयितुमशक्यत्वात् । आह— ननु वक्ष्यति **साधनदोषोद्भावनानि दूषणानि [न्यायप्र० पृ०१०]** इति, तदेतत् कथम् ? उच्यते, साधनाभा[5]से एव किंचित्साम्येन साधनोपचाराददोषः इति, एतच्च तत्रैव निर्लोठयिष्यामः। **च**[6]**ः** समुच्चये । **एव**कारोऽवधा[7]रणे। स चान्ययोगव्यवच्छेदार्थ इत्येतद्दर्शयिष्यामः । तथा आभासन**माभासः** । सह आभासेन वर्तते इति **साभासम् । साभास**शब्दः प्रत्येकमभिसंबध्यते । साधनं साभासं दूषणं च साभासम् । तत्र साधनाभासं पक्षाभासादि। वक्ष्यति च-**साधयितुमिष्टोऽपि प्रत्यक्षादिविरुद्धः 卐पक्षाभासः [न्यायप्र० पृ०३]** इत्यादि। दूषणाभासं चाभूतसाधनदोषोद्भावनानि [8]**दूषणाभासानि।** वक्ष्यति च- **अभूतसाधनदोषोद्भावनानि दूषणाभासानि**[9] **[न्यायप्र०पृ०११]** इत्यादि। **परसंविदे** इत्यत्र **परे** प्राश्निकाः,संवेदनं **संविद्** अवबोध इत्यर्थः, परेषां संवित् **परसंवित्,** तस्यै **परसंविदे** परावबोधाय । इयं तादर्थ्ये चतुर्थी, यथा यूपाय दारु। इति पदार्थः ॥

वाक्यार्थस्त्वयम्— साधन-दूषणे एव साभासे **परसंविदे** परावबोधाय, न प्रत्यक्षा-ऽनुमाने, परसंवित्फलत्वात् [10]तयोः । यथा पार्थ एव धनुर्धरः, पार्थे धनुर्धारयति [11]सति कोऽन्यो धनुर्धर इति ।

---

१. **सा च पद°** V॥ २. **अनेनेति सिद्धिर्वा** J२,V.R.॥ ३. **तच्चेह प°** P२,A,C । ४. **°भासः** V॥ ५. **°भासे एव साधनं किंचि°** P3॥ ६. **चशब्दः स°** J२ विना ॥ ७. **°रणार्थः** P२,A,C॥ ८. **दूषणाभासानि** नास्ति J2 विना। **दूषणाभासानि परसंवित् इत्यत्र परे प्राश्निकाः। उक्तं च स्वसमयपरसमयज्ञाः। कुलजाः पक्षद्वयेप्सिताः क्षमिणः। वादपथेष्वभियुक्ताः तुलासमाः प्राश्निकाः प्रोक्ताः। संवेदनं संविद्** P२,A,C॥ ९. **°नीति पर°** V॥ १०. **साधनदूषणयोः** टि० J२, P२ ॥ **११. सति** नास्ति J२, P२,V.R.॥

प्रत्यक्षम् इत्यत्र अक्षमिन्द्रियम्, ततश्च प्रतिगतमक्षं **प्रत्यक्षं** कार्यत्वेनेन्द्रियं प्रति गतमित्यर्थः । इदं च वक्ष्यति **प्रत्यक्षं कल्पनापोढम्**[१] **[न्यायप्र० पृ०१०]** इत्यादि। तथा मीयते अनेनेति **मानं** परिच्छिद्यत इत्यर्थः । **अनु**शब्दः पश्चादर्थे । पश्चान्मानम् **अनुमानम्।** पक्षधर्मग्रहण-संबन्धस्मरणपूर्वकमित्यर्थः । वक्ष्यति च **त्रिरूपाल्लिङ्गा**[२]**ल्लिङ्गिनि ज्ञानमनुमानम् [ ]** । **च**शब्दः पूर्ववत्, **साभास**शब्दश्च। वक्ष्यति च **कल्पनाज्ञानम**[३]**र्थान्तरे प्रत्यक्षाभासम् [न्यायप्र०पृ०८]** इत्यादि । तथा **हेत्वाभासपूर्वकं ज्ञानमनुमानाभासम् [न्यायप्र०पृ०१०]** इत्यादि च। **तु**शब्दस्त्वेवकारार्थः, स चावधारण इति दर्शयिष्यामः । [४]**आत्मसंविदे** इत्यत्र अततीत्**यात्मा** जीवः । संवेदनं **संवित्।** आत्मनः संवित् **आत्मसंवित्** । तस्यै **आत्मसंविदे** आत्मावबोधाय । आत्मा चेह चित्त[५]-चैत्त[६]संतानरूपः परिगृह्यते, न तु परपरिकल्पितो नित्यत्वादिधर्मा, तत्प्रतिपादकप्रमाणाभावात् । इति पदार्थः।

वाक्यार्थस्त्वयम् । प्रत्यक्षा-ऽनुमाने एव साभासे **आत्मसंविदे** आत्मावबोधाय, न साधन-दूषणे, आत्मसंवित्फलत्वात् [७]तयोः । आह— ननु साधनमपि वस्तुतो-ऽनुमानमेव, ततश्चानुमा[८]नमित्युक्ते साधनाभिधानं न युज्यते, अस्मिन् वा प्रागुक्ते अनुमानाभिधानमिति । नैष दोषः, स्वार्थ-परार्थभेदे सति भेदेनाभिधानात्। तत्र साधनं परार्थम्, अनुमा[卐]नं पुनरिदं स्वार्थम् ।

अपरस्त्वाह— आदौ साधन-दूषणाभिधानमयुक्तं प्रत्यक्षा-ऽनुमानपुरःसरत्वात् तत्प्रयोगस्य । उच्यते । सत्यपि तत्पुरःसरत्वे शास्त्रारम्भस्य परसंवित्प्रधानत्वात् साधन-दूषणयोरपि तत्फलत्वात् प्रत्यासत्तेरादावुपन्यासः । परार्थनिबन्धनः स्वार्थ इति न्यायप्रदर्शनार्थमन्ये ।

कृतं प्रसङ्गेन । प्रकृतं प्रस्तुमः। [९]इह साधनादयोऽष्टौ पदार्थाः अभिधेयतया उक्ताः, परसंवित्त्यात्मसंवित्ती च प्रयोजनत्वेन । [१०]संबन्धस्तु सामर्थ्यगम्य एव । स

---

१. °ढमभ्रान्तम् । तथा V ।। २. धूमादेः अग्निमत्पर्वतनितम्बे टि०J२ ॥ ३. सामान्यलक्षणे टि० J२ ॥ ४. 'आत्मसंविदे इत्यत्र' J२सं., P३सं., R. मध्य एव वर्तते ॥ ५. चित्तं सामान्यज्ञानं गच्छत्तृणस्पर्शादि, चैत्तास्तद्विशेषाः सुख-ज्ञानादयः टि०J२॥ ६. ज्ञानवेदनेन नैरन्तर्यावस्थितिरूपसन्तानात्मकः टि०P२॥ ७. प्रत्यक्षानुमानयोः टि०P२ ॥ ८. °मित्याद्युक्ते P२, A ॥ ९. इह च साध° J२ विना ॥ १०. संबन्धश्च साम° V विना ॥

च कार्यकारणलक्षणः, कारणं च[१] वचनरूपापन्नं [२]प्रकरणमेव । कार्यं तु प्रकरणार्थ-परिज्ञानम् । तथाहि—इदमस्य कार्यमिति संबन्धलक्षणा षष्ठी ।

आह—यद्येवं परसंवित्त्यात्मसंवित्त्योः प्रकरणार्थपरिज्ञानेन व्यवहितत्वाद-प्रयोजनत्वमिति। न। व्यवहितस्यैव विवक्षितत्वात् । [३]आह— किमर्थं व्यवहित-मेव विवक्षितमिति । उच्यते । उत्तरोत्तरप्रयोजनानां प्राधान्यख्यापनार्थम्। तथा चेहानुत्तरप्रयोजनं परमगतिप्राप्तिरेव । तथा चोक्तम्—

सम्यग्न्यायपरिज्ञानाद्धेयोपादेयवेदिनः ।
उपादेयमुपादाय गच्छन्ति परमां गतिम् ॥ [ ]

आह— यद्येवमिहानुत्तरप्रयोजनमेवेदं कस्मान्नो[४]क्तमिति?। उच्यते । अव्युत्पन्नं विनेयगणमधिकृत्य, तत्प्रथमतयैव [५]तस्याप्रयोजकत्वात् । अपरस्त्वाह— इदमिह श्रोतृणां प्रयोजनमुक्तम्, कर्तुस्तर्हि किं प्रयोजनमिति वाच्यम् । उच्यते, तस्याप्यनन्तरपरंपरभेद[६]भिन्नमिदमेव । अनन्तरं तावत् सत्त्वानुग्रहः । परंपरं तु परमगतिप्राप्तिरेव। तथा चोक्तम्-

[७]साधुन्यायोपदेशेन यः सत्त्वानामनुग्रहम् ।
करोति न्यायबाह्यानां स प्राप्नोत्यचिराच्छिवम् ॥ [ ]

अलं विस्तरेण ।

इति शास्त्रार्थसंग्रहः। इति[८]शब्दः परिसमाप्तिवाचकः, एतावानेव। शिष्यतेऽनेन तत्त्वमिति **शास्त्र**मधिकृतमेव । [९]अर्यत इत्य**र्थः** । शास्त्रस्यार्थः **शास्त्रार्थः** । तस्य **संग्रहः शास्त्रार्थसंग्र[१०]हः**, संग्रहणं **संग्रहः** । एतावानेवाधिकृतशास्त्रार्थसंक्षेप इत्यर्थः। शास्त्रता चास्याल्पग्रन्थस्यापि विश्वव्यापकन्यायानुशासनादिति **वृद्धवादः।**

सू० [२], तत्र पक्षादिवचनानि साधनम् । पक्षहेतुदृष्टान्त-वचनैर्हि प्राश्निकानामप्रतीतोऽर्थः प्रतिपाद्यत इति ।

टी० [२], तत्र यथोद्देशस्तथा निर्देश इति कृत्वा साधनस्वरू[११]पनिरूपणायाह— **तत्र पक्षादिवचनानि साधनम्** । **तत्र**शब्दो निर्धारणार्थः । **त[१२]त्र** तेषु

---

१. **च** नास्ति J२मू०, P३ ॥ २. **बहुप्रकरणात्मकत्वाच्छास्त्रस्य शास्त्रमपि प्रकरणशब्देनोच्यते** टि०J२॥ ३. **आह** नास्ति P२, A॥ ४ °**न्नोपन्यस्तमिति** P२, A,V॥ ५. **प्रयोजनस्य** टि०J२॥ ६. °**भिन्नमेव। अन**° J२॥ ७. **सम्यग्न्यायो**° V॥ ८. °**शब्दः समाप्तिवाचकः** J२,V.R.॥ ९. **अर्थ्यत** P२, A ॥ १०. °**ग्रहः ग्रहणं। एता**° V॥ ११. °**पावधारणायाह** P२, A,V॥ १२. **तत्र** नास्ति J२॥

साधनादिषु साधनं तावन्निर्धार्यते इति । निर्धारणं च जाति-गुण-क्रियानिमित्तमिति। अत्र गुणनिमित्तम्, साधनत्वेन गुणेन निर्धार्यते [१]इति । गोमण्डलादिव गौः क्षीरसंपन्नत्वेन गुणेन । पच्यते इति **पक्षः । [२]पंच व्यक्तीकरणे [पा०धा०१७४],** पच्यते व्यक्तीक्रियते [३]योऽर्थः स **पक्षः** साध्य इत्यर्थः । स च धर्मविशिष्टो धर्मी। पक्ष आदिर्येषां ते **पक्षादयः** । अयं बहुव्रीहिः समासः । अयं [४]च तद्गुणसंविज्ञानोऽतद्गुणसंविज्ञानश्च भवति। तत्र तद्गुणसंविज्ञानो यथा लम्बकर्ण इत्यादि । लम्बौ कर्णौ यस्यासौ लम्बकर्णः [५]इति। लम्बकर्णत्वं तस्यैव [६]गुणः । अतद्गुणसंविज्ञानस्तु यथा पर्व[७]तादिकं क्षेत्रमित्यादि । पर्वत [८]आदिर्यस्य तत् पर्व[९]तादिकं क्षेत्रम् । न पर्वतः क्षेत्रगुणः, किं तर्हि ? उपल[१०]क्षणमिति । भावना—अयमिहातद्गुणसंविज्ञानो बहुव्रीहिर्वेदितव्यः, यथा [११]पर्वतादिकं क्षेत्रं नद्यादिकं वनमिति, न पुनर्यथा लम्बकर्णः, ब्राह्मणादयो वर्णा इति । **पक्षादिवचनानि [१२]साधन**मित्यत्र **आदि**शब्द उपलक्षणार्थः। अस्य चायमर्थः— आदीयतेऽस्मादिति आदिः, यथा पर्व[१३]तादिकं क्षेत्रमित्यादौ। न पुनरादीयते इति आदिः, यथा ब्राह्मणादयो वर्णा इत्यादाविति । [१४]ततः सुस्थितमेतत्—पक्षः आदिर्येषां ते पक्षादयः। ते च पक्षोपलक्षिता हेतुदृष्टान्ताः । तेषां **वचना**न्युक्तयः । किम्? **साधन**मिति । इह च यदा साध्यतेऽनेनेति साधनं करणार्थाभिधानः साधनशब्दस्तदा पक्षोपलक्षितानि हेत्वादिवचनानि साधनम् । यतस्तैः करणभूतैर्विवक्षितोऽर्थः परसंताने प्रतिपाद्यते। यदा पुनर्भावसाधनः सिद्धिः साधनमिति तदा पक्षादिवचनजन्यं प्रतिपाद्यगतं ज्ञानमेव साधनम्, [१५]तत्फलत्वात् [१६]पक्षादिवचनानाम् । पक्षादिवच[१७]नानि तु कार्ये कारणोपचारात्। यथेदं [१८]मम शरीरं पौराणं कर्मेति । यदा तु कर्तृसाधनः

---

१. **इति** नास्ति J२, P३,V.R. ॥ २. **पच्** P२, A। "पचि व्यक्तीकरणे" पा० धा० १७४ ॥ ३. **योऽर्थः पक्षः साध्य इत्यर्थः** J२ ॥ ४. **च** नास्ति J२ R. ॥ ५. **इति** नास्ति V विना ॥ ६. **गुण इत्यर्थः** P२,३, A,V, R. ॥ ७. **०तादि क्षेत्र०** J२ ॥ ८. **आदौ यस्य** P२, A ॥ ९. **°तादि क्षेत्रम्** J२ ॥ १०. **०लक्षणमात्रमिति** V ॥ ११. **पर्वतादि क्षेत्र०** J२ ॥ १२. **साधनमत्रादि°** J२ ॥ १३. **°तादि क्षेत्र°** J२ ॥ १४. **ततश्च स्थितमेतत्** R । **ततश्च स्थितमिदं** P२, A ॥ ॥ १५. **ज्ञानफलत्वात्** टि० J२ ॥ १६. **पक्षादिवचनानां** V विना नास्ति ॥ १७. **°नानि यदुक्तं साधनं तत् कार्ये** V ॥ १८. **मे श°** P२, P३,A,V ॥

साधयतीति साधनं [1]तदा पक्षादिवचनान्येव कर्तृत्वेन विवक्ष्यन्ते प्रतिपाद्यसंताने ज्ञानोत्पादकत्वात् इति । तदेवं **पक्षादिवचनानि साधनम्,** यथा [2]वृक्षा वनम्, हस्त्यादयः सेना ।

आह– एकवचननिर्देशः [3]किमर्थम् ? उच्यते, समुदितानामेव पक्षादिवचनानां साधनत्वख्यापनार्थम् । उक्तं च **दिङ्नागाचार्येण– साधनमिति चैकवचननिर्देशः समस्तसाधनत्व[4]ख्यापनार्थः [ ]** इत्यलं विस्तरेण ।

एवं तावत् सामान्येन [5]साधनमुक्तम् । इदं च न ज्ञायते किं कारकमुत व्यञ्जकम्? साधनस्य द्वैविध्यदर्शनात् । तत्र कारकं बीजादि अङ्कुरादेः । व्यञ्जकं प्रदीपादि तमसि घटादीनाम् । अतो व्यञ्जकत्वप्रतिपादनायाह— **[6]पक्षहेतु–दृष्टान्त–वचनैर्हि [7]प्राश्निकाना**मित्यादि । अस्य गमनिका – पच्यते इति **पक्षः**। हिनोतीति **हेतुः, हि गतौ [पा०धा०१२५८]**। सर्वे गत्यर्थाः ज्ञानार्थाः । तथा दृष्टमर्थमन्तं नयतीति **दृष्टान्तः**। स च द्विधा साधर्म्य-वैधर्म्यभेदात् । ततश्चैवं समासः— दृष्टान्तश्च दृष्टान्तश्च दृष्टान्तौ, हेतुश्च दृष्टान्तौ च हेतु-दृष्टान्ताः, पक्षस्य हेतु–दृष्टान्ताः पक्षहेतु–दृष्टान्ताः, तेषां वचनानि पक्षहेतुदृष्टान्तवचनानि, तैः **पक्षहेतुदृष्टान्तवचनैः । हि**शब्दो यस्मादर्थे, प्रश्ने नियुक्ताः **प्राश्निका** विद्वांसः, स्वसमय-परसमय[8]वेदिन इति । उक्तं च—

स्वसमयपरसमयज्ञाः कुलजाः पक्षद्वयेप्सिताः क्षमिणः ।
वादपथेष्वभियुक्तास्तुलासमाः प्राश्निकाः प्रोक्ताः ॥ [ ]

तेषां प्राश्निकाना**मप्रतीतो**ऽनवगतोऽनवबुद्धोऽर्थः **प्रतिपाद्यते** । आह— ये यथोक्ताः प्राश्निकाः कथं [9]तेषां कश्चिदप्रतीतोऽर्थ इति । उच्यते । न तत्परिज्ञानमङ्गी–कृत्याप्रतीतः । किन्तु वादि–प्रतिवादिपक्षपरिग्रहसमर्थनासहस्तदन्तर्गत इत्यतोऽ–प्रतीतोऽर्थः प्रतिपाद्यते । ननु चात्र चतुर्थ्या क्रियया चेतिवक्तव्यलक्षणया भवितव्यं

---

१. **तदा** नास्ति J२ ॥ २. **वृक्षादि वनम्** R ॥ ३. **किमर्थः**R ॥ ४. °**ज्ञापनार्थः** J२, P३, R । °**ख्यापनार्थं** P२, A ॥ ५. **साधनं युक्तम्** V ॥ ६. **पक्षहेतुदृष्टान्तेत्यादि** P३,V, R ॥ ७. ***प्राश्निकानामप्रतीतोऽर्थः प्रतिपाद्यते* इति । अस्य** P२, A ॥ ८. °**वेदिनः पूर्वोक्ता एव, तेषां प्राश्निका**° P२, A ॥ ९. **तेषामप्रतीतो** J२ ॥

तत् किमर्थं [१]षष्ठी ? अत्रोच्यते । **कारकाणामविवक्षा शेषः [ ]** इति शेषलक्षणा षष्ठी । केषां प्रतिपाद्यते ? सामर्थ्याद्येषामप्रतीतः, अन्येषामश्रुतत्वात्तेषामेव प्रतिपाद्यते । **इति**शब्दस्तस्मादर्थे । यस्मादेवं तस्माद् व्यञ्जकमिदं साधनमप्रतीतार्थप्रतिपादकत्वात् प्रदीपवत्। व्यति[२]रेको बीजादिः ।

सू० [३], तत्र पक्षः प्रसिद्धो धर्मी प्रसिद्धविशेषणविशिष्टतया स्वयं साध्यत्वेनेप्सितः । प्रत्यक्षाद्यविरुद्ध इति वाक्यशेषः । **तद्यथाऽनित्यः शब्दो नित्यो वेति ।**

टी० [३], **तत्र पक्षादिवचनानि साधनम्** इत्युक्तम् । अधुना [३]यथोद्देशस्तथा निर्देश इति न्यायमाश्रित्य पक्षलक्षणप्रतिपादनायाह– **[४]तत्र पक्ष** इत्यादि । अस्य गमनिका—**तत्र**शब्दो निर्धारणार्थः । निर्धारणं च प्रसिद्धधर्मित्वादिगुणतोऽवसेयमिति। **पक्ष** इति लक्ष्यनिर्देशः। **प्रसिद्धो धर्मी**त्यादि लक्षणम् । तत्र **प्रसिद्धो** वादि-प्रतिवादिनोः प्रतीतो **धर्मी**ति, **धर्माः** कृतकत्वादयः, तेऽस्य विद्यन्ते इति **धर्मी** शब्दादिः। कथं प्रसिद्ध इत्यत आह— **प्रसिद्धविशेषणविशिष्ट[५]तया**। तत्र प्रसिद्धं वादि-प्रतिवादिभ्यां प्रमाण[६]बलेनैव प्रतिपन्नम् । विशिष्यतेऽनेनेति विशेषणम्, तेन विशिष्टः प्रसिद्धविशेषणविशिष्टः, तद्भावः **प्रसिद्धविशेषणविशिष्टता,** [७]तया प्रसिद्धविशेषणविशिष्टतया हेतुभूतया प्रसिद्धः।

अत्राह— इह धर्मिणस्तावत् प्रसिद्धता युक्ता, विशेषणस्य त्वनित्यत्वादेर्न युज्यते, साध्यत्वात् । अन्यथा विवादाभावेन साधनप्रयोगानुपपत्तेः। नैतदेवम् । सम्यगर्थानवबोधात्। इह प्रसिद्धता विशेषणस्य न तस्मिन्नेव [८]धर्मिण्याश्रीयते, किन्तु धर्म्यन्तरे घटादौ । ततश्च यथोक्तदोषानुपपत्तिः। तथा **स्वय**मित्यनेनाभ्युपगमसिद्धान्तपरिग्रहः। **साध्यत्वेनेप्सित** इति, अत्र साधनीयः साधयितव्यः साधनमर्हतीति

---

१. **षष्ठीति** V । **षष्ठी, उच्यते** P३ ॥ २. **°रेके** P३सं०, J२, P२, A ॥ ३. **यथोद्देशं निर्देशः** V ॥ ४. *तत्र पक्षः प्रसिद्धो धर्मी* । **अस्य** P२, A ॥ ५. *°तया स्वयं साध्यत्वेनेप्सितः* । **तत्र** P२, A ॥ ६. **°बलेन प्रति°** P१,P३, A,V,R ॥ ७. **तया हेतुभूतया** J२,V,R ॥ ८. **धर्मिणि समाश्रीयते** P२, A ॥

वा साध्यः। तस्य भावः साध्यत्वम् । तेन **साध्यत्वेन। ईप्सितः** अभिमतः इष्ट इच्छया व्याप्त इत्यर्थः। इह [1]च [2]लक्षणस्य व्यवच्छेदकत्वात् **प्रसिद्धो धर्मी**त्यनेनाऽप्रसिद्धविशेष्यस्य पक्षाभासस्य व्यवच्छेदो द्रष्टव्यः, **प्रसिद्धविशेषणविशिष्टतये**त्यनेन त्वप्रसिद्धविशेषण[3]स्य, उभयेन चाप्रसिद्धोभयस्य, **स्वय**मित्यनेन चाभ्युपगमसिद्धान्त-परिग्रहेण सर्वतन्त्र-प्रतितन्त्रा-ऽधिकरणसिद्धान्तानां व्यवच्छेदो द्रष्टव्यः, [4]इह शास्त्रनिरपेक्षस्य वादिनो लोकप्रसिद्धयोर्धर्मधर्मिणोः परिग्रहवचनमभ्युपगमसिद्धान्तः, तं **स्वय**मित्यनेनाह। ततश्च **स्वय**मिति वादिना यस्तदा साधनमाह । **एतेन यद्यपि क्वचिच्छास्त्रे स्थितः साधनमाह तच्छास्त्रकारेण तस्मिन् धर्मिण्यने[5]कधर्माभ्युपगमेऽपि यस्[6]तदा तेन वादिना धर्मः साधयितुमिष्टः स एव साध्यो नेतर इत्युक्तं भवति** [[7]**न्यायबिन्दौ परि०३**] इति यदुक्तं **वादिमुख्येन** तदपि संगतमेव। **साध्यत्वेने**ति साध्यत्वेनैव, न साधनत्वेनापि। अनेन च साध्य-[8]हेतु-दृष्टान्तानां पक्षत्वव्युदासः। **ईप्सित** इत्यने[9]न च नोक्तमात्र[10]स्य, एतदुक्तं भवति— इच्छयाऽपि व्याप्तः पक्ष इति, एतच्च **परार्थाश्चक्षुरादय** इत्यत्र दर्शयिष्याम इति । अनेन धर्मविशिष्टो धर्मी पक्ष इत्यावेदितं भवति। ततश्च न धर्ममात्रम्, न धर्मी केवलः, न स्वतन्त्रमुभयम्, न च तयोः संबन्धः, किन्तु धर्मधर्मिणोर्विशेषणविशेष्यभाव इति भावार्थः।

इह चोक्तलक्षणयोगे सत्यपि 'अश्रावणः शब्दः' इत्येव[11]मादीनामपि प्रत्यक्षादि-विरुद्धानां पक्षत्वप्राप्त्याऽतिव्याप्तिर्नाम लक्षणदोषः [12]प्राप्नोतीत्यतस्तन्निवृत्त्यर्थमाह— **प्रत्यक्षाद्यविरुद्ध इति वाक्यशेषः** । प्रत्यक्षादिभिरविरुद्धः **प्रत्यक्षाद्यविरुद्धः, आदि**शब्दादनुक्तानुमानादिपरिग्रहः । इत्ययं **वाक्यशेषो** वाक्याध्याहारो द्रष्टव्य इति। उदाहरणोपदर्शनायाह— **तद्यथा—अनित्यः शब्दो नित्यो वेति । तद्यथे**त्युदाहरणोप[13]दर्शनार्थः । तत्र बौद्धादेरनित्यः शब्दो वैयाकरणादेर्नित्य इति। उक्तः सोदाहरणः पक्षः ।

---

१. **च विशेषणस्य व्य** P२, A॥ २. **समानासमानजातीयव्यवच्छेदकं लक्षणम्** टि० J२ ॥ ३. °**स्य व्यवच्छेद उभयेन** P२, A॥ ४. **इह तु शास्त्रं** J२, P३सं० V, R ॥ ५. °**नेकस्य धर्मस्याभ्यु**° P2, ३ A॥ ६ °**तदाऽनेन** R ॥ ७ दृश्यतां पृ० ६८ टि०२ ॥ ८. °**हेतुदृष्टान्ताभासानाम्** R । तथा **पञ्जिकासम्मतः** पाठः ॥ ९. °**नेन न चोक्त**° P२, A। °**नेन नोक्त**° P३॥ १०. °**स्यैवेत्येतदुक्तं** P३सं०। °**स्यैवेत्यु** P३मू० पाठः संभाव्यते °**स्येति, एतदुक्तं** V ॥ ११. °**मादीनां प्रत्यक्षा**° P२, A॥ १२. **प्राप्नोति अतस्त**° J२,R॥ १३. °**दर्शनार्थं** V ॥

सू० [४], हेतुस्त्रिरूपः । किं पुनस्त्रैरूप्यम् ? पक्षधर्मत्वं सपक्षे सत्त्वं विपक्षे चासत्त्वमेव । कः पुनः सपक्षः, को वा विपक्ष इति ?। साध्यधर्मसामान्येन समानोऽर्थः सपक्षः । तद्यथा— अनित्ये शब्दे साध्ये घटादिरनित्यः सपक्षः। विपक्षो यत्र साध्यं नास्ति । तद्यथा—यन्नित्यं तदकृतकं दृष्टं यथाऽऽकाशमिति । तत्र कृतकत्वं प्रयत्नानन्तरीयकत्वं वा पक्षधर्म एव सपक्ष एवास्ति विपक्षे नास्त्येव। इत्यनित्यादौ हेतुः।

टी० [४], सांप्रतं हेतुमभिधित्सुराह—**हेतुस्त्रिरूपः** । तत्र हिनोति गमयति जिज्ञासितधर्मविशिष्टानर्थानिति **हेतुः** । स च **त्रिरूपः** । त्रीणि रूपाणि यस्यासौ **त्रिरूपः** त्रिस्वभाव इत्यर्थः । एकस्य वस्तुनो नानात्वमपश्यन् प्रच्छक आह- **किं पुनस्त्रैरूप्यम् ? कि**मिति पर[1]प्रश्ने । **पुन**रिति वितर्के । त्रिरूपस्य भाव**स्त्रैरूप्यम्।** एवं प्रच्छकेन पृष्टः स卐न्नाहाऽऽचार्यः- [2]**पक्षधर्मत्व**मित्यादि, अस्य गमनिका— उक्तलक्षणः पक्षः, तस्य धर्मः पक्षधर्मः, तद्भावः पक्षधर्मत्वम् । [3]पक्षशब्देन चात्र केवलो धर्म्येवाऽभिधीयते, अवयवे समुदायोपचारात्। इदमेकं रूपम् । तथा **सपक्षे सत्त्वम् । सपक्षो** वक्ष्यमाणलक्षणः । तस्मिन् **सत्त्व**मस्तित्वं सामान्येन भाव इत्यर्थः। इदं [4]द्वितीयम्। तथा **विपक्षे चासत्त्वमे**[5]**वे**ति तृतीयम्। **विपक्षो** वक्ष्यमाणलक्षणः, तस्मिन् पुन**रसत्त्वमेवा**विद्यमानतैव । **च**शब्दः पुनःशब्दार्थः। स च वि[6]शेषणार्थ इति दर्शित[7]मेवैतत् । आह— इहैवावधारणाभिधानं किमर्थम् ? उच्यते । अत्रैवैकान्तासत्त्व-प्रतिपादनार्थम् । सपक्षे त्वेकदेशेऽपि सत्त्वमदुष्टमेवेति। तथा [8]च सत्येकान्ततो विपक्षव्यावृत्ताः सपक्षैकदेशव्यापिनो卐ऽपि प्रयत्नानन्तरीयकत्वाद[9]यः सम्यग्घेतव इवेत्यावेदितं भवति।

---

१. परिप्रश्ने P३,V ॥ २. *पक्षधर्मत्वं सपक्षे सत्त्वं विपक्षे चासत्त्वमेव ।* उक्तलक्षणः P२, A ॥ ३. ज्ञातव्ये पक्षधर्मत्वे पक्षो धर्म्यभिधीयते। व्याप्तिकाले भवेद्धर्मः साध्यसिद्धौ पुनर्द्वयम् - टि०J२ ॥ ४. द्वितीयं रूपम् P२, P३ A,V, R ॥ ५. °मिति तृतीयं रूपम् V, R ॥ ६. विशेषार्थः V ॥ ७. °तमेव V ॥ ८. च नास्ति P२, A ॥ ९. आदिशब्दादग्निरत्र धूमादित्यादयः प्रयत्नानन्तरीयकाः संगृहीता द्रष्टव्याः टि०J२ ॥

सपक्षे सत्त्वमित्यादि यदुक्तं [१]तत्र सपक्ष-विपक्षयोः स्वरूपमजानानो विनेयः पृच्छति- **कः पुनः सपक्षः को वा विपक्ष इति ?** । अयं च प्रश्नो निगदसिद्ध एव। निर्वचनं त्विदं **साध्य[२]धर्मे**त्यादि । अस्य गमनिका— इहोपचारवृत्त्या धर्मे साध्यत्वमधिकृत्योच्यते साध्यश्चासौ धर्मश्च **साध्यधर्मः** अनित्यत्वादिः । **समानः** सदृशः, तस्य भावः **सामान्यं** तुल्यता । साध्यधर्मस्य साध्यधर्मेण वा [३]सह सामान्यं **साध्यधर्मसामान्यम्** । [४]तेन **समानोऽर्थः सपक्ष** इति । तत्र **[५]समं** तुल्यं **मानं** ज्ञानमस्येति **समानः** तुल्यज्ञानपरिच्छेद्य इति भावना । **अर्थो** घटादिः । न तु वचनमात्रम् । **समानः** पक्षः **सपक्ष** [६]इति । अथवा उपचारवृत्त्या धर्मिणि साध्यत्वमधिक्रियते । ततश्च साध्यस्य धर्मः साध्यधर्मः । शेषं पूर्ववत् । अनुपचरितं [७]तु साध्यं धर्मविशिष्टो धर्मीति भावार्थः। सांप्रतं सपक्षस्यैव उदाहरणमुपदर्शयन्नाह- **तद्यथा—अनित्ये शब्दे [८]साध्ये घटादिरनित्य** इत्यादि । **तद्यथे**त्युदाहरणोपन्यासार्थः। **अनित्ये शब्दे साध्ये,** किम्? **घटादिरनित्यः** पदार्थसंघातः **सपक्षः,** साध्यानित्यत्वसमानत्वात् ।

अधुना विपक्षलक्षणप्रतिपादनायाह— **विपक्षो [९]यत्र** इत्यादि। विसदृशः पक्षो **विपक्षः** । स कीदृगिति स्वरूपतो दर्शयति— **यत्र** यस्मिन् '**अर्थे**' इति गम्यते । साधनीयं **साध्यम्** । **नास्ति** न विद्यते । इह च साध्यप्रतिबद्धत्वात् साधनस्य तदपि नास्तीति गम्यते । उदाहरणं दर्शयति— **[१०]यन्नित्य**मित्यादि । तत्र **यन्नित्य**मिति किमुक्तं भवति? [११]यदनित्यं न भवति, **तदकृतकं दृष्ट**मिति तत् कृतकमपि न दृष्टं **यथाऽऽकाश**मिति। तत्र हि साध्याभावात् साधनाभावः।

सांप्रतं विचित्रत्वादवधारणविधेः पक्षधर्मत्वादिषु तमुपदर्शनायाह— **[१२]तत्र**

१. तत्र विपक्ष-सपक्षयोः P२, A। तत्र नास्ति J२ ॥ २. °*धर्मसामान्येन समानोऽर्थः सपक्षः,* इहोप° P२, A॥ ३. सह नास्ति P२, ३ A॥ ४. तेन किं समानो P२, ३ A, R॥ ५. समानं तुल्यं मानमस्येति P२, A॥ ६. इति नास्ति J२॥ ७. तु नास्ति P३मू० ॥ त्वत्र P२ A, R॥ ८. साध्ये इत्यादि P३,V, R.। साध्ये इत्यादिः P२, A॥ ९. *यत्र साध्यं नास्ति* । विसदृशः P२, A॥ १०. यथा य° J२सं,V, R। *यन्नित्यं तदकृतकं दृष्टं यथाकाशमिति*। तत्र P२, A॥ ११. यन्नित्यं तदकृतकं दृष्टमिति P२, A॥ १२. तत्र नास्ति J२॥

[1]**कृतकत्व**मित्यादि। **तत्रे**ति पूर्ववत् । **कृतकत्वं प्रयत्नानन्तरीयकत्वं वा** अनित्यादौ हेतुरिति योगः। तत्र क्रियते इति **कृतकः**। अपेक्षितपरव्यापारो हि भा[2]वः स्व[3]भावनिष्पत्तौ कृतक इति । तद्भावः **कृतकत्वम्** । **प्रयत्नानन्तरीयकत्वं वा** इति, **प्रयत्न**श्चे[4]तनावतो व्यापारः, तस्य अनन्तरं **प्रयत्नानन्तरम्,** तत्र भवो जात इति वा **प्रयत्नानन्तरीयः**। स एव **प्रयत्नानन्तरीयकः** । तद्भावः **प्रयत्नानन्तरीयकत्वम्** । **वा**[5] चशब्दार्थः। स च समुच्चये । द्वितीयहेत्वभिधानं विपक्षव्यावृत्तः सपक्षैकदेशवृत्तिरपि सम्यग्घेतुर्यथा[6]ऽयमेवेति प्रदर्शनार्थत्वाददुष्टमिति । अयं च हेतुः किम् ? **पक्षध[7]र्म एव,** न तु पक्षस्यैव धर्मः। अयोगव्यवच्छेदमात्रफलत्वादवधारणस्य । यथा चैत्रो धनुर्धर एव । अनेन चासिद्धानां चतुर्णामसाधारणस्य च व्यावृत्तिः । तथा **सपक्ष एवास्ति** अन्ययोगव्यवच्छेदः, यथा पार्थ एव धनुर्धरः। अनेन तु साधारणादीनां नवानामपि हेत्वाभासानां व्यावृत्तिः । आह— यदि **सपक्ष एवास्ति** ततश्च तद्व्यतिरेकेणान्यत्र पक्षेऽप्यभावात् तद्धर्मत्वानुपपत्तिः । न अ[8]नवधृतावधारणत्वात्। आह— यद्येवं **विपक्षे नास्ति एवे**ति तृतीयमवधारणं किमर्थम् ? । उच्यते । प्रयोगोपदर्शनार्थम् । उक्तं च— **अन्वयव्यतिरेकयोरेकमपि रूपमुक्तं कथं नु नाम द्वितीयस्याक्षेपकं स्यात् [ ]** इति । प्रभूतमत्र वक्तव्यम्, तत्तु नोच्यते, ग्रन्थविस्तरभयात् । गमनिकामात्रमेतत् । **अनित्यादौ हेतु**रित्यत्र **आदि**ग्रहणात् दुः[9]खादिपरिग्रहः । इत्युक्तो हेतुः ।

सू० [५], दृष्टान्तो द्विविधः— साधर्म्येण वैधर्म्येण च । तत्र साधर्म्येण तावत् यत्र हेतोः सपक्ष एवास्तित्वं ख्याप्यते । तद्यथा— यत् कृतकं तदनित्यं दृष्टं यथा घटादिरिति । वैधर्म्येणापि यत्र

---

१. *कृतकत्वं प्रयत्नानन्तरीयकत्वं वा ।* **तत्रेति** P२, A॥ २. **पदार्थ** टि० J२। दृश्यतां तुलनार्थं पृ०१०७ टि०१॥ ३. **सहेतुको विनाशः निर्हेतुक उत्पादः** टि०J२॥ ४. **॰श्चेतना व्यापारः** P२, A॥ ५. **वाशब्दः च॰** V, R॥ ६. **प्रयत्नानन्तरीयकः** टि० J२॥ ७. **यदि पक्षस्यैव धर्मः स्यात् तदा सपक्षेऽपि अभावः प्राप्नोति** टि०J२, P२॥ ८. **अनवधृतावधारणात् पक्षधर्मत्वस्यावधारित्वात्** V। **अनवधारित एवार्थोऽवधार्यते, अत्र तु पक्षमाश्रित्यावधारणं पूर्वमेव विहितम्** टि०J२॥ ९. **रूपं दुःखं कृतकत्वात् सर्पवत्** टि०J२॥

साध्याभावे हेतोरभाव एव कथ्यते। तद्यथा— यन्नित्यं तदकृतकं दृष्टं यथाऽऽकाशमिति । नित्यशब्देनात्रानित्यत्वस्याभाव उच्यते । अकृतकशब्देनापि कृतकत्वस्याभावः। यथा भावाभावोऽभाव इति।

उक्ताः पक्षादयः।

टी० [५], सांप्रतं दृष्टान्तमभिधित्सुराह— [1]**दृष्टान्त** इत्यादि । तत्र दृष्टमर्थम् अन्तं नयतीति **दृष्टान्तः** । प्रमाणोपलब्धमेव विप्रतिपत्तौ संवेदननिष्ठां नयतीत्यर्थः। स च **द्विविधः**। द्वे विधे यस्य स [2]**द्विविधः**। तदेव द्वैविध्यं दर्शयति- **साधर्म्येण वैधर्म्येण च** । समानो धर्मो यस्यासौ सधर्मा, सधर्मणो भावः साधर्म्यम्, तेन । विसदृशो धर्मो यस्यासौ विधर्मा, विधर्मणो भावः वैधर्म्यम्, तेन । **चः** समुच्चये। **तत्र** [3]**साधर्म्येण ताव**दिति । अत्र **ताव**च्छब्दः क्रमार्थः । **यत्रे**ति अभिधेये। **हेतो**रुक्तलक्षणस्य। **सपक्ष एवास्तित्वं ख्याप्यते, सपक्ष** उक्तलक्षणः, तस्मि**न्नेवास्तित्वं** विद्यमानत्वं **ख्याप्यते** प्रतिपाद्यते वचनेन । तच्चेदम्— [4]**यत् कृतक**मित्यादि सुगमम् । अनेन साधर्म्यदृष्टान्ताभासव्युदासः। [5]**वैधर्म्येणापि** इत्यादि। **यत्रे**त्यभिधेये । **साध्यम्** अनित्यत्वादि, तस्या**ऽभावे, हेतोः** कृतकत्वादेः, किम्? **अभाव एव कथ्यते** प्रतिपाद्यते वचनेन । [6]उदाहरणं दर्शयति— [7]**यन्नित्य**मित्यादि सुगमम् । आह— न सौगतानां नित्यं नाम किंचिदस्ति। तदभावात् [8]च कथं वैधर्म्यदृष्टान्त इति ? उच्यते, [9]**नित्यशब्दे**नेत्यादि । **अत्रे**ति प्रयोगे दृष्टान्तवाक्ये वा, किम् ? [10]**नित्यशब्देन अनित्यत्वस्याभाव उच्यते,** अनित्यो न भवतीति नित्यः । **अकृतकशब्देनापि कृतकत्वस्याभावः,** उच्यते इति वर्तते, कृतको न भवतीत्यकृतकः । न तु वस्तुसन्नित्यमकृतकं चास्ति। अत्रैवोदाहरणमाह—

---

१. *दृष्टान्तो द्विधा ।* तत्र P२, A ॥ २. द्विविधः **कथं तदेव** J२, P२, A ॥ ३. *साधर्म्येण तावद् यत्र हेतोः सपक्ष एवास्तित्वं ख्याप्यते,* तावच्छब्दः P२, A ।साधर्म्येण तावदिति ताव° V ॥ ४. *यत् कृतकं तदनित्यं यथा घटादिरिति* सुगमम् P२, A ॥ ५. *वैधर्म्येणापि यत्र साध्याभावे हेतोरभाव एव कथ्यते ।* यत्रेत्यभिधेये P२, A ॥ ६ तच्चेदं उदा° P२, A ॥ ७ *यन्नित्यं तदकृतकं दृष्टं यथाकाशमिति ।* सुगमम् P२, A ॥ ८ **च** नास्ति V ॥ ९. *नित्यशब्देनात्रानित्यत्वस्याभाव उच्यते ।* अत्रेति P२, A ॥ १०. **नित्यशब्देन** नास्ति P२, A ॥

यथा भावाभावोऽ[1]भाव इति । यथेत्यौपम्ये । **भावः** सत्ता, तस्याभावो **भावाभावः**, असाव**भ[2]ाव** उच्यते । न तु भावादन्योऽभावो नाम वस्तुस्वरूपोऽस्ति, एवं **नित्यशब्दे**[3]**नात्रे**त्यादि, दार्ष्टान्तिकेऽपि भावित[4]मेतत् ।

उक्ताः पक्षादयः सह पक्षेण विषय[5]भूतेन हेतु-दृष्टान्ता इत्यर्थः ।

सू० [६], एषां वचनानि परप्रत्यायनकाले साधनम् । यथा— अनित्यः शब्द इति पक्षवचनम् । कृतकत्वादिति पक्षधर्मवचनम् । यत् कृतकं तदनित्यं दृष्टं यथा घटादिरिति सपक्षानुगमवचनम् । यन्नित्यं तदकृतकं दृष्टं यथाऽऽकाशमिति व्यतिरेकवचनम् । एतान्येव 'त्रयोऽवयवाः' इत्युच्यन्ते ।

टी० [६], **एषां वचनानि । एषा**मिति पक्षोपलक्षितानां हेतु-दृष्टान्तानाम्। **वचनानि** ये वाचकाः शब्दाः । किं ते[6] ? **परप्रत्यायनकाले** प्राश्निकप्रत्यायनकाले **साधनम्** । प्रयोगतो दर्शयति— **यथा अनित्यः** [7]**शब्द** इत्यादि निगदसिद्धं यावत् **एतान्येव 'त्रयोऽवयवाः' इत्युच्यन्ते । एतान्येव** पक्षहेतुदृष्टान्तानां वचनानि। **त्रय** इति संख्या, **अवयवा इत्युच्यन्ते** । पूर्वाचार्याणां संज्ञान्तरमेतत् । यथोक्तम्- साधनमवयवाः [ ] ।

सू० [७], साधयितुमिष्टोऽपि प्रत्यक्षादिविरुद्धः पक्षाभासः, तद्यथा—प्रत्यक्षविरुद्धः १, अनुमानविरुद्धः २, आगमविरुद्धः ३, लोकविरुद्धः ४, स्ववचनविरुद्धः ५, अप्रसिद्धविशेषणः ६, अप्रसिद्धविशेष्यः ७, अप्रसिद्धोभयः ८, प्रसिद्धसंबन्धश्चेति ९ ।

टी० [७], उक्तं साधनम् । अधुना [8]तदाभासा उच्यन्ते । तत्रापि **पक्षादिवचनानि साधनम् [न्यायप्र०पृ०२]** इति पक्षस्योपलक्षणत्वात् प्रथमं पक्ष उक्तः।

---

१. °भावः यथे° J२ ॥ २. °व इत्युच्यते J२ V विना ॥ ३. °नापीत्यादि J२, R ॥ ४. भावयितव्यमेव P३मू०, भावितमेव P३सं.V, R ॥ ५. अवाच्येन टि०J२ ॥ ६. ते नास्ति P२, ३, A, V ॥ ७. *शब्द इति पक्षवचनं कृतकत्वादिति पक्षधर्मवचनं । यत् कृतकं तदनित्यं दृष्टं यथा घटादिरिति सपक्षानुगमवचनं । यन्नित्यं तदकृतकं दृष्टं यथाकाशमिति व्यतिरेकवचनम्* इति निगदसिद्धं यावत् P२, A ॥ ८. तदाभासमुच्यते P२, A, V, R ॥

इहापि पक्षाभास एवोच्यते — **साधयितुमिष्टो[1]ऽपी**त्यादि । **साधयितुमिष्टोऽपि** सिसाधयिषया वाञ्छितोऽपि, **अपि**शब्दात् **प्रसिद्धो धर्मी**त्यादितदन्यलक्षणयुक्तोऽपि। किम् ? **प्रत्यक्षादिविरुद्धः** । विरुध्यते स्म **विरुद्धः**। प्रत्यक्षादयो वक्ष्यमाणलक्षणाः, तै**र्विरुद्धो** निराकृतः **प्रत्यक्षादिविरुद्धः**। किम् ? **पक्षाभासः**। तत्रोक्तलक्षणः **पक्षः**, आभासन**माभासः** आकारमात्रम् । पक्षस्येवाभासो यस्यासौ **पक्षाभासः** पक्षाकारमात्रम्। न तु सम्यक्पक्ष इत्यर्थः। **तद्यथे**त्युदाहरणोपन्या[2]सार्थः।

सू० [८], तत्र प्रत्यक्षविरुद्धो यथा अश्रावणः शब्द इति ।

अनुमानविरुद्धो यथा नित्यो घट इति ।

आगमविरुद्धो यथा वैशेषिकस्य नित्यः शब्द इति साधयतः।

लोकविरुद्धो यथा शुचि नरशिरःकपालं प्राण्यङ्गत्वाच्छङ्खशुक्तिवदिति ।

स्ववचनविरुद्धो यथा माता मे वन्ध्या, पिता मे कुमारब्रह्मचारी ।

अप्रसिद्धविशेषणो यथा बौद्धस्य सांख्यं प्रति विनाशी शब्द इति।

अप्रसिद्धविशेष्यो यथा सांख्यस्य बौद्धं प्रति चेतन आत्मेति।

अप्रसिद्धोभयो यथा वैशेषिकस्य बौद्धं प्रति सुखादिसमवायिकारणमात्मेति ।

प्रसिद्धसंबन्धो यथा श्रावणः शब्द इति ।

एषां वचनानि धर्मस्वरूपनिराकरणमुखेन प्रतिपादनासंभवतः साधनवैफल्यतश्चेति प्रतिज्ञादोषाः । उक्ताः पक्षाभासाः ।

---

१ *°मिष्टोऽपि प्रत्यक्षादिविरुद्धः पक्षाभासः।* P२, A॥ २. °न्यासः P२, A॥

टी० [८], **प्रत्यक्षविरुद्ध**[१] इत्यादि । **प्रत्यक्षं** वक्ष्यमाणलक्षणम् । इह पुनः **प्रत्यक्ष**शब्देन तत्परिच्छिन्नो धर्मः परिगृह्यते शालिकुडवन्न्यायात्[५] । मध्य[२]पदलोपी वा समासः, ततश्च 'प्रसिद्धधर्म'शब्दलोपात् प्रत्यक्षप्रसिद्धधर्मविरुद्धः [३]**प्रत्यक्षविरुद्धः**। एवमनुमाना-ऽऽगम-लोक-स्ववचनविरुद्धेष्वपि भावनीयमिति । **अप्रसिद्ध-विशेषणा**दिशब्दार्थं तूदाहरणनिरूपणायामेव वक्ष्याम[४]ः। सांप्रतमुदाहरणानि दर्शयति — **तत्र प्रत्यक्षविरुद्धः** इत्युद्देशः । **यथा अश्रावणः शब्दः** इत्युदाहरणम्। अत्र **शब्दो** धर्मी । **अश्रावणत्वम्** इति साध्यो धर्मः । अयं च साध्यमानस्तत्रैव धर्मिणि प्रत्यक्षप्रसिद्धेन श्रावणत्वेन विरुध्यते इति प्रत्यक्षविरुद्धः। आह— [६]श्रावणत्वं सामान्यलक्षणत्वात् प्रत्यक्षगम्यमेव न भवति कथं [७]प्रत्यक्षप्रसिद्धधर्मविरुद्धः ? इति। अत्रोच्यते । भावप्रत्ययेन तत्स्वरूपमात्राभिधानात् सामान्यलक्षणत्वानुपपत्तेरदोष इति। अत्र च बहु वक्तव्यम्, तत्तु नोच्यते । अक्षरगमनिकामात्रफलत्वात् प्रयासस्य।

अनुमानविरुद्धो यथा नित्यो घट इति । अत्र **घटो** धर्मी । **नित्यत्वं** [८]साध्यो धर्मः । स चानुमानप्रसिद्धेनानित्यत्वेन तत्रैव धर्मिणि बाध्यते । अनुमानं चेदम्— अनित्यो घटः, कारणाधीनात्मलाभत्वात्, प्रदीपवत् ।

आगमविरुद्धो यथा वैशेषिकस्य नित्यः शब्द इति साधयतः । वैशेषिकोऽहमित्येवं पक्षपरिग्रहं कृत्वा यदा शब्दस्य नित्यत्वं प्रतिजानीते तदाऽऽगमविरुद्धः । यतस्तस्यागमे शब्दस्यानित्यत्वं प्रसिद्धम् । उक्तं च— **[९]बुद्धिपूर्वा वाक्यकृतिर्वेदे [वैशे०६ ।१ ।१], तद्वचनादाम्नायप्रामाण्यम् [वैशे० १० ।२ ।९]** इत्यादि।

लोकविरुद्धो यथा शुचि नरशिरःकपालं प्राण्यङ्गत्वात् शङ्ख-शुक्तिवत् इति । अत्र **नरशिरःकपालं** धर्मित्वेनोपादीयते । **शुचित्वं** [१०]साध्यो धर्मः । स च

---

१. *प्रत्यक्षविरुद्धः* प्रत्यक्षं P२, A ॥ २. **मध्यपदलोपी वा समासः** P३सं., V,R मध्ये एव वर्तते ॥ ३. **प्रत्यक्षधर्मविरुद्धः** P२ A ॥ ४ **॰मः । मध्यपदलोपी समासः सांप्र॰** J२मू॰। **॰मः सांप्रत॰** J२सं. ॥ ५. **इति** नास्ति P२,३ ,A ॥ ६. **श्रावण एव श्रावणत्वं तत्स्वरूपमात्रम्** टि०J२ ॥ ७. **प्रत्यक्षविरुद्धः** P२, A ॥ ८. **साध्यधर्मः** P२, A ॥ ९. **बुद्धिपूर्वा वाक्यस्य कृति॰** P३ । **बुद्धिमत्पूर्वा वाक्यकृति०** P२, V, C , दृश्यतां पृ० ७९ टि० २। "**बुद्धिमता सर्वज्ञेन प्रणीतो वेदस्तद्वचनात्**" टि० J२ ॥ **१०. साध्यधर्मः** P२, A, V ॥

साध्यमानस्तत्रैव धर्मिणि लोकप्रसिद्धेनाशुचित्वेन निराक्रियत इति । आह— इह हेतुदृष्टान्तोपादानं किमर्थम् ? उच्यते, लोकस्थितेर्बलीयस्त्वख्यापनार्थम् । नानुमानेनापि [१]लोकस्थितिर्बाध्यत इत्यर्थः ।

स्ववचनविरुद्धो यथा माता मे वन्ध्या इति । इह च माता [२]धर्मित्वेनोपात्ता । **वन्ध्ये**ति च [३]साध्यो धर्मः । स च साध्यमानस्तत्रैव धर्मिणि स्ववचन[४]प्रसिद्धेन मातृत्वेन विरुध्यते । विरोधश्च मातृशब्देन प्रसवधर्मिणी वनितोच्यते, वन्ध्याशब्देन तु तद्विपरीता । ततश्च यदि माता कथं वन्ध्या ? वन्ध्या चेत् कथं मातेति ? ।

तथा **अप्रसिद्धविशेषणो यथा बौद्धस्य सांख्यं प्रति विनाशी शब्द इति ।** न प्रसिद्ध**मप्रसिद्धम्** । [५]विशेष्यते अनेनेति **विशेषणं** साध्यधर्मलक्षणम् । ततश्चाप्रसिद्धं विशेषणं यस्मिन् स तथाविधः । एवं शेषेष्वप्यक्षरगमनिका कार्येति। अत्र च **शब्द** इति धर्मिनिर्देशः । [६]**विनाशी**ति साध्यधर्मः । अयं बौद्धस्य सांख्यं प्रति अप्रसिद्धविशेषणः । न हि तस्य सिद्धान्ते किंचिद्विनश्वरमस्ति । यत उक्तम्— [७]**तदेतत् त्रैलोक्यं व्यक्तेरपैति नित्यत्वप्रतिषेधात् । अपेतमप्यस्ति विनाशप्रतिषेधात् [योग० व्यासभाष्ये ३/१३]** इत्यादि **।**

आह— यद्येवं न [८]कश्चिदपक्षाभासो नामास्ति। तथाहि— विप्रतिपत्तौ इष्टार्थसिद्धयेऽनुमानप्रयोगः । विप्रतिपत्तिरेव चैतद्दोषकर्त्री[९]ति कुतोऽनुमानम् ? अत्रोच्यते । न विप्रतिपत्तिमात्रं तद्दोषकर्तृ, युक्तिविरुद्धत्वात् । तथाहि— उपपत्तिभिर्दृष्टान्तसाधने [१०]कृतेऽनुमानप्रयोगः इष्टार्थसिद्धये भवति। नान्यथा। पुनः साधनापेक्षित्वात् । अतो दृष्टान्तं प्रसाध्य प्रयोगः कर्तव्य इति। अप्रसाधिते तु पक्षाभासः इति कृतं प्रसङ्गेन ।

तथा **अप्रसिद्धविशेष्यो यथा सांख्यस्य बौद्धं प्रति चेतन [११]आत्मेति ।** तत्र **विशेष्यो** धर्मीत्यनर्थान्तरम् । इह [१२]च **आत्मा** धर्मी । **चेतनत्वं** साध्यधर्मः ।

---

१. लोकप्रसिद्धिर्बाध्यत P२, A ॥ **२. साध्यधर्मि°** P२, A ॥ **३. साध्यधर्मः** P२,३ A, V, R ॥ **४. °नविरुद्धेन** J२ ॥ **५. विशिष्यते** J२, V ॥ **६. विनाशी साध्य°** J२ ॥ ७. दृश्यतां पृ०८१ टि० ॥ **८. यतः कस्यापि किंचिदप्रसिद्धं भविष्यतीति** टि०J२। **कश्चिदपि पक्षा°** R ॥ **९. पक्षाभासदोषजनयित्री** टि०J२॥ **१०. कृत्स्नप्रयोगे इष्टार्थ°** P२, A, C ॥ **११. आत्मा तत्र** P२, A ॥ **१२. च नास्ति** J२ ॥

इति [१]पक्षः सांख्यस्य बौद्धं प्रति अप्रसिद्धविशेष्यः, आत्मनोऽप्रसिद्धत्वात्। **सर्वे [२]धर्मा निरात्मानः** [   ] इत्यभ्युपगमात् । आक्षेप-परिहारौ पूर्ववत् ।

तथा **अप्रसिद्धोभयो यथा वैशेषिकस्य बौद्धं प्रति सुखादिसमवायिकारणमात्मा [३]इति** । [४]अत्र **उभयं** धर्मधर्मिणौ । तत्रा**ऽऽत्मा** धर्मी । **सुखादिसमवायिकारणत्वं** साध्यधर्मः । वैशेषिकस्य हि कारणत्रयात् कार्यं भवति। तद्यथा— समवायिकारणात् असमवायिकारणात् निमित्तकारणाच्च । तथाहि— तन्तवः पटस्य समवायिकारणम्, तन्तुसंयोगोऽसमवायिकारणम्, तुरी-वेमादयस्तु निमित्तकारणम् । इत्थमात्मा सुख-दुःखेच्छादीनां समवायिकारणम् । आत्ममनः-संयोगोऽसमवायिकारणम् । स्रक्-चन्दनादयो निमित्तकारण[५]म् । इत्ययं वैशेषिकस्य बौद्धं प्रति अप्रसिद्धोभयः । न तस्यात्मा विशेष्यः [६]सिद्धो नापि समवायिका[७]रणं सिद्धम् , सामग्र्या एव जनकत्वाभ्युपगमात् । आक्षेप-परिहारौ पूर्ववत् ।

तथा **प्रसिद्धसंबन्धो यथा श्रावणः शब्द इति । प्रसिद्धो** वादि-प्रतिवादिनोरविप्रतिपत्त्या स्थितः **संबन्धो** धर्मधर्मिलक्षणो यस्मिन् स तथाविधः। [८]इह शब्दो धर्मी, श्रावणत्वं साध्यधर्मः, उभयं चैतद् वादि-प्रतिवादिनोः प्रसिद्धमेवेति।

[९]एषां वचनानि इत्यादि । **एषा**मिति नवानामपि परामर्शः । वचनानि **प्रतिज्ञादोषा** इति संबन्धः । कारणमाह— **धर्मस्वरूपनिराकरणमुखेन** पञ्चानामाद्यानाम् । स्वं च तद्रूपं च स्वरूपम्, **धर्मस्य स्वरूपं** [१०]धर्मस्वरूपं धर्मयाथात्म्यमित्यर्थः, निराक्रियते[११]ऽनेनेति निराकरोतीति वा **निराकरणम्,** प्रतिषेधनमित्यर्थः । धर्मस्वरूपस्य निरा[१२]करणं मुखमिव **मुखं** द्वारमिति भावः । धर्मस्वरूपनिराकरणमेव [१३]मुखं **धर्मस्वरूपनिराकरणमुखम्,** तेन **धर्मस्वरूपनिराकरणमुखेन** धर्मयाथात्म्यप्रतिषेधद्वारेणेत्यर्थः । प्रतिषिध्यते

---

१. **पक्षः अप्रसिद्ध°** P२, A॥ २. **पदार्थाः** टि० J२॥ ३. **इति** नास्ति P२, A॥ ४. **तत्र** J२॥ ५. **°मिति एवं** J२,V, R॥ ६. **प्रसिद्धः** P२, A॥ ७. **°णं विशेषणं सा°** P२, A,V, R॥ ८. **इह च शब्दो** J२ विना॥ ९. ***एतेषां वचनानि* । एषामिति** P२, A ॥ १०. **धर्मस्वरूपं** नास्ति P२, A॥ ११. **°नेन निरा°** P२, A॥ १२. **°करणं तत्तथा मुखमिव** P२, A॥ १३. **मुखं तेन धर्म°** P२,३ A ,V॥

च 'अश्रावणः शब्दः' इत्येवमादिषु पञ्चसु प्रत्यक्षा[१]दिप्रसिद्धं धर्मयाथात्म्यमिति भावना। तथा **प्रतिपादनासंभवत**स्त्रयाणाम्। तत्र प्रतिपाद्यते[२]ऽनेनेति प्रतिपादयतीति वा **प्रतिपादनम्,** परप्रत्यायनमिति हृदयम्। तस्यासंभवः **प्रतिपादनासंभवः,** तस्मात् **प्रतिपादनासंभवतः** । न च दृष्टान्तादा[३]वपि विप्रतिपत्तौ प्रतिपादनं संभवति । तथा **साधनवैफल्यत**श्चैकस्य । विफलस्य भावो **वैफल्यम्,** साधनस्य वैफल्यं साधनवैफल्यम्, तस्मात् **साधनवैफल्यतः** । **चः** समुच्चये। ततश्च **एषां वचनानि प्रतिज्ञादोषाः** इति, **प्रतिज्ञा** पक्ष इत्यनर्थान्तरम्, **दोषा** आभासा इति च तुल्यम्। इत्यभिहिताः **पक्षाभासाः** ।

सू० [९], असिद्धा-ऽनैकान्तिक-विरुद्धा हेत्वाभासाः ।

टी० [९], सांप्रतं हेत्वाभासानभिधित्सुराह- **असिद्धा-ऽनैकान्तिक-विरुद्धा हेत्वाभासाः**। असिद्धश्च अनैकान्तिकश्च विरुद्धश्च **असिद्धा-ऽनैकान्तिक-विरुद्धाः** । हेतुवदाभासन्ते इति **हेत्वाभासाः** ।

सू० [१०], तत्रासिद्धश्चतुःप्रकारः, तद्यथा— उभयासिद्धः १, अन्यतरासिद्धः २, सन्दिग्धासिद्धः ३, आश्रयासिद्धश्चेति ४ ।

तत्र शब्दानित्यत्वे साध्ये चाक्षुषत्वादित्युभयासिद्धः ।

कृतकत्वादिति शब्दाभिव्यक्तिवादिनं प्रत्यन्यतरासिद्धः।

बाष्पादिभावेन संदिह्यमानो भूतसंघातोऽग्निसिद्धावुपदिश्यमानः संदिग्धासिद्धः ।

द्रव्यमाकाशं गुणाश्रयत्वादित्याकाशासत्त्ववादिनं प्रत्याश्रयासिद्धः।

टी० [१०], यथोद्देशं निर्देश इति [४]न्यायमङ्गीकृत्यासिद्धप्रतिपिपादयिषयाह— **तत्रासिद्धश्चतुःप्रकारः। तत्र** तेषु असिद्धादिषु । **असिद्धः,** सिध्यति स्म **सिद्धः** प्रतीतः, न सिद्धः **असिद्धः** अप्रतीतः । स[५] च **चतुःप्रकार**श्चतुर्भेदः । प्रकारान् दर्शयति— **तद्यथा—उभयासि[६]द्ध** इत्यादि । **तद्यथे**ति पूर्ववत् । **उभयो**र्वादि-प्रतिवादिनोः **असिद्ध उभयासिद्धः** । **अन्यतरस्य** वादिनः प्रतिवादिनो वा

---

१. °दिसिद्धं P२, A॥ २. °नेन प्रति° P२,३, A॥ ३. उक्तेऽपि टि०J२॥ ४. न्यायमुररीकृत्या-सिद्धप्रतिपादनायाह P३॥ ५. स च नास्ति J२ विना॥ ६. °*सिद्धोऽन्यतरासिद्धः २ सन्दिग्धासिद्धः ३ आश्रयासिद्ध ४ श्चेति*। तद्यथेति P२, A॥

असिद्धः अन्यतरासिद्धः । संदिह्यते स्म **संदिग्धः** । संदिग्धत्वादेवासिद्धः **संदिग्धासिद्धः** । **आश्रयो** धर्मी, सोऽसिद्धो यस्यासौ **आश्रयासिद्धः**। **चः** समुच्चये। **इति**शब्दः परिसमाप्त्यर्थः।

इदानीमुदाहरणान्याह – **तत्र शब्दानित्यत्वे सा[1]ध्ये** इत्यादि। **तत्रेति** पूर्ववत्। **शब्दानित्यत्वे साध्ये** अनित्यः शब्दः इत्यस्मिन् **चाक्षुषत्वादिति** । चक्षुरिन्द्रियग्राह्यश्चाक्षुषः, [2]तद्भावश्चाक्षुषत्वम् , तस्मादिति, अयं हेतु**रुभयासिद्धः** । तथाहि— चाक्षुषत्वं न वादिनः सिद्धं नापि प्रतिवादिनः । श्रोत्रेन्द्रियग्राह्यत्वाच्छब्दस्य। **कृतकत्वादिति शब्दाभिव्यक्तिवादिनं प्रति अन्यतरासिद्धः** । 'शब्दानित्यत्वे साध्ये' इति वर्तते, **कृतकत्वा**दित्ययं हेतुः **शब्दाभिव्यक्तिवादिनं मी**मांसकं **का**पिलं वा प्रत्यन्यतरासिद्धः । तथाहि—न तस्य [3]ताल्वोष्ठपुटादिभिः क्रियते शब्दः, किन्त्वभिव्यज्यत इति ।

[4]तथा **बाष्पादिभावेने**त्यादि। बाष्पो जलादिप्रभवः, स आदिर्यस्य रेणुवर्त्यादेः स बाष्पादिः, तस्य भावः [5]तत्ता, तेन बाष्पादिभावेन । **संदिह्यमानः** 'किमयं धूम उत बाष्प उत रेणुवर्तिः' इति संदेह[6]मापाद्यमानः । **भूतसंघातः** सूक्ष्मः क्षित्यादिसमूहः। किम् ? । अग्नेः सिद्धि**रग्निसिद्धिः**, तस्या**मग्निसिद्धौ** 'अग्निरत्र धूमात्' इति **उपदिश्यमानः** प्रोच्यमानः **संदिग्धासिद्धः** । निश्चितो हि धूमो धूमत्वेन हुतभुजं गमयति, नानिश्चित इति ।

[7]तथा [8]**द्रव्यमाकाश**मित्यादि । **आकाश**मिति धर्मिनिर्देशः। **द्रव्य**मिति साध्यो धर्मः। **गुणाश्रयत्वा**दिति हेतुः । गुणाश्चास्य षट् । तद्यथा— संख्या १, परिमाणम् २, पृथक्त्वम् ३, संयोगः ४, वि[9]भागः ५, शब्दश्चेति[10] ६ । गुणानामाश्रयः गुणाश्रयः, [11]तद्भावस्तत्त्वम्, तस्मात् **गुणाश्रयत्वादिति,** अयं हेतु**राकाशासत्त्ववादिनं** बौद्धं

---

१. *साध्ये चाक्षुषत्वादित्युभयासिद्धः* । **तत्रेति** P-२, A॥ २. **तद्भावस्तस्मात्** P२ A॥ ३. **ताल्वादिभिः** P२, A॥ ४. **तत्र** *बाष्पादिभावेन संदिह्यमानो भूतसंघातोऽग्निसिद्धावुपदिश्यमानः सन्दिग्धासिद्धः ।* **बाष्पो** P२, A॥ ५. **सत्ता** R **विना** ॥ ६. **°मापद्य°** R तथा पञ्जिकां विना ॥ ७. **तथा** नास्ति P२, A॥ ८. *द्रव्यमाकाशं गुणाश्रयत्वादित्याकाशासत्त्ववादिनं प्रत्याश्रयासिद्धः ।* आकाशमिति P२, A॥ ९. **वियोगः** J२॥ १०. **°श्चेति तत्र गुणा°** V॥ ११. **तद्भावस्तस्मात्** P२, A॥

च 'अश्रावणः शब्दः' इत्येवमादिषु पञ्चसु प्रत्यक्षा[1]दिप्रसिद्धं धर्मयाथात्म्यमिति भावना। तथा **प्रतिपादनासंभवतस्त्रयाणाम्**। तत्र प्रतिपाद्यतेऽ[2]नेनेति प्रतिपादयतीति वा **प्रतिपादनम्,** परप्रत्यायनमिति हृदयम्। तस्यासंभवः **प्रतिपादनासंभवः,** तस्मात् **प्रतिपादनासंभवतः** । न च दृष्टान्तादा[3]वपि विप्रतिपत्तौ प्रतिपादनं संभवति । तथा **साधनवैफल्यत**श्चैकस्य । विफलस्य भावो **वैफल्यम्,** साधनस्य वैफल्यं साधनवैफल्यम्, तस्मात् **साधनवैफल्यतः** । **चः** समुच्चये। ततश्च **एषां वचनानि प्रतिज्ञादोषाः** इति, **प्रतिज्ञा** पक्ष इत्यनर्थान्तरम्, **दोषा** आभासा इति च तुल्यम्। इत्यभिहिताः **पक्षाभासाः** ।

सू० [९], असिद्धा-ऽनैकान्तिक-विरुद्धा हेत्वाभासाः ।

टी० [९], सांप्रतं हेत्वाभासानभिधित्सुराह- **असिद्धा-ऽनैकान्तिक-विरुद्धा हेत्वाभासाः**। असिद्धश्च अनैकान्तिकश्च विरुद्धश्च **असिद्धा-ऽनैकान्तिक-विरुद्धाः** । हेतुवदाभासन्ते इति **हेत्वाभासाः** ।

सू० [१०], तत्रासिद्धश्चतुःप्रकारः, तद्यथा— उभयासिद्धः १, अन्यतरासिद्धः २, सन्दिग्धासिद्धः ३, आश्रयासिद्धश्चेति ४ ।

तत्र शब्दानित्यत्वे साध्ये चाक्षुषत्वादित्युभयासिद्धः ।

कृतकत्वादिति शब्दाभिव्यक्तिवादिनं प्रत्यन्यतरासिद्धः।

बाष्पादिभावेन संदिह्यमानो भूतसंघातोऽग्निसिद्धावुपदिश्यमानः संदिग्धासिद्धः ।

द्रव्यमाकाशं गुणाश्रयत्वादित्याकाशासत्त्ववादिनं प्रत्याश्रयासिद्धः।

टी० [१०], यथोद्देशं निर्देश इति [4]न्यायमङ्गीकृत्यासिद्धप्रतिपिपादयिषयाह— **तत्रासिद्धश्चतुःप्रकारः। तत्र** तेषु असिद्धादिषु । **असिद्धः,** सिध्यति स्म **सिद्धः** प्रतीतः, न सिद्धः **असिद्धः** अप्रतीतः । स[5] च **चतुःप्रकार**श्चतुर्भेदः । प्रकारान् दर्शयति— **तद्यथा—उभयासि[6]द्ध** इत्यादि । **तद्यथे**ति पूर्ववत् । **उभयो**र्वादि-प्रतिवादिनोः **असिद्ध उभयासिद्धः** । **अन्यतरस्य** वादिनः प्रतिवादिनो वा

---

१. ˚दिसिद्धं P२, A॥ २. ˚नेन प्रति˚ P२,३, A॥ ३. उक्तेऽपि टि०J२॥ ४. न्यायमुररीकृत्या-सिद्धप्रतिपादनायाह P३॥ ५. स च नास्ति J२ विना॥ ६. ˚*सिद्धोऽन्यतरासिद्धः २ सन्दिग्धासिद्धः ३ आश्रयासिद्ध ४ श्चेति।* तद्यथेति P२, A॥

असिद्धः अन्यतरासिद्धः । संदिह्यते स्म **संदिग्धः** । संदिग्धत्वादेवासिद्धः **संदिग्धासिद्धः । आश्रयो** धर्मी, सोऽसिद्धो यस्यासौ **आश्रयासिद्धः । चः** समुच्चये । **इति**शब्दः परिसमाप्त्यर्थः ।

इदानीमुदाहरणान्याह – **तत्र शब्दानित्यत्वे** [1]**साध्ये** इत्यादि । **तत्रेति** पूर्ववत् । **शब्दानित्यत्वे साध्ये** अनित्यः शब्दः इत्यस्मिन् **चाक्षुषत्वादिति** । चक्षुरिन्द्रियग्राह्यश्चाक्षुषः, [2]तद्भावश्चाक्षुषत्वम् , तस्मादिति, अयं हेतु**रुभयासिद्धः** । तथाहि— चाक्षुषत्वं न वादिनः सिद्धं नापि प्रतिवादिनः । श्रोत्रेन्द्रियग्राह्यत्वाच्छब्दस्य । **कृतकत्वादिति शब्दाभिव्यक्तिवादिनं प्रति अन्यतरासिद्धः** । 'शब्दानित्यत्वे साध्ये' इति वर्तते, **कृतकत्वा**दित्ययं हेतुः **शब्दाभिव्यक्तिवादिनं मी**मांसकं **का**पिलं वा प्रत्यन्यतरासिद्धः । तथाहि—न तस्य ता[3]ल्वोष्ठपुटादिभिः क्रियते शब्दः, किन्त्वभिव्यज्यत इति ।

[4]तथा **बाष्पादिभावेने**त्यादि । बाष्पो जलादिप्रभवः, स आदिर्यस्य रेणुवर्त्त्यादेः स बाष्पादिः, तस्य भावः [5]तत्ता, तेन बाष्पादिभावेन । **संदिह्यमानः** 'किमयं धूम उत बाष्प उत रेणुवर्तिः' इति संदेह[6]मापाद्यमानः । **भूतसंघातः** सूक्ष्मः क्षित्यादिसमूहः । किम् ? । अग्नेः सिद्धि**रग्निसिद्धिः**, तस्या**मग्निसिद्धौ** 'अग्निरत्र धूमात्' इति **उपदिश्यमानः** प्रोच्यमानः **संदिग्धासिद्धः** । निश्चितो हि धूमो धूमत्वेन हुतभुजं गमयति, नानिश्चित इति ।

[7]तथा [8]**द्रव्यमाकाश**मित्यादि । **आकाश**मिति धर्मिनिर्देशः । **द्रव्य**मिति साध्यो धर्मः । **गुणाश्रयत्वा**दिति हेतुः । गुणाश्चास्य षट् । तद्यथा— संख्या १, परिमाणम् २, पृथक्त्वम् ३, संयोगः ४, [9]विभागः ५, शब्दश्चेति[10] ६ । गुणानामाश्रयः गुणाश्रयः, [11]तद्भावस्तत्त्वम्, तस्मात् **गुणाश्रयत्वादिति,** अयं हेतु**राकाशासत्त्ववादिनं** बौद्धं

---

१. *साध्ये चाक्षुषत्वादित्युभयासिद्धः* । **तत्रेति** P-२, A॥ २. **तद्भावस्तस्मात्** P२ A॥ ३. **ताल्वादिभिः** P२, A॥ ४. **तत्र** *बाष्पादिभावेन संदिह्यमानो भूतसंघातोऽग्निसिद्धावुपदिश्यमानः सन्दिग्धासिद्धः* । **बाष्पो** P२, A॥ ५. **सत्ता** R **विना** ॥ ६. **°मापद्य°** R तथा पञ्जिकां विना ॥ ७. **तथा** नास्ति P२, A॥ ८. *द्रव्यमाकाशं गुणाश्रयत्वादित्याकाशासत्त्ववादिनं प्रत्याश्रयासिद्धः ।* **आकाशमिति** P२, A॥ ९. **वियोगः** J२॥ १०. **°श्चेति तत्र गुणा°** V॥ ११. **तद्भावस्तस्मात्** P२, A॥

प्रत्याश्रयासिद्धः । धर्मिण एवासिद्धत्वात् । तथा च तस्यायं सिद्धान्तः — पञ्च इमानि भिक्षवः संज्ञामात्रं १ प्रतिज्ञामात्रं[1] २ संवृतिमात्रं[2] ३ व्यवहारमात्रं ४ कल्पनामात्रम् ५ । कतमानि पञ्च? अतीतः अद्धा १, अनागतः अद्धा २, प्रतिसंख्यानिरोधः[3] ३,आकाशम् ४, पुद्‌गल ५ इति । ननु चान्योऽप्यस्ति असिद्धः, स च द्विधा— प्रतिज्ञार्थैकदेशासिद्धः[फ]। यथा—अनित्यः[4] शब्दोऽनित्यत्वात्। अव्यापकासिद्धश्चेति । यथा—सचेतनास्तरवः स्वापात् । स कस्मान्नोक्तः? आचार्य आह—अन्तर्भावात् । क्व पुनरन्तर्भाव इति चेत्, उभयासिद्धे । तस्माददोषः । आह— यद्येवमसिद्धभेदद्वयमेवास्तु उभयासिद्धोऽन्यतरासिद्धश्चेति, शेषद्वयस्यात्रैवान्तर्भावात्। तथा चान्यैरप्युक्तम्—

असिद्धभेदौ द्वावेव द्वयोरन्यतरस्य वा ॥ [ ] इत्यादि।

नैतदेवम्। धर्म्यसिद्धि-हेतुसंदेहोपाधिद्वारेण भेदविशेषसिद्धेः, विनेय-व्युत्पत्तिफलत्वाच्च शास्त्रारम्भस्य । पर्याप्तं विस्तरेण । उक्तोऽसिद्धः ।

सू० [११], अनैकान्तिकः षट्प्रकारः । साधारणः १, असाधारणः २, सपक्षैकदेशवृत्तिर्विपक्षव्यापी ३, विपक्षैकदेशवृत्तिः सपक्षव्यापी ४, उभयपक्षैकदेशवृत्तिः ५, विरुद्धाव्यभिचारी चेति ६।

तत्र साधारणः प्रमेयत्वान्नित्य इति । तद्धि नित्यानित्यपक्षयोः साधारणत्वादनैकान्तिकम्-किं घटवत् प्रमेयत्वादनित्यः शब्द आहोश्विदाकाशवत् प्रमेयत्वान्नित्य इति? ।

असाधारणः श्रावणत्वान्नित्य इति । तद्धि नित्यानित्यपक्षाभ्यां व्यावृत्तत्वान्नित्यानित्यविनिर्मुक्तस्य चान्यस्य चासंभवात् संशयहेतुः— किंभूतस्यास्य श्रावणत्वमिति ?।

---

१. अभ्युपगममात्रं टि०J२॥ २. विचारासहं टि०J२॥ ३. सहेतुको विनाशः सन्तानोच्छेदो वा टि०J२॥ ४. अनित्यत्वं शब्दाभिव्यक्तिवादिनो मीमांसकस्य न सिद्धम्, तथा बौद्धस्यापि न हेतुत्वेन अपि तु साध्यत्वेनेति टि०J२॥

सपक्षैकदेशवृत्तिर्विपक्षव्यापी यथा अप्रयत्नानन्तरीयकः शब्दोऽनित्यत्वादिति । अप्रयत्नानन्तरीयकः पक्षोऽस्य विद्युदाकाशादिः सपक्षः । तत्रैकदेशे विद्युदादौ विद्यतेऽनित्यत्वं नाकाशादौ । प्रयत्नानन्तरीयकः पक्षोऽस्य घटादिर्विपक्षः । तत्र सर्वत्र विद्यते-ऽनित्यत्वम्। एतदपि विद्युद्-घटसाधर्म्येणानैकान्तिकम्— किं घटवदनित्यत्वात् प्रयत्नानन्तरीयकः शब्द आहोश्विद् विद्युदादि-वदनित्यत्वादप्रयत्नानन्तरीयक इति ? ।

विपक्षैकदेशवृत्तिः सपक्षव्यापी, यथा प्रयत्नानन्तरीयकः शब्दोऽनित्यत्वात् । प्रयत्नानन्तरीयकः पक्षोऽस्य घटादिः सपक्षः । तत्र सर्वत्र विद्यतेऽनित्यत्वम् । अप्रयत्नानन्तरीयकः पक्षोऽस्य विपक्षो विद्युदाकाशादिः । तत्रैकदेशे विद्युदादौ विद्यतेऽनित्यत्वम्, नाकाशादौ । तस्मादेतदपि विद्युद्-घटसाधर्म्येण अनैकान्तिकम् ।

उभयपक्षैकदेशवृत्तिर्यथा— नित्यः शब्दोऽमूर्तत्वादिति । नित्यः पक्षोऽस्याऽऽकाश-परमाण्वादिः सपक्षः । तत्रामूर्त्तत्वमाकाशे विद्यते, न परमाणौ । अनित्यः पक्षोऽस्य घट-सुखादिर्विपक्षः। तत्रैकदेशे सुखादौ विद्यतेऽमूर्तत्वं न घटादौ । तस्मादयमपि सुखा-ऽऽकाश-साधर्म्येणानैकान्तिकः ।

विरुद्धाव्यभिचारी यथा- अनित्यः शब्दः कृतकत्वाद् घटवदिति। नित्यः शब्दः श्रावणत्वात् शब्दत्ववदिति । उभयोः संशयहेतुत्वाद् द्वावप्येतावेकोऽनैकान्तिकः भवति समुदितावेव ।

टी० [११], सांप्रतम् अनैकान्तिक उच्यते । स[१] च **अनैकान्तिकः षट्प्रकारः**, एकान्ते भव ऐकान्तिकः । न ऐकान्तिको**ऽनैकान्तिकः**।

---

१. स च षट्प्रकारः षड्विधः एकान्ते V॥

षट् प्रकारा अस्येति **षट्प्रकारः** षड्विध इत्यर्थः । भेदानेवाह— **साधारण** इत्यादि अन्वर्थम् । प्रत्युदाहरणमेव वक्ष्यामः । तत्र **साधारणः प्रमेयत्वान्नित्य ई[१]ति** । **तत्रे**ति पूर्ववत् । द्वयोर्बहूनां **वा यः** सामान्यः स साधारणः। प्रमीयते इति **प्रमेयो** ज्ञेय इत्यर्थः, तद्भावः प्रमेयत्वम्, तस्मात् **प्रमेयत्वात्** प्रमाणपरिच्छेद्यत्वात्। **नित्य** इत्यत्र शब्दाख्यो धर्मी गम्यते एव । इदं च सपक्षेतराकाश–घटादिभावेन साधारणत्वात् संशयनिमित्तमिति । आह च — **त[२]द्धि नित्यानित्ये**त्यादि । **तत्** प्रमेयत्वं ध[३]र्मः । **हिः** उ[४]पप्रदर्शने । नित्यश्चानित्यश्च नि[५]त्यानित्यौ, नित्यानित्यौ च तौ पक्षौ च नित्यानित्यपक्षौ, त[६]यो**र्नित्यानित्यपक्षयो**रित्यर्थः । किम् ? **साधारणत्वात्** तुल्यवृत्तित्वाद**नैकान्तिकम्** । प्रयोगत एव दर्शयति — **किं घटवत् प्रमेयत्वादनित्यः शब्दः आहोश्विदाकाशवन्नित्य इति** प्रकटार्थम्। अत्राह—नायं संशयहेतुः हे[७]तुः। एतत्प्रयोगमन्तरेण प्रागेव [८]संशयस्य भावात् तद्भावभावित्वानुपपत्तेः । उक्तं च —

अनै[९]कान्तिकभेदाश्च नैव संशी[१०]तिकारणम् ।
संदेहे सति हेतूक्तेस्तद्भावस्याविशेषतः ॥ [ ] इत्यादि ।

नैतदेवम् । मूलसंशयस्याविवक्षितत्वात् । [११]तमन्तरेणापि प्रयोगोपपत्तेश्च । क्रियते च विपर्यस्त[१२]मतिप्रभृतिप्रतिपत्त्यर्थमपि प्रयोगः। तत्रापि च संशयहेतुत्वाद-नैकान्तिकत्वमिति ।

अ[१३]साधारण इत्यादि । साधारणविलक्षणः **असाधारणः** असामान्यः, पक्षधर्मः सन् सपक्ष–विपक्षाभ्यां व्यावृत्त इत्यर्थः । उदाहरणमाह— **श्रावणत्वान्नित्य** इति । श्रवणेन्द्रियग्राह्यः श्रावणः, तद्भावः श्रावणत्वम्, त[१४]स्मात् **नित्यः** अविनाशी, शब्द इति गम्यते । तत्रेदं श्रावणत्वं स्वधर्मिणं विहाय न सपक्षे आकाशादौ नापि

---

१. **इति** नास्ति J२, P२, A ॥ २. *तद्धि नित्यानित्यपक्षयोः साधारणत्वादनैकान्तिकम्।* तत् P२, A ॥ ३. **धर्मः** P३सं. मध्ये एव वर्तते ॥ ४. **उपदर्शने** J२, P२, A, R. ॥ ५. **नित्यानित्यौ तौ च तौ पक्षौ च** P३,R. ॥ ६. **तयोर्नित्यानित्योरि॰** P३, J२मू,V। **तयोर्नित्यानित्ययोरर्थयोरि॰** J२सं॰॥ ७. **हेतुः** नास्ति P२, ३, A, V, R. ॥ ८. **संशयभावात्** P३मू॰, P२, A ॥ ९. **हेतु** टि॰ J२ १०. **संशीतिभावस्य** टि॰J२ ११. **संशयम्** टि॰J२, A ॥ १२. **॰मतिप्रतिपत्त्य॰** J२॥ १३. *असाधारणः श्रावणत्वान्नित्यः* । साधारण॰ P२, A ॥ १४. **प्राभाकरैः शब्दत्वं नाभ्युपगतमिति तान् प्रति शब्दत्वं दृष्टान्तो न सिद्ध इत्यसिद्धो हेत्वाभासः** टि॰J२ ॥

विपक्षे घटादौ [१]वर्तत इति संशयनिमित्तम् । अत एवाह— **त[२]द्धी**त्यादि । **तत्** श्रावणत्वम् । **हिः** [३]उपप्रदर्शने । **नित्यानित्यपक्षाभ्यां** नित्यानित्यार्थाभ्यां **व्यावृत्तत्वात्** अविद्यमानत्वात् । **संशयहेतु**रिति योगः । अन्यत्र वर्तिष्यत [४]इत्येतदपि निराकुर्वन्नाह— **नित्या-ऽनित्यविनिर्मुक्तस्य चान्य[५]स्य असंभव[६]ात्** । यदस्ति तेन [७]नित्येन वा भवितव्यमनित्येन वा, नान्यथा, विरोधादतिप्रसङ्गाच्च । अतः **संशयहेतुः** संशयकारणम् । कथमित्याह — [८]**किंभूतस्ये**त्यादि, **किंभूत[९]स्ये**ति किंप्रकारस्य किं नित्यस्याहोश्विदनित्यस्य, **अस्ये**ति प्रस्तुतस्य शब्दस्य **श्रावणत्व**मिति,एतदुक्तं भवति—यदि तदन्यत्र नित्ये वाऽनित्ये वोपलब्धं भवति ततस्तद्बलेनेतरत्रापि निश्चयो [१०]युज्यते, नान्यथा । विपर्ययकल्पनाया अप्यनिवारितप्रसरत्वादिति। अत्र बहु वक्तव्यम्। अलं प्रसङ्गेन । [११]आक्षेप-परिहारौ पूर्ववत् । एवं शेषेष्वपि भावनीयमिति।

[१२]**सपक्षैकदेशवृत्ति**रित्यादि । समानः पक्षः सपक्षः, तस्यैकदेशः सपक्षैकदेशः, तस्मिन् वृत्तिरस्येति **सपक्षैकदेशवृत्तिः** । तथा विसदृशः पक्षो विपक्षः, तं व्याप्तुं शीलमस्येति **विपक्षव्यापी** । उदाहरणमाह— **यथा अप्रयत्नानन्तरीयकः शब्दोऽनित्यत्[१३]वादिति** । **शब्दो** धर्मी । **अप्रयत्नानन्तरीयकत्वं** साध्यो धर्मः । अनित्यत्वादिति हेतुः । तत्र **अप्रयत्नानन्तरीयकः पक्षः** अप्रयत्नानन्तरीयकोऽर्थः। **अस्य** साध्यस्य **विद्युदाकाशादिः** पदार्थसंघातः, किम् ? **सपक्षः** । **तत्रैकदेशे विद्युदादौ विद्यतेऽनित्यत्वम्, ना[१४]काशादौ** । नित्यत्वा[१५]त्तस्य । तथा घटादिः प्रयत्नान-

---

१. वर्तत इति संशयहेतुरिति योगः । तद्धीत्यादि P३ ॥ २. *तद्धि नित्यानित्यपक्षाभ्यां व्यावृत्तत्वात्* । तत् P२, A ॥ ३. उपद० J२मू०,R ॥ ४. इति इदमपि V ॥ ५. °स्य चासंभवात् V ॥ ६. *०वात् संशयहेतुः*। यदस्ति P२, A ॥ ७. नित्येन वाऽनित्येन वा भवितव्यं अन्यथा विरो० J२ ॥ ८. *किंभूतस्यास्य श्रावणत्वमिति ।* किंप्रका० P२, A ॥ ९. किंभूतस्येति P३ मध्ये एव वर्तते ॥ १०. युज्येत J२ ॥ ११. नायं संशयहेतुरित्यादि टि०J२ ॥ १२. *सपक्षैकदेशवृत्तिर्विपक्षव्यापी यथा ।*समानः P२, A ॥ १३. ०त्वात् शब्दो P३ । °*त्वात् । अप्रयत्नानन्तरीयकः पक्षोऽस्य विद्युदाकाशादिः सपक्षः* P२, A ॥ १४. *नाकाशादौ प्रयत्नानन्तरीयकः पक्षोऽस्य घटादिर्विपक्षः । तत्र सर्वत्र विद्यतेऽनित्यत्वम् । तस्मादेतदपि विद्युद्-घटसाधर्म्येणानैकान्तिकम्-किं घटवत् अनित्यत्वात् प्रयत्नानन्तरीयकः शब्द आहोस्विद् विद्युदादिवदनित्यत्वात् अप्रयत्नानन्तरीयकः शब्द इति । प्रकटार्थम् । विपक्षैकदेशवृत्तिः सपक्षव्यापी, समासः सुकर एव। उदाहरणमाह-यथा प्रयत्नानन्तरीयकः शब्दोऽनित्यत्वात् प्रयत्नानन्तरीयकः पक्षोऽस्य घटादिः सपक्षः । तत्र सर्वत्र घटादौ विद्यतेऽनित्यत्वम्, प्रयत्नानन्तरीयकः पक्षोऽस्य विद्युदाकाशादिर्विपक्षः । तत्रैकदेशे विद्युदादौ विद्यतेऽनित्यत्वं नाकाशादौ। तस्मादेतदपि विद्युद्घटसाधर्म्येण पूर्ववदनैकान्तिकम् ।* इति सूत्रार्थ उक्तः वैपरीत्येन स्वधिया भावनीयम् P२, A ॥ १५. आकाशादेः टि०J२ ॥

न्तरीयकत्वाद् विपक्षः। **तत्र सर्वत्र विद्यतेऽनित्यत्वम्** । प्रयत्नानन्तरीयकस्यानित्यत्वात् । यस्मादेवं **तस्मादेतदपि** अनित्यत्वं **विद्युद्-घटसाधर्म्येण** विद्युद्-घटतुल्यवृत्तितयाऽ**नैकान्तिकम्**। भावनिकामाह— **किं घटवत् अनित्यत्वात् प्रयत्नानन्तरीयकः शब्दः आहोश्विद् विद्युदादिवदनित्यत्वादप्रयत्नानन्तरीयक इति ?** प्रकटार्थम् ।

विपक्षैकदेशवृत्तिः सपक्षव्यापी । समासः सुकर एव । उदाहरणमाह— **यथा प्रयत्नानन्तरीयकः शब्द** इत्यादि उक्तवैपरीत्येन स्वधिया भावनीयमिति ।

उभयपक्षैकदेशवृत्तिः । उभयपक्षयोः सपक्षविपक्षयोरे**कदेशे वृत्ति**रस्येति उभयपक्षैकदेशवृत्तिः । उदाहरणमाह — **यथा नित्यः[१] शब्द** इत्यादि निगदसिद्धम्।

तथा **विरुद्धाव्यभिचारी** । अधिकृतहेत्वनुमेयविरुद्धार्थ[२]साधको **विरुद्धः**। विरुद्धं न व्यभिचरतीति **विरुद्धाव्यभिचारी** । उपन्यस्तः सन् तथावि[३]धार्थानिराकृतेः प्रतियोगिनं न व्यभिचरतीति भावः । ततश्चाने[४]न प्रतियोगिसा[५]ध्यमपाकृत्य हेतुप्रयोगः कर्तव्य इत्येतदाह । अन्ये तु विरुद्धश्चासावव्यभिचारी च विरुद्धाव्यभिचारीति व्याचक्षते। इदं पुनरयुक्त[६]म्, विरोधादनेकान्तवादापत्तेश्च । उदाहरणमाह — [७]यथा **अनित्यः शब्दः, कृतकत्वाद, घटव**दिति वैशेषिकेणोक्ते मीमांसक आह— नित्यः शब्दः, श्रावणत्वात्, शब्दत्ववत् । शब्दत्वं हि नाम वेणु-वीणा-मृदङ्ग-पणवादिभेदभिन्नेषु सर्वशब्देषु शब्द इत्यभिन्नाभिधानप्रत्ययनिबन्धनं [८]सामान्य-विशेषसंज्ञितं नित्यमिति । **उभयोः संशयहेतुत्वा**दिति, एकत्र धर्मिणि **उभयोः** कृतकत्व-श्रावणत्वयोः **संशयहेतुत्वा[९]त्** संदेहहेतुत्वात् । तथा चैकत्र धर्मिणि कृतकत्व-

---

१. *नित्यः शब्दोऽमूर्तत्वादिति । नित्यः पक्षोऽस्य आकाशपरमाण्वादिः सपक्षः। तत्रैकदेशे आकाशादौ विद्यतेऽमूर्तत्वं न परमाणौ । अनित्यः पक्षोऽस्य घट-सुखादिर्विपक्षः तत्रैकदेशे सुखादौ विद्यतेऽमूर्तत्वं न घटादौ। तस्मादेतदपि सुखा-ऽऽकाशसाधर्म्येणानैकान्तिकम् । एतदपि सूत्रं निगदसिद्धम्* P२, A॥ २. ०र्थप्रसा० P२, A॥ ३. नित्यत्वलक्षणार्थानिराकृतेः छि० J२॥ ४. ग्रन्थेन टि० J२॥ ५. अनित्यत्वं टि०J२॥ ६. ०मेव V ॥ ७. *यथा-अनित्यः शब्दः कृतकत्वात् घटवत् । नित्यः शब्दः श्रावणत्वात् शब्दत्ववत्। उभयोः संशयहेतुत्वात् द्वावप्येकोऽनैकान्तिकः समुदितावेव ।* अनित्यः शब्दः P२, A॥ ८. सर्वशब्देषु वर्तमानत्वात् समान्यं स्वात्मनि अवर्तनाद् विशेषः टि०J२ ॥ ९. ०त्वादिति V ॥

[१]श्रावणत्वाख्यौ हेतू संदेहं कुरुतः— किं कृतकत्वाद् घटवदनित्य आहोस्विच्छ्रावणत्वाच्छब्दत्ववन्नित्य इति । एवं संदेहहेतुत्वे प्रतिपादिते परश्चोदयति—किं समस्तयोः संदेहहेतुत्वम् उत व्यस्तयोः ? यदि समस्तयोः संदेहहेतुत्वं [२]तदाऽसाधारणान्न भिद्यते । [३]श्रावणत्वं चासाधार[४]णत्वेनोक्तम्। अथ व्यस्तयोस्तदपि न। व्यस्तयोः सम्यग्घेतुत्वात् । अत्रोच्यते । समस्तयोरेव [५]संदेहहेतुत्वम् । ननूक्तम्—असाधारणान्न भिद्यते । तन्न । [यतः]यतो भिद्यत एव । परस्परसापेक्षो विरुद्धाव्यभिचा[६]री। एककः असहायोऽसाधारणः । स चानेनांशेनाऽऽचार्येण भिन्न उपात्त इति तस्माददोषः, उक्तं च मूलग्रन्थे— **द्वावप्येतावेकोऽनैकान्तिकः समु[७]दितावेव [न्यायप्र०पृ०६ पं०१५]**। अनु[८]द्भाविते तु त[९]दभाव इति। अत्र बहु वक्तव्यम् । तत्तु नोच्यते । संक्षिप्तरुचिसत्त्वानुग्रहार्थोऽयमारम्भः। इत्युक्तोऽनैकान्तिकः ।

सू० [१२], विरुद्धश्चतुःप्रकारः- तद्यथा— धर्मस्वरूपविपरीतसाधनः १, धर्मविशेषविपरीतसाधनः २, धर्मिस्वरूपविपरीतसाधनः ३, धर्मिविशेषविपरीतसाधनश्चेति ४ ।

तत्र धर्मस्वरूपविपरीतसाधनो यथा—नित्यः शब्दः कृतकत्वात् प्रयत्नानन्तरीयकत्वाद्वेति। अयं हेतुर्विपक्ष एव अस्त्यतो नित्यत्वलक्षणसाध्यधर्मस्य स्वरूपविपरीतमनित्यत्वं साधयति इति धर्मस्वरूपस्य विपरीतसाधनाद् विरुद्धः ।

टी० [१२], सांप्रतं विरुद्धमाह-**विरुद्धश्चतुःप्रकार** [१०]इत्यादि । विरुध्यते स्म विरुद्धः । तथाहि—अयं [११]**धर्मस्वरूपादिविपरीतसाधनाद्धर्मेण** [१२]धर्मिणा वा विरुध्यत एवेति **चतुःप्रकार**श्चतुर्भेदः । **तद्यथा—धर्मस्वरूप[१३]विपरीतसाधन** इत्यादि। **तद्यथे**ति भेदोपन्यासार्थः । शब्दार्थमुदाहरणाधिकार एव वक्ष्यामः ।

---

१. **श्रावणत्वान्नित्य इति** P२, A॥ २. **तदा साधा॰** P२,३, A॥ ३. **यतः श्रावणत्वं** J२॥ ४. **सपक्षविपक्षयोरभावत्वेनोक्तम्** टि०J२॥ ५. **संशयहे॰** J२॥ ६. **॰चारी चेति** V॥ ७. **सम्मीलितावेव** टि०J२॥ ८. **प्रतियोगिनि हेताविति** टि०J२॥ ९. **विरुद्धाव्यभिचारित्वाभावः** टि०J२॥ १०. **इत्यादि** नास्ति P२, A॥ ११. **धर्मस्वरूपविपरीतादिसाध॰** J२॥ १२. **धर्मिणा च** P३। **धर्मिणा वेति** P२, A॥ १३. *॰विपरीतसाधनः ।* **तद्यथेति** P२, A॥

तत्र[१] **धर्मे**त्यादि। **तत्र** इति पूर्ववत् । **धर्मः** पर्याय इत्यनर्थान्तरम्, तस्य **स्वरूप**मसाधार[२]णम् आत्मलक्षणं धर्मस्वरूपम्, तस्य **विपरीतसाधन** इति समासः। एवं शेषेष्वपि द्रष्टव्यमिति । अधुनोदाहरणमाह— **यथा नित्यः शब्दः कृ[३]तकत्वात्** इत्यादि। अत्र धर्मस्वरूपं नित्यत्वम् । अयं च हेतुस्तद्विपरीतमनित्य[४]त्वं साधयति तेनै[५]वाविनाभूतत्वात् । तथा चाह— **विपक्ष एव भावाद् विरुद्धः** । आह— [६]अयमपक्षधर्मत्वादसि[卐]द्धान्न विशिष्यते, कथं विरुद्ध इति ? अत्रोच्यते, नावश्यं [७]पक्षधर्मस्यैव विरुद्धता, अन्यथाप्याचार्यप्रवृत्तेः अधिकृतप्रयोगज्ञापकात्। न चायमसिद्धान्न विशिष्यते इति विपर्ययसा[८]धकत्वेना[卐]ऽविरु[९]द्धः । एतत्प्रधा[१०]नत्वाच्चोपन्यासस्य । अन्यथाऽनैकान्तिकस्याप्यसिद्धत्वप्रसङ्गः । नित्यत्वादिसा[११]धकत्वेन प्रमेयत्वादीनामपि असिद्धत्वात् । इत्यलं प्रसङ्गेन । गमनिकामात्रमेतत् ।

सू० [१३], धर्मविशेषविपरीतसाधनो यथा— परार्थाश्चक्षुरादयः संघातत्वाच्छयनासनाद्यङ्गवदिति । अयं हेतुर्यथा पारार्थ्यं चक्षुरादीनां साधयति तथा संहतत्वमपि परस्य साध्यधर्मविशेषविपरीतं साधयति। उभयत्राव्यभिचारात् ।

धर्मिस्वरूपविपरीतसाधनो यथा — न द्रव्यम् न कर्म न गुणो भावः इति एकद्रव्यवत्त्वात् गुणकर्मसु च भावात् सामान्यविशेषवदिति । अयं हि हेतुर्यथा द्रव्यादिप्रतिषेधं भावस्य साधयति तथा भावस्य अभावत्वमपि साधयति, उभयत्राव्यभिचारात् ॥

धर्मिविशेषविपरीतसाधनो यथा–अयमेव हेतुरस्मिन्नेव पूर्वपक्षेऽस्यैव धर्मिणो यो विशेषः सत्प्रत्ययकर्तृत्वं तद्विपरीतमसत्प्रत्ययकर्तृत्वमपि द्रव्यादिप्रतिषेधवत् साधयति । उभयत्राव्यभिचारात् ।

---

१. *तत्र धर्मस्वरूपविपरीतसाधनो यथा ।* तत्रेति पूर्ववत् । P२, A॥ २. °णात्मकलक्षणं J२॥ ३. *कृतकत्वात् प्रयत्नानन्तरीयकत्वाद्वा इत्ययं हेतुर्विपक्ष एव भावाद् विरुद्धः ।* अत्र धर्म° P२, A॥ ४. °त्यत्वं च साध° J२॥ ५. अनित्यत्वेनाविनाभूतत्वात् कृतकस्य टि० J२॥ ६. कृतकत्वाख्यो हेतुः टि०J२॥ ७. हेतोः। अपि तु अपक्षधर्मस्यापि भवति विरुद्धता टि०J२॥ ८ °साधकत्वेना(न P३) सिद्धेः R विना। विरुद्धस्येति टि०J२॥ ९. असिद्धस्येति टि०J२ ॥ १० विपर्ययसाधकत्वात् टि० J२॥ ११ °साधनत्वेन J२, V, R. ॥

टी० [१३], **धर्मविशेषवि[1]परीत** इत्यादि अस्योदाहरणं **यथा परार्थाश्चक्षुराद[2]य** इत्यादि। कः पुनरेवमाह ? सांख्यो बौद्धं प्रति । 卐इह **चक्षुरादयो** धर्मिणः । **आदि**शब्दात् शेषेन्द्रिय-मह[3]दहङ्कारादिपरिग्रहः। [4]परार्थत्वं साध्यधर्मः। अस्य च विशेषोऽसंहतपरार्थत्वमिष्टम् । अन्यथा सिद्धसाध्यतापत्त्या प्रयोग-वैफल्यप्रसङ्गः। **संघातत्वा**दिति हेतुः । तत्र द्वयोर्बहूनां वा मे[5]लकः संघातः, तस्य भावः संघातत्वम्, तस्मात् **संघातत्वात्** । **शयनासनाद्यङ्गव**दिति दृष्टान्तः। **शयनं** प[6]र्यङ्कादि, **आसन**मासन्दकादि। तदङ्गानि प्रतीतान्येव । यथैतदङ्गानि संघातत्वाद् देवदत्तादिपरार्थानि वर्त्तन्ते एवं चक्षुरादयोऽपीति भावार्थः । अधुना विरुद्धत्वमाह— अ[7]**यमि**त्यादि । **अयं हि[8] हेतुः** संघातत्वलक्षणो **यथा** येन प्रकारेण **पारार्थ्यं** परार्थभावं **चक्षुरादीनां साधयति तथा** तेनैव प्रकारेण **[9]संहतत्वमपि** सावयवत्वमपि **परस्यात्मनः साधयति** । ते[10]नाप्यविनाभूतत्वात् । तथा चाह— **उभयत्राव्यभिचारात्**। **उभयत्रे**ति पारार्थ्ये संहतत्वे च **अव्यभिचाराद्** गमकत्वादित्यर्थः। [11]तथा चैवमपि वक्तुं शक्यत एव—संहतपरार्थाश्चक्षुरादयः संघातत्वात् 卐शयनासनाद्यङ्गवदिति । [12]शयनासनाद्यङ्गानि हि संहतस्य कर-चरणोरु-ग्रीवादिमत एवार्थं कुर्वन्ति नान्यस्य, तथोपलब्धेरिति । आह—विपक्ष एव भावाद् विरुद्ध इति [13]सामान्यं विरुद्धलक्षणम्, तत् कथमिहोपपद्यते? इति । उच्यते । [14]असंहतपरविपक्षो हि [15]संहतपर इति [16]तत्रैव वृत्तिदर्शनात् किं नोपपद्य[17]ते ?। आक्षेप-परिहारौ पूर्ववत् ।

धर्मिस्वरूपवि[18]परीतेत्यादि । धर्मा अस्य विद्यन्ते इति धर्मी । उदाहरणं तु **यथा न द्र[19]व्य**मित्यादि । कः पुनरेवमाह ? । वैशेषिको 卐बौद्धान् प्रति । केन पुनः सं[20]बन्धेन ? इति । उच्यते । त[21]स्य सि[22]द्धान्ते द्रव्य-गुण-कर्म-सामान्य-विशेष-

---

१. °*विपरीतसाधनः* ।अस्यो° P२ A ॥ २. °*दयः संघातत्वात् शयनासनाद्यंगवदिति । कः पुन*° P२, A ॥ 卐 **इह च चक्षु०** इति पञ्जिकासंमतः पाठः ॥ **३. महदिति बुद्धेराख्या** टि०J२ ॥ **४. पारार्थ्यं सा**° J२,R. ॥ **५. मीलकः** P३मू०, P२, A ॥ **६. पल्यंकादि** J२, R. ॥ **७.** *अयं हि हेतुर्यथा पारार्थ्यं चक्षुरादीनां साधयति तथा सहंतत्वमपि परस्यात्मनः साधयति ।*अयं हि हेतुः P२, A ॥ **८. हि** नास्ति J२, V, R. ॥ **९. संघातत्वमपि परस्या**° P२, A ॥ **१०. संहतत्वेनापि** टि०J२ ॥ **११. तथाऽत्रैवमपि** P२, A ॥ **१२. शयनाद्यंगानि** J२, R. ॥ **१३. सामान्यविरु**° J२ ॥ **१४. असंहतविपक्षो** P२, A ॥ **१५. संहत इति** R. **विना** ॥ **१६. तत्रैव दर्शनात्** P२, A ॥ **१७. °द्यते इति असिद्धाक्षेप°** V विना ॥ **१८.** °*विपरीतसाधनः* **धर्मा** P२, A ॥ **१९.** *द्रव्यं न कर्म न गुणो भाव इति एकद्रव्यत्त्वात् गुण-कर्मसु च भावात् सामान्यविशेषवदिति* **कः पुन**° P२ A ॥ **२०. प्रस्तावेन** टि०J२॥ **२१. वैशेषिकस्य** टि०J२ ॥ **२२. सिद्धान्तो** R **विना** ॥

समवाया: षट् पदार्था: ।[१] तत्र पृथ्व्यापस्तेजोवायुराकाशं कालो दिगात्मा मन इति नव द्रव्याणि । गुणाश्चतुर्विंशति: । तद्यथा रूप १ रस २ गन्ध ३ स्पर्श ४ संख्या ५ परिमाणानि ६ पृथकत्वं ७ संयोग ८ विभागौ ९ परत्वा १० परत्वे ११ [२] बुद्धि: १२ सुख १३ दु:खे १४ इच्छा १५ द्वेषौ १६ प्रयत्नश्चेति १७ सूत्रोक्ता: । **च**शब्दात् द्रवत्वं१ गुरुत्वं २ [卐] संस्कार:३ स्नेहो ४ [३] धर्माधर्मौ५-६ [४] शब्दश्चेति ७। एवं चतुर्विंश[५]तिर्गुणा:। पञ्च कर्माणि। तद्यथा—उत्क्षेपणमवक्षेपणमाकुञ्चनं प्रसारणं गमनमिति कर्माणि । गमनग्रहणाद् भ्रमण-रेचन-स्यन्दनाद्य[६]वरोध: । सामान्यं द्विविधं परमपरं चेति । तत्र परं सत्ता भावो महासामान्यमिति चोच्यते। अपरं तु [卐] द्रव्यत्वादि।

तत्र [७] सत्ता द्रव्य-गुण-कर्मभ्योऽर्था[८]न्तरम् । कया पुनर्युक्त्या ? इत्यत्राह— **न द्रव्यं भाव:, एकद्रव्यवत्त्वा**[卐]दि[९]त्यादि । अत्र भावो धर्मी, द्रव्यादिप्रतिषेध: साध्यो धर्म: ।**एकद्रव्यवत्त्वा**दित्यादि हेतु: । **सामान्यविशेषवदि**ति दृष्टान्त: । अधुना भावार्थ उच्यते—**न द्रव्यं भाव:,** द्रव्यादन्य इत्यर्थ: । **एकद्रव्यवत्त्वा**दित्यत्र एकं च तद् द्रव्यं च एकद्रव्यम्, एकद्रव्यमस्यास्तीति आश्रयभूतमिति एकद्रव्यवान्। **समानाधिक[१०]रणात् बहुव्रीहि:, कदाचित् कर्मधारय: सर्वध[卐]नाद्यर्थ:** [ ] इति वचनात्। [११] तद्भावस्तत्त्वम्, तस्मा**देकद्रव्यवत्त्वात्** । [१२] एकैकस्मिन् द्रव्ये वर्तमानत्वादित्यर्थ: । वैशेषिकस्य हि [१३] अद्रव्यं द्रव्यम् [१४] अनेक[१५]द्रव्यं च द्रव्यम् । [१६] तत्राद्रव्यमाकाश-काल-दिगात्म-मन:-परमाणव: । अनेकद्रव्यं तु द्व्यणुकादिस्कन्धा:। एकद्रव्यं तु द्रव्यमेव नास्ति ।एकद्रव्यवांश्च भाव: । इत्यतो द्रव्यलक्षणविलक्षणत्वात् **न द्रव्यं भाव** इति। दृष्टान्त: **सामान्यविशेष:** । स च द्रव्यत्व गुणत्व कर्मत्वलक्षण: । द्रव्यत्वं हि नवसु द्रव्येषु वर्तमानत्वात् सामान्यं गुणकर्मभ्यो [१७] व्यावृत्तत्वाद् विशेष: । एवं गुणत्व-कर्मत्वयोरपि भावना कार्येति । ततश्च सामान्यं च तद् विशेषश्च [१८] स इति

---

१. **तत:** R. पञ्जिकां विना ॥ २. **बुद्धय:** P२, A॥ ३. °**धर्मौ वेग: शब्द**° J२॥ ४. **शब्दा**° P२, A॥ ५. **°तिगुणा:** J२ विना॥ ६. **ग्रहणम्** टि०J२॥ ७. **महासामान्यम्** टि०J२॥ ८. **भिन्ना सत्ता** टि० J२॥ ९ °**त्यादि हेतु: सामान्य**° P२ A॥ १०.°**रणो** J२ V। °**रणसमासाद् बहुव्रीहि:** P२,३, A॥ ११. **तद्भावस्तस्मा**° J२विना॥ १२. **एकस्मिन्** V॥ १३. **यस्यारम्भकमन्यद् द्रव्यं नास्ति तत्** टि०J२॥ १४. **अनेकानि द्रव्याणि आरम्भकाणि यस्य तत्** टि० J२॥ १५. °**द्रव्यं च। तत्रा**° J२ विना॥ १६. **तत्राद्रव्यं द्रव्यमा**° R. पञ्जिकां विना ॥ १७. **व्यावर्तमानत्वाद्** J२ विना ॥ १८. **स इति** नास्ति P२,३, A, R. ॥

सामान्यविशेषः, तेन तुल्यं वर्तत इति **सामान्यविशेषवत्**, द्रव्यत्ववदित्यर्थः । ततश्चैतदुक्तं भवति—यथा द्रव्यत्वं नवसु द्रव्येषु प्रत्येकं वर्तमानं द्रव्यं न भवति किंतु सामान्यविशेषलक्षणं द्रव्यत्वमेव एवं भावोऽपीत्यभिप्रायः । आह—यदि नाम द्रव्यं न भवति तथाऽपि गुणो भविष्यति कर्म च इत्येतदपि निराचिकीर्षुर[1]ाचार्य आह—**गुणकर्मसु च भावात्** भावस्य, ततश्च न गुणो भावः, गुणेषु भावाद्, गुणत्ववत् । यदि च भावो गुणः स्यान्न तर्हि गुणेषु वर्तेत, निर्गुणत्वाद् गुणानाम्। वर्तते च गुणेषु भावः[2], सन् गुण इति प्रतीतेः । तथा न कर्म भावः, कर्मसु भावात्, कर्मत्ववत्। [卐]यदि च भावः कर्म स्यात् न तर्हि कर्मसु वर्तेत निष्कर्मकत्वात् कर्मणाम्। वर्तते च कर्मसु भावः[3], सत् कर्मेति प्रतीतेः। व्यत्ययोपन्यासस्तु प्रतिज्ञाहेत्वोर्विचित्रन्यायप्रदर्शनार्थम्[4] । इत्येवं वैशेषिके[卐]णोक्ते बौद्ध आह— [5]**अयं हि हेतु**स्त्रिप्रकारोऽपि **यथा द्रव्यादिप्रतिषेधं साधयति तथा** [6]**भावस्य** धर्मिणो[7]ऽ-**भावत्वमपि साधयति**, ते[8]नाप्यविनाभूतत्वात्। तथा चाह— [9]**उभयत्राव्यभिचारात्**। **उभयत्र** द्रव्यादिप्रतिषेधे भावाभावे च गमकत्वात् । तथा च यथैतद् वक्तुं शक्यते न द्रव्यं भावः एकद्रव्यवत्त्वात् द्रव्यत्ववत् एवमिदमपि शक्यते भावो भाव एव न भवति एकद्रव्यवत्त्वात् द्रव्यत्ववत् । न च द्रव्यत्वं भावः, सामान्यविशेषत्वात् । एवं न गुणो भावः, गुणेषु भावात्, गुणत्ववत्। अत्रापि भावो भाव एव न[卐] भवति, गुणेषु भावात्, गुणत्ववत् । न च गुणत्वं भावः सामान्यविशेषत्वादेव । एवं न कर्म भावः, कर्मसु भावात्, कर्मत्ववत्, अत्रापि भावो भाव एव न भवति, कर्मसु भावात्, कर्मत्ववत् । न च कर्मत्वं भावः सामान्यविशेषत्वात् । सामान्यविरुद्ध-लक्षणयोजना तु भावविपक्षत्वात् सामान्यविशेषस्य सुकरैव । आह—[10]अयमप्यसिद्धादेव न विशिष्यते इति कथं विरुद्धः? । तथाहि—न भावो नाम द्रव्यादिव्यतिरिक्तः कश्चिदस्ति सौगतानाम् । तदभावाच्चाश्रयासिद्ध एव हेतुरिति । अत्रोच्यते, सत्यमेतत्।

---

१ °राह J२ विना॥ २ **भावः** नास्ति J२, P३॥ ३ **भावः** नास्ति J२, P३॥ ४ ० **नार्थः** J२,V विना॥ ५. **अयं च हेतु°** V॥ ६. **सत्तायाः** टि०J२॥ ७. **धर्मिस्वरूपविपरीतमभावत्वमपि** R ॥ ८. **अभावेन** टि० J२॥ ९. **हेतु । दृष्टान्त अव्यभिचारात्** टि०J२॥ १०. **अयमसिद्धादेव न विशि°** R **विना । अयमसिद्धान्न विशि°** V॥

किंतु [1]परप्रसिद्धोऽपि विप[2]क्षमात्रव्यापी विरुद्ध इति नि[3]दर्शनार्थत्वात् । एकस्मि[4]न्नपि चाने[5]कदोषजात्युपनिपातात्[6]तद्भेददर्शनार्थत्वान्न दोष इति ।आह— एवमविरुद्धाभावः, सर्वत्र विशेष卐विरु[7]द्धभावादिति। न । विरोधिनोऽधिकृतहेत्वन्वितदृष्टान्तान्तरबलेनैव निवृत्तेः । तथाहि—अनित्यः शब्दः, कृतकत्वाद्, घटवत्, इत्यत्र पाक्यः शब्द इति विरु卐द्धनोदनायां कृतकत्वान्वितापाक्यपटादिदृष्टान्तान्तरसामर्थ्यात्तन्नि[8]वृत्त्या [9]न विरुद्धता। अनिवृत्तौ चाभ्युपगम्यत एव । अशक्या चेह तन्निवृत्तिरेकद्रव्यवत्त्वस्य तद्व्यतिरेकेणान्य[10]त्रानिवृत्तेरिति । अत्र बहु वक्तव्यम् । अलं प्रसङ्गेन ।

[11]**धर्मिविशेष** इत्यादि । धर्मी भाव एव,तद्विशेषः सत्प्रत्ययकर्तृत्वम् । यत उक्तम्-**सदिति [12]यतो द्रव्य-गुण-कर्मसु सा सत्ता** [वैशे०सू०१।२।७-८]। तद्विपरीतसाधनो **यथा अयमेव हेतु**रेकद्रव्यवत्त्वाख्यः **अस्मिन्नेव पूर्वपक्षे** न द्रव्यं भाव इत्यादिल卐क्षणे **अस्यैव धर्मिणो** भावाख्यस्य **यो विशेषो** धर्मः **सत्प्रत्ययकर्तृत्वं नाम तद्विपरीतमसत्प्रत्ययकर्तृत्वमपि साधयति** ते[13]नापि व्याप्तत्वात् । तथाहि— एतदपि वक्तुं शक्यत एव भावः सत्प्रत्ययकर्ता न भवति, एकद्रव्यवत्त्वाद्, द्रव्यत्ववत्। न च द्रव्यत्वं सत्प्रत्ययकर्तृ द्रव्यप्रत्ययकर्तृत्वात्[14] । एवं गुणकर्मभावहेत्वोरपि वाच्यम्। अत एवोक्तम्— **उभयत्राव्यभिचारा**[15]दिति भावितार्थमेव। आक्षेप-परिहारौ पूर्ववदिति।

सू० [१४], दृष्टान्ताभासो द्विविधः—साधर्म्येण वैधर्म्येण च।

टी० [१४], उक्ता हेत्वाभासाः । सांप्रतं दृष्टान्ताभासानामवसरः । [16]ते उच्यन्ते । 卐तत्र यथा दृष्टान्तो द्विविधः एवं मूलभे[17]दापेक्षया तदाभासोऽपि । तथा चाह— **दृष्टान्ताभासो [18]द्विविधः साधर्म्येण वैधर्म्येण च** । **दृष्टान्त** उक्तलक्षणः। दृष्टान्तवदाभासत इति **दृष्टान्ताभासः** दृष्टान्तप्रतिरूपक इत्यर्थः ।

---

१. वैशेषिक टि०J२॥ २. भावमात्रव्यापी टि०J२॥ ३. निदर्शनत्वात् P३। निदर्शनात् J२मू०, निदर्शनार्थत्वात् J२सं० ॥ ४. हेतौ टि०J२ ॥ ५. असिद्धे(द्ध)विरुद्धादि टि०J२ ॥ ६. असिद्धादिभेददर्शनत्वात् टि०J२ ॥ ७. सर्वस्यैव विरुद्धसद्भावः प्राप्नोति टि०J२ ॥ ८. पाक्यादिविरुद्धधर्मनिवृत्त्या टि०J२ ॥ ९. न च वि° J२॥ १०. °त्रावृत्ते° विना ॥ ११. *धर्मिविशेषविपरीतसाधनो यथा।* धर्मी P२, A॥ १२. यतो यस्याः सकाशात् सत्तायाः सदिति प्रत्यय उत्पद्यते द्रव्य-गुण-कर्मसु एतेष्वाधारभूतेषु सा सत्तेत्यर्थः टि०J२। दृश्यतां पृ०१०८ टि०१ ॥ १३. सावयवत्वेन टि०J२॥ १४. ०त्वादेव ।एवं P२, A॥ १५. °रात् भावि° P२, A॥ १६. स उच्यते P२, A॥ १७. °भेदव्यपेक्षया तदा V । °भेदात् तदा° P२, A ॥ १८. द्विविध इति सा° P२,३॥

सू० [१५], तत्र साधर्म्येण तावद् दृष्टान्ताभासः पञ्चप्रकारः। तद्यथा— साधनधर्मासिद्धः १, साध्यधर्मासिद्धः २, उभयधर्मासिद्धः ३, अनन्वयः ४, विपरीतान्वयश्चेति ५ ।

टी० [१५], **तत्र साधर्म्येण तावद् दृष्टान्ताभासः पञ्चप्रकारः** पञ्चभेदः, **तद्यथा— साधनधर्मासिद्ध** इत्यादि । **तद्यथे**ति भेदोपदर्शनार्थः । **साधनधर्मो** हेतुर**सिद्धो** नास्तीति[१] भण्यते । ततश्च साधनधर्मोऽसिद्धोऽस्मिन् सोऽयं **साधनधर्मासिद्धः**। ननु[२] बहुव्रीहौ निष्ठान्तं पूर्वं निपततीति कृत्वाऽसिद्धसाधन[३]धर्म इति स्यात्। न, **वाऽऽहिताग्न्यादिषु [पा०२।२।३७]** वचनात् । आहिताग्न्यादेश्चाकृतिगणत्वाद् विकल्पवृत्तेरिति। अन्ये तु साधनधर्मेण रहितत्वादसिद्धः **साधनधर्मासिद्धः** इति व्याचक्षते । न चैतदतिशोभनम् । एवं साध्योभयधर्मासिद्धयोरपि भावनीयम् । अनन्वयादिशब्दार्थं तूदाहरणाधिकारे एव वक्ष्यामः। स चावसरप्राप्त एवेति यथाक्रमं निर्दिश्यते ।

सू० [१६], तत्र साधनधर्मासिद्धो यथा— नित्यः शब्दोऽमूर्तत्वात् परमाणुवत् । यदमूर्तं वस्तु तन्नित्यं दृष्टं यथा परमाणुः। परमाणौ हि साध्यं नित्यत्वमस्ति साधनधर्मोऽमूर्तत्वं नास्ति मूर्तत्वात् परमाणूनामिति ।

साध्यधर्मासिद्धो यथा— नित्यः शब्दोऽमूर्तत्वाद् बुद्धिवत् । यदमूर्तं वस्तु तन्नित्यं दृष्टं यथा बुद्धिः इति । बुद्धौ हि साधनधर्मोऽमूर्तत्वमस्ति साध्यं नित्यत्वं नास्ति, अनित्यत्वाद् बुद्धेः ।

उभयासिद्धो द्विविधः— सन्नसंश्चेति । तत्र घटवदिति विद्यमानोभयासिद्धः, अनित्यत्वान्मूर्तत्वाच्च घटस्य । आकाशवदित्यविद्यमानोभयासिद्धः तदसत्त्ववादिनं प्रति ।

---

१. °ति उच्यते V॥ २. ननु च बहु°P२, A। न च बहु° P३॥ ३. °साधनधर्मा P२, A, R.॥

अनन्वयो यत्र विनाऽन्वयेन साध्य-साधनयोः सहभावः प्रदर्श्यते। यथा घटे कृतकत्वमनित्यत्वं च दृष्टमिति ।

विपरीतान्वयो यथा । यत् कृतकं तदनित्यं दृष्टमिति वक्तव्ये यदनित्यं तत् कृतकं दृष्टमित्याह । अयं साधर्म्येण दृष्टान्ताभासः।

टी० [१६], **तत्र साधनधर्मासिद्धो यथा— नित्यः शब्दोऽमूर्तत्वात्। परमाणुवत् । यथे**त्युदाहरणोपन्यासार्थः । **नित्यः शब्द** इति प्रतिज्ञा[१]। **अमूर्तत्वा**दिति हेतुः । अन्वयमाह— **यदमूर्तं वस्तु तन्नित्यं दृष्टं यथा परमाणु**रिति साधर्म्य-दृष्टान्तः। एतदाभासानामेव प्रक्रान्तत्वात् नार्थो वैधर्म्येणेति न प्रदर्शितः। अयं च साध्यसाधनधर्मानुगत इष्यते । इह तु साध्यधर्मोऽस्ति न साधनधर्मः । तथा चाह– **परमाणौ हि साध्यं नित्यत्वमस्ति** । अन्त्यकारणत्वेन नित्यत्वात् । **साधनधर्मो-ऽमूर्तत्वं नास्ति** । कुतः ? **मूर्तत्वात् परमाणूनाम्**[२] । मूर्तत्वं च मूर्त्ततत्कार्य-घटाद्युपलब्धेः सिद्धमिति ।

साध्यधर्मासिद्धो यथा—नित्यः शब्दोऽमूर्तत्वाद् बुद्धिवत्,[३] प्रयोगः सुगम एव । व्याप्तिं तु दर्शयति— **यदमूर्तं वस्तु तन्नित्यं दृष्टं यथा बुद्धिः** । आह— कथमयं साध्यधर्मासिद्धः ? इति । अत्राह— **बुद्धौ हि**[४] **साधनधर्मोऽमूर्तत्वमस्ति**। तदमूर्तत्वप्रतीतेः । **साध्यधर्मो नित्यत्वं नास्ति** । कुतः ? । **अनित्यत्वाद् बुद्धे**रिति।

[५]**उभयासिद्धो द्विविधः** । कथम् ? इत्यत्राह । **सन्नसंश्चे**ति । **सन्नि**ति विद्यमानोभयासिद्धः । **अस**न्निति अविद्यमानोभयासिद्धः । प्रयोगो मौल एव द्रष्टव्यः। यत आह— **तत्र घटवदिति विद्यमानोभयासिद्धः** । ततश्च नित्यः शब्दोऽमूर्तत्वाद् घटवदित्यत्र न साध्यधर्मो नित्यत्वलक्षणः नापि साधन-

---

१. प्रतिज्ञा पक्षः। P२, A॥ **२. °नामिति मूर्त्तत्वं च मूर्तिमत्का°** P२, A॥ ३. *°वदिति यदमूर्तं वस्तु तन्नित्यं दृष्टं यथा बुद्धिः। बुद्धौ हि साधनधर्मोऽमूर्तत्वमस्ति साध्यधर्मो नित्यत्वं नास्ति अनित्यत्वाद् बुद्धेरिति* **सूत्रम्, प्रयोगः सुगम एव** P२,A॥ **४. हि** नास्ति P२, A॥ ५. *उभयासिद्धो द्विविधः सन्नसंश्चेति । तत्र घटवदिति विद्यमानोभयासिद्धः अनित्यत्वाद् घटस्य, आकाशवदिति अविद्यमानोभयासिद्धः तदसत्त्ववादिनं प्रति* **सूत्रम् । उभयासिद्धो** P२, A॥

धर्मोऽमूर्तत्वलक्ष[१]णोऽस्त्य**नित्यत्वान्मूर्तत्वाच्च** [२]**घटस्येति** । तथा **आकाशवदित्य-विद्यमानोभयासि[३]द्धः** । नित्यः शब्दोऽमूर्तत्वादाकाशवदि[卐]ति । अयमुभयसद्भावात् कथमुभयासिद्ध इत्याशङ्क्याह— **तदसत्त्ववादिनं प्रति,** आकाशासत्त्ववादिनं बौद्धं प्रति सांख्यस्येत्यर्थः । सति हि तस्मिन्नित्यत्वादिधर्मचिन्ता नान्यथेति ।

[४]**अनन्वय** इत्यादि । अविद्यमानान्वयोऽनन्वयः अप्रदर्शितान्वय इत्यर्थः । अन्वयोऽनुग[५]मो व्याप्तिरिति अनर्थान्तरम् । लक्षणमाह— **यत्रेत्यादि** । **यत्रे**त्यभिधेयमाह। **विनाऽन्वयेन** विना व्याप्ति[६]दर्शनेन **साध्यसाधनयोः** साध्य-हेत्वोरित्यर्थः **सहभाव** एकत्रवृत्तिमात्रम् । **प्रदर्श्यते** कथ्यते आख्या[७]यते, न वीप्सया साध्यानुग[८]तो हेतुरिति। उदाहरणमाह— **यथा घटे कृतकत्वमनि[卐]त्यं च दृष्टमिति।** घटः कृतकत्वा-ऽनित्यत्वयोराश्रय इति । एवं सति आश्रयाश्रयिभावमात्रा-भिधानादन्यत्र व्यभिचारसंभवादिष्टार्थसाधकत्वानुपपत्तिः इति।

[९]**विपरीतान्वय** इत्यादि । **विपरीतो** वि[१०]पर्यस्तवृत्ति**रन्वयो**ऽनुगमो यस्मिन् स तथाविधः । [११]उदाहरणमाह—**यथा यत् कृतकं तदनित्यं दृष्ट[१२]मित्येवं वक्तव्ये यदनित्यं तत् कृतकमिति ब्रवीति ।** प्राक् साधनधर्ममनुच्चार्य साध्यधर्ममुच्चारयति। आह— एवमपि को दोषः ? इति । उच्यते । न्यायमु[१३]द्राव्यति-क्रमः। अन्यत्र व्याप्तिव्यभिचारात् । तथाहि—अनित्यः शब्दः प्रयत्नानन्तरीयकत्वादि-त्यत्र यद्यदनित्यं [१४]न तत्तत् प्रयत्नानन्तरीयकम्, अनित्यानामपि विद्युदादीनाम-प्रयत्नानन्तरीयकत्वात्। इत्यलं प्रसङ्गेन । अयं साध[卐]र्म्येण दृष्टान्ता[१५]भासवर्ग इति ।

---

१. °णोऽनित्य° J२ ॥ २. घटस्य तथा P२, A॥ ३. °सिद्धः ततश्च नित्यः V॥ ४. *अनन्वयो यत्र विनान्वयेन साध्यसाधनयोः सहभावः प्रदर्श्यते यथा घटे कृतकत्वमनित्यत्वं च दृष्टमिति* सूत्रम् । अविद्यमाना° P२, A॥ ५. °गम इत्यनर्था° P२, A॥ ६. °प्तिप्रद° P२, A, R.॥ ७. °यते च न J२॥ ८. °गतहेतुः उदा° P२, A॥ ९. *विपरीतान्वयो यथा यत्कृतकं तदनित्यं दृष्टमिति वक्तव्ये यदनित्यं तत्कृतकं दृष्टमिति ब्रवीति।* विपरीतो P२, A॥ १०. विपर्यवृत्ति°P२, A॥ ११. उदाहरणमाह यथा नास्ति J२॥ १२. °मिति P२, A,V॥ १३. °द्राति° J२, P२, A॥ १४. न नास्ति P२, A, R.॥ १५. °भासः समाप्तः V॥

सू० [१७], वैधर्म्येणापि दृष्टान्ताभासः पञ्चप्रकारः । तद्यथा—साध्याव्यावृत्तः १, साधनाव्यावृत्तः २, उभयाव्यावृत्तः ३, अव्यतिरेकः ४, विपरीतव्यतिरेकश्चेति ५ ॥

टी० [१७], **वैधर्म्येणापि**[१] । न केवलं साधर्म्येणैव । किम् ? **दृष्टान्ताभासः** प्राङ्निरूपितशब्दार्थः **पञ्चप्रकारः, तद्यथा— साध्याव्यावृत्त** इत्यादि। तत्र साध्यं प्रतीतम्, तदव्यावृत्तमस्मादिति **साध्याव्यावृत्तः** । आक्षेप-परिहारौ पूर्ववत्। एवं साधनोभयाव्यावृत्तयोरपि वक्तव्यम् । अव्यतिरेकादिशब्दार्थं तूदाहरणाधिकार एव वक्ष्यामः । स चावसरप्राप्त एव ।

सू० [१८], तत्र साध्याव्यावृत्तो यथा— नित्यः शब्दोऽमूर्तत्वात् परमाणुवत् । यदनित्यं तन्मूर्तं दृष्टं यथा परमाणुः। परमाणोर्हि साध्यं नित्यत्वं न व्यावृत्तं नित्यत्वात् परमाणूनाम् । साधनधर्मोऽमूर्तत्वं नास्ति मूर्त्तत्वात् परमाणूनाम् ।

साधनाव्यावृत्तः यथा— कर्मवदिति । तत्र कर्मणः साध्यं नित्यत्वं व्यावृत्तम्, अनित्यत्वात् कर्मणः । साधनधर्मोऽमूर्तत्वं न व्यावृत्तम् अमूर्तत्वात् कर्मणः ।

उभयाव्यावृत्तः आकाशवदिति तत्सत्त्ववादिनं प्रति । ततो हि नित्यत्वममूर्तत्वं च न व्यावृत्तम्, नित्यत्वादमूर्तत्वाच्चाकाशस्य ।

अव्यतिरेको यत्र विना साध्यसाधननिवृत्त्या तद्विपक्षभावो निदर्श्यते, यथा घटे अनित्यत्वं मूर्तत्वं च दृष्टमिति ।

---

१. वैधर्म्येणापि पञ्चधा। न केवलं साधर्म्येणैव। किम्? दृष्टान्ताभासः प्राङ्निरूपितशब्दार्थः वैधर्म्येणापि पञ्चप्रकारः । तद्यथा-साध्याव्यावृत्तः१, साधनाव्यावृत्तः २, उभयाव्यावृत्तः ३, अव्यतिरेकः ४, विपरीतव्यतिरेकश्चेति ५, तत्र साध्याव्यावृत्तो यथा नित्यः शब्दोऽमूर्त्तत्वात् परमाणुवत्, यदनित्यं तन्मूर्त्तं दृष्टं यथा परमाणुः, परमाणौ हि साधनधर्मोऽमूर्त्तत्वं व्यावृत्तं मूर्त्तत्वात् परमाणूनामिति, साध्यधर्मो नित्यत्वं न व्यावृत्तं नित्यत्वात् परमाणूनामिति सूत्रम् । P२, A॥

विपरीतव्यतिरेको यथा— यदनित्यं तद् मूर्तं दृष्टमिति वक्तव्ये यद् मूर्तं तदनित्यं दृष्टमिति ब्रवीति ।

टी० [१८], [१]**तत्र साध्याव्यावृत्तः यथा नित्यः शब्दोऽमूर्तत्वात् परमाणुवत्** । [२]**यथे**त्युदाहरणोपन्यासार्थः । **नित्यः शब्द** इति प्रतिज्ञा । **अमूर्तत्वा**दिति हेतुः । वैधर्म्यदृष्टान्ताभासस्य प्रक्रान्तत्वात् साधर्म्यदृष्टान्तो नोक्तः। अभ्यूह्यश्चाऽऽकाशादिः । वैधर्म्यदृष्टान्तस्तु परमाणुः । अयं [३]च साध्यसाधनोभयधर्मविकलः सम्यगिष्यते । यत उक्तम्- **साध्याभावे हेतोरभाव एव कथ्यते [न्यायप्र०पृ०३ पं.९]** इत्यादि। न चायं तथेति, आह च— **परमाणोर्हि** सकाशात्। **साधनधर्मो** हेतुः । तमेव दर्शयति— **अमूर्तत्व**मिति । **व्यावृत्तं** निवृत्तम्। कुतः ? **मूर्तत्वात् परमाणूनाम्। साध्यधर्मो नित्यत्वं तन्न व्यावृत्तम्।** कुतः ? **नित्यत्वात् परमाणूनाम्** । आह— साधर्म्यदृष्टान्ताभासेष्वादौ साधनधर्मासिद्ध उक्तः, इह [४]तु साध्याव्यावृत्त इति किमर्थम्? उच्यते, तस्यान्वय-प्रधानत्वात्। अन्वयस्य च साधनधर्मपुरःसरसाध्यधर्मोच्चारणरूपत्वात् । व्यतिरेकस्तु उभ[५]यव्यावृत्तिरूपः, [६]यत उक्तम्- **साध्याभा[७]वे हेतोरभावः [न्यायप्र०पृ०३पं०९]** इति । [८]अतः साध्याव्यावृत्तः इति।

तथा [९]**साधनाव्यावृत्तः कर्मवत्** । प्रयोगः पूर्ववदेव । वैधर्म्यदृष्टान्तस्तु कर्म । [फ]तच्च उत्क्षेपणादि परिगृह्यते । तत्र **कर्मणः साध्यं नित्यत्वं व्यावृत्तं नि[१०]वृत्तम् । अनित्यत्वात् कर्मणः । साधनधर्मो** हेतुः, तमेव दर्शयति **अमूर्तत्व**मिति। तद् न **व्यावृत्तम्** । कुतः **? अमूर्तत्वात् कर्मण** इति ।

---

१. अत्र P२, A॥ २. °**यथोदाह**° J२॥ ३. **च** नास्ति J२॥ ४. **तु** नास्ति V॥ ५. °**यव्यावृत्त** P३॥ ६. **यत उक्तं** नास्ति P३, R.॥ ७. °**वे च हेतो P२, P३,** A, R.॥ ८. **अतः प्रथमं साध्या**° J२, R.॥ ९. *साधनाव्यावृत्तः कर्मवत् यदनित्यं तन्मूर्तं दृष्टं यथा कर्म, तत्र कर्मणः साध्यं नित्यत्वं व्यावृत्तम् अनित्यत्वात् कर्मणः, साधनधर्मोऽमूर्तत्वं च न व्यावृत्तम् अमूर्तत्वात् कर्मणः* सूत्रम्। **प्रयोगः** P२, A॥ १०. **निवृत्तं** नास्ति P२,३ A॥

उभयाव्यावृत्तः आकाश[१]**व**दिति । नित्यत्वसाधकः प्रयोगः परमाण्वादि-साधर्म्यदृष्टान्तयुक्तः [२]पूर्ववत् । वैधर्म्यदृष्टान्तस्**त्वाकाश**मिति । **ततो हि** आकाशात्। **न नित्यत्वं व्या**[३]**वृत्तं नाप्यमूर्तत्वं व्यावृत्तम्** । [४]कुतः ? **नित्यत्वादमूर्तत्वा**[५]**च्चाकाशस्येति।**

[६]**अव्यतिरेक** इत्यादि । अविद्यमानो व्यतिरेकः **अव्यतिरेकः**, अनिदर्शित-व्यतिरेक इत्यर्थः । लक्षणमाह— **यत्र विना साध्यसाधननिवृत्त्या तद्विपक्षभावो निदर्श्यते । यत्रे**त्यभिधेयमाह । **विना साध्यसाधननिवृत्त्या** प्रस्तुतप्रयोगे यदनित्यं तन्मूर्तं दृष्टमित्यादिलक्षणया । **तद्विपक्षभावः** साध्य-साधनवि[७]पक्षभावमात्रम् । **निदर्श्यते** प्रतिपाद्यते इति यावत् । दृष्टान्तमाह—**यथा घटेऽनित्यत्वं मूर्तत्वं च दृष्टमिति ।** इत्थं ह्येकत्राभिधेयमात्राभिधानाद् वैधर्म्याप्रतिपादनादर्थापत्त्यादिगम्यत्वे प्रतिपत्तिगौरवादिष्टार्थासाधकत्वमिति ।

वि[८]**परीतव्यतिरेक** इत्यादि । **विपरीतो** विपर्यस्तो **व्यतिरेक** उक्तलक्षणो यस्मिन् स तथाविधः । तमेव दर्शयति— **यदनित्य**मित्यादि । प्रस्तुतप्रयोग एव तथाविधसाधर्म्यदृष्टान्तयुक्ते व्यतिरेकमुपदर्शय[फ]न् **यदनित्यं वस्तु तन्मूर्तं दृष्टमिति वक्तव्ये यन्मूर्तं तदनि**[फ]**त्यं दृष्टमिति ब्रवीति ।** आह— एवमपि को दोषः ? इति। उच्यते । अन्यत्र व्यभिचारः । तथाहि—अनित्यः शब्दः प्रयत्नानन्तरीय-कत्वादित्यत्र यदप्रयत्नानन्तरीयकं तन्नित्यमिति व्यतिरेके विद्युता व्यभिचारः ।

सू० [१९], एषां पक्षहेतुदृष्टान्ताभासानां वचनानि न साधनम्, साधनाभासाः ।

---

१. °*वदिति। यदनित्यं तन्मूर्तं दृष्टं यथाकाशमिति ततो नित्यत्वममूर्तत्वं च न व्यावृत्तं नित्यत्वादमूर्तत्वाच्चाकाशस्येति* सूत्रम् । नित्यत्वसाधकः P२, A॥ २. प्राग्वत् P३॥ ३. व्यावृत्तं नास्ति P२,३,A॥ ४. कुतः नास्ति J२, P३ ॥ ५.°त्वादाका° P३॥ ६. *अव्यतिरेको यत्र विना साध्यसाधननिवृत्त्या तद्विपक्षभावो निदर्श्यते यथा घटेऽनित्यत्वं मूर्तत्वं च दृष्टमिति* सूत्रम् । अविद्यमानव्यतिरेको P२, A॥ ७. °विपक्षमात्रम् J२॥ ८. *विपरीतव्यतिरेको यथा यदनित्यं तन्मूर्तं दृष्टमिति वक्तव्ये यन् मूर्तं तदनित्यं दृष्टमिति ब्रवीति* सूत्रम् । विपरीतो P२, A॥

टी० [१९], निगमयन्नाह— [1]**एषा**मित्यादि, [2]एषां [卐]यथोक्तरूपाणां **पक्षहेतु-दृष्टान्ताभासानां वचनानि ।** किम् ? **न साधन**[3]**म्** आभासत्वादेव । किं तर्हि ? **साधनाभास**मिति । [4]उक्तं साधनाभासम् ।

सू० [२०], आत्मप्रत्यायनार्थं तु प्रत्यक्षमनुमानं च द्वे एव प्रमाणे प्रतिपादनीये।

टी० [२०], अधुना दूषणस्यावसरः, तच्चातिक्रम्य बहुतरवक्तव्यत्वात् प्रत्यक्षा-ऽनुमाने तावदाह— **आत्मप्रत्यायनार्थं** पुनः **प्रत्यक्षमनुमानं च**[5] **द्वे एव** [6]**प्रमाणे। प्रत्यक्षं** वक्ष्यमाणलक्षणम् **अनुमानं च** । असमासकर[7]णं विभिन्नवि[卐]षय-ज्ञापनार्थम् । स्वलक्षणविषयमेव प्रत्यक्षम् । सामान्यलक्ष[8]णविषयमेवानुमानम् । **चः** समुच्चये । **द्वे एव प्रमाणे** इत्यनेन संख्यानियममाह । तथाहि— बौद्धानां द्वे एव प्रमाणे प्रत्यक्षाऽनुमाने । शेषप्रमाणानामत्रैवान्तर्भावा[9]त् । अन्तर्भावश्च **प्रमाण-समुच्चया**[10]दिषु चर्चितत्वान्नेह प्रतन्यत इति ।

सू० [२१], तत्र प्रत्यक्षं कल्पनापोढं यज्ज्ञानमर्थे रूपादौ नामजात्यादिकल्पनारहितं तदक्षमक्षं प्रति वर्तत इति प्रत्यक्षम् ।

टी० [२१], अधुना प्रत्यक्षनिरूपणायाह – [11]**तत्र प्रत्यक्ष**मित्यादि । **तत्रे**ति निर्धारणार्थः । **प्रत्य**[12]**क्ष**मिति लक्ष्यनिर्देशः । **कल्पनापोढ**मिति लक्षणम् । अयं प्रत्यक्षस्य लक्ष्य-लक्षणप्रविभागः । तत्र प्रतिगतमक्षं **प्रत्यक्षम्** । **कल्पनापोढ**मिति,

---

१ *एषां पक्षहेतुदृष्टान्ताभासानां वचनानि न साधनम् साधनाभासम् ।* एषां यथोक्त° P२, A॥ २ एषां नास्ति J२॥ ३ °नं तदाभासत्वादेव J२॥ ४ उक्तः साधनाभासः J२॥ ५ तु J२॥ ६ प्रमाणे प्रतिपादनीये P२, A॥ ७ °णं भिन्न P२, A, R.॥ ८ °लक्षणमेवा° J२, P३, A॥ ९ ° वादिति J२ विना॥ १० °दिचर्चि° J२ P३॥ ११ *तत्र प्रत्यक्षं कल्पनापोढं [अभ्रान्तं टि० P२] यज्ज्ञानमर्थे रूपादौ नामजात्यादिकल्पनारहितं तदक्षमक्षं प्रति वर्तते इति प्रत्यक्षम्।* तत्रेति P२, A॥ १२ प्रत्यक्षं लक्ष्य° J२मू०। प्रत्यक्षस्य लक्ष्यं° J२सं०। प्रत्यक्षस्य नास्ति P२,३, A॥

कल्पना वक्ष्यमाणलक्षणा, सा अपोढा [1]अपेता यस्मात् तत् **कल्पनापोढम्** । समासाक्षेप-परिहारौ [2]पूर्ववत् । [3]कल्पनया वाऽपोढं कल्पनापोढं कल्पनाया वाऽपोढं **कल्पनापोढम्**। **यत्** इति तत्स्वरूपनिर्देशः । एवंभूतं चार्थ[4]स्वलक्षणमपि भवति, [5]अत आह— **ज्ञानं** संवेदनम् । तच्च निर्वि[6]षयमपि भवति, [7]अत आह— **अर्थे** विषये। स च द्विधा स्वलक्षण-सामान्यलक्षणभेदात् । अत आह— **रूपादौ** स्वलक्षणे इत्यर्थः। इह यदुक्तं कल्पनापो[8]ढमिति तत् स्वरूपाभिधानत एव व्याचष्टे-**नाम-जात्यादिकल्पना**[9]**रहितम्** । तत्र नामकल्पना यथा डित्थ [10]इति । जातिकल्पना यथा गौरिति। **आदि**शब्दाद् गुण-क्रिया-द्रव्यपरिग्रहः । तत्र गुणकल्पना शुक्ल [11]इति । क्रिया卐कल्पना पाचक इति । द्रव्य卐कल्पना दण्डीति । आभिः कल्पनाभी रहितं [12]शब्दरहितस्वलक्षणहेतुत्वात् । उक्तं च— **न ह्यर्थे शब्दाः सन्ति तदात्मानो वा येन तस्मिन् प्रतिभासमाने तेऽपि प्रतिभासेरन्** [ ] इत्यादि। **तदक्ष**मित्यादि। **त**दित्यनेन **य**न्निर्दिष्टस्य परामर्शः । अक्षाणीन्द्रियाणि। ततश्चा**क्षमक्षं प्रती**न्द्रियमिन्द्रियं प्रति **वर्तत इति प्रत्यक्षम्** । आह— यथेन्द्रियसामर्थ्याज्ज्ञान-मुत्पद्यते तथा विषयसामर्थ्यादपि, तत् कस्मादिन्द्रियेणैव व्यपदेशो न विषयेणेति?। अत्रोच्यते। असाधारणत्वादिन्द्रियस्य साधारणत्वाच्चार्थस्येति । तथाहि— इन्द्रिय[13]मिन्द्रिय-विज्ञानस्यैव हेतुरित्यसाधारणम् । अर्थस्तु मनोविज्ञानस्यापीति साधारणः। असाधारणेन च लोके व्यपदे[14]शप्रवृत्तिर्यथा भे[15]रीश[16]ब्दो यवाङ्कुर इति। उक्तं च **भदन्तेन— असाधारणहेतुत्वादक्षैस्तद् व्यपदिश्यते [प्रमाणसमु०१/४]** इत्यादि। आह— मनोविज्ञानाद्यपि प्रत्यक्ष[17]मुक्तम्, न च तदनेन संगृहीतमिति कथं卐 व्यापिता

१. **अपेता तत्** J२मू०। **अपेता यस्मिन् तत्** J२सं. R विना॥ २. **प्राग्वत्** P३॥ ३. [**कल्पनायाः** J२सं.॥] **कल्पनया वाऽपोढं कल्पनापोढं । यत्** J२, R.॥ ४. **अचेतनं** टि० P२। **अचे[त]नमप्यर्थस्वलक्षणं भवति** टि०J२॥ ५. **एतदाह** J२॥ ६. **द्विचन्द्रादिविषयमपि** टि०J२॥ ७. **एतदाह** J२॥ ८. °**ढं एतत् स्वरूपाद्यभिधा**°J२॥ ९. °*रहितं तदक्षमक्षं प्रति वर्तते इति प्रत्यक्षम् ।* **तत्र** P२, A॥ १०. **इति** नास्ति J२॥ ११. **इत्यादि** J२॥ १२. °**रहितं स्वलक्षणं** R. पञ्जिकां विना॥ १३. °**मिन्द्रियजविज्ञा**° P२, A॥ १४. °**शवृत्ति**° J२॥ १५. **यद्यपि भेर्याः शब्दे पुरुषप्रयत्नादिकारणानि सन्ति तथापि भेर्येव असाधारणत्वेन गुणेन व्यपदिश्यते तथा यवोऽपि असाधारणत्वात् तथैव** टि० J२॥ १६. °**शब्दोऽयं यवा**° P२, A॥ १७. °**मित्युक्तं** J२॥

लक्षणस्य। उच्यते । **कल्पनापोढं यज्ज्ञानमर्थे रूपादौ** इत्यनेनार्थसाक्षात्कारिग्रहणान् मनोविज्ञानादेरपि तदव्यभिचारात् संगृहीतमेव तत् । लौकिकं तु प्रत्यक्षमधिकृत्याव्ययीभावः । इति कृतं प्रसङ्गेन । गमनिकामात्रमेतत्।

सू० [२२], अनुमानं लिङ्गादर्थदर्शनम् । लिङ्गं पुनस्त्रिरूपमुक्तम् । तस्माद्यदनुमेयेऽर्थे ज्ञानमुत्पद्यतेऽग्निरत्र अनित्यः शब्द इति वा तदनुमानम् । उभयत्र तदेव ज्ञानं फलमधिगमरूपत्वात्। सव्यापारवत्ख्यातेः प्रमाणत्वमिति ।

सू० [२२], **अ[1]नुमान**मित्यादि । अनुमितिरनुमानम्, त[2]च्च **लिङ्गादर्थदर्शनम्, लिङ्गं पुनस्त्रिरूपमुक्तं** पक्षधर्मत्वादि । **त[3]स्मात्** त्रिरूपात् लिङ्गा**द्यदनुमेयेऽर्थे** धर्मविशिष्टे धर्मिणि **ज्ञा[4]नमुत्पद्यते,** किंविशिष्टम्? **अग्निरत्रानित्यः शब्द इति वा,** अग्निरत्र धूमात् अनित्यः शब्दः कृतकत्वात्, **तदनुमान**मिति एतदनुमानम्, उदाहरणद्वयं तु वस्तुसाधनकार्य-स्वभावाख्यहेतुद्वयख्यापनार्थम् । अधुना फलमाह— **उभयत्रे**त्यादि। **उभयत्र** प्रत्यक्षेऽनुमाने च । **तदेव ज्ञानं** प्रत्यक्षा-ऽनुमानलक्षणम्। **फलं** कार्यम् । कुतः? **अधिगमरूपत्वा[5]त् । अधिगमः** परिच्छेदः, तद्रूपत्वात्। तथाहि—परिच्छेदरू[6]पमेव ज्ञानमुत्पद्यते । न[卐] च परिच्छे[7]दादृते अन्यज्ज्ञानफलम्। भिन्नाधिकरणत्वात् इ[8]ति, अत्र बहु वक्तव्यम्, अलं प्रसङ्गेन । सर्वथा न प्रत्यक्षानुमानाभ्यां भिन्नं फलमस्तीति । आह—यद्येवं प्रमाणाभावप्रसङ्गः, तद्भावाभिमतयोः प्रत्यक्षानुमानयोः फलत्वात् । प्र[9]माणाभावे च तत्फलस्याप्यभावः इति । अत्र

---

१. *अनुमानं लिङ्गादर्थदर्शनम्, लिङ्गं पुनस्त्रिरूपमुक्तम्। तस्माद् यदनुमेयेऽर्थे ज्ञानमुत्पद्यते अग्निरत्र अनित्यः शब्द इति वा तदनुमानम् । उभयत्र तदेव ज्ञानं फलम् अधिगमरूपत्वात् सव्यापारवत्ख्यातेः प्रमाणत्वमिति* सूत्रम् । **अनुमिति०** P२, A ॥ **२. तत् लि०** P२, A ॥ **३. अस्मात्त्रिरूपलिंगाद् यद०** J२ R. ॥ **तस्मात् त्रिरूपाद् यद०** P३ ॥ **४. ज्ञानम्, किं विशिष्टम्,** ? *अग्निरत्र धूमात् अनित्यः शब्दः कृतकत्वात्* **तद***नुमानमिति* **। उदाहरणद्वयं** P२, A ॥ **५. ०त्वात् परिच्छेदरूपत्वात् । तथाहि** P२, A, C ॥ **६. व्यतिरेके हेतुरयम्** टि०J२ ॥ **७. यदि तु प्रमाणादन्यत् फलं स्यात् तदा भिन्नाधिकरणता न चैवमत्र । तस्मात् तदेव प्रमाणं तदेव च प्रमाणफलम्** टि०J२ ॥ **८. इति बहु** J२ ॥ **९. प्रमाणाभावात् तस्याप्यभाव** P२, A, C ॥

प्रमाणाभा[१]वनिराचिकीर्षयाऽऽह—**सव्यापारवत्ख्यातेः प्रमाणत्वमिति,** सह व्यापारेण विषयग्रहणलक्षणेन वर्तत इति **सव्यापारम्** , प्रमाणमिति गम्यते । सव्यापारम[२]स्या विद्यत इति सव्यापारवती, ख्यातिरिति गम्यते । सव्यापारवती चासौ ख्यातिश्च **सव्यापारवत्ख्यातिः** प्रतीतिः । तस्याः **सव्यापारव[३]त्ख्यातेः प्रमाणत्व**मिति । एतदुक्तं भवति — विषया[४]कारं ज्ञानमुत्पद्यमानं विषयं गृह्णदेवोत्पद्यते इति प्रतीतेः ग्राहका[५]कारस्य प्रमाणतेति । अन्ये तु संश्चासौ व्यापारश्च सद्व्यापारः प्रमाण-व्यवस्थाकारित्वात् सन्नित्युच्यते, [६]सोऽस्या विद्यत इति सद्व्यापारवती, शेषं पूर्वव[७]त्, व्याचक्षते । इत्युक्ते प्रत्यक्षानुमाने ।

सू० [२३], कल्पनाज्ञानमर्थान्तरे प्रत्यक्षाभासम् । यज्ज्ञानं घटः पट इति वा विकल्पयतः समुत्पद्यते तदर्थस्वलक्षणाविषयत्वात् प्रत्यक्षाभासम् ।

टी० [२३], अधुना [८]प्रत्यक्षाभासमाह - **कल्पनाज्ञानमर्थान्तरे प्रत्यक्षा-भासम्** । एतदेव ग्र[९]हणकवाक्यं व्याचिख्यासुराह - **यज्ज्ञानं घटः पट इति वा विकल्पयतः** श[१०]ब्दारूषित**मुत्पद्यते** । **अर्थान्तरे** सामान्यलक्षणे । **तदर्थस्वलक्षणा-विषयत्वात्** सामान्यलक्षणविषयत्वादित्यर्थः । कि[११]म् ? **प्रत्यक्षाभासम्** ।

सू० [२४], हेत्वाभासपूर्वकं ज्ञानमनुमानाभासम् । हेत्वाभासो हि बहुप्रकार उक्तः । तस्माद्यदनुमेयेऽर्थे ज्ञानमव्युत्पन्नस्य भवति तदनुमानाभासम् ।

---

१. ० भावं निराचिकीर्षुराह P३ ॥ २. ०मस्यां वि० P२, A, C ॥ ३. ० वत्याः ख्यातेः P२, A, C ॥ ४. विषयनिर्भासम् टि० J२ ॥ ५. अर्थग्रहणपरिणामस्य टि०J२ ॥ ६. सोऽस्यां P२, A ॥ ७. ०वत्, अनुमानं च । इत्युक्तं प्रत्यक्षम् । अधुना P२, A, C ॥ ८. *प्रत्यक्षाभासं यत् ज्ञानं घटः पट इति विकल्पयतः समुत्पद्यते तदर्थस्वलक्षणाविषयत्वात् प्रत्यक्षाभासं इति* सूत्रम् । कल्पना० P२, A, C ॥ ९. ग्राहकवाक्यं J२। ग्रहणवाक्यं R विना ॥ १०. शब्दारोपितं P२, A, C ॥ ११. उक्तं प्रत्यक्षाभासम् P२, A, C ॥

टी० [२४], सांप्रतमनुमानाभासमाह— **हेत्वाभासपूर्वकं** हेत्वाभासनिमित्तं **ज्ञानमनुमानाभासम्**, [१]व्यभिचारात् । एतदेव व्याचष्टे— **हेत्वाभासो हि बहुप्रकार उक्तः** असिद्धादिभेदेन । **तस्मात्** हेत्वाभासात् **यदनुमेयेऽर्थे** धर्मविशिष्टे धर्मिणि **ज्ञानम् अव्युत्पन्नस्य** असिद्धादिस्वरूपानभिज्ञ[२]स्य **भवति तदनुमानाभासमिति** । उक्तं प्रत्यक्षादिचतुष्टयम् ।

सू० [२५], साधनदोषोद्भावनानि दूषणानि । साधनदोषो न्यूनत्वम् । पक्षदोषः प्रत्यक्षादिविरुद्धत्वम् । हेतुदोषोऽसिद्धाऽनैकान्तिक-विरुद्धत्वम् । दृष्टान्तदोषः साधनधर्माद्यसिद्धत्वम् । तस्योद्भावनं प्राश्निकप्रत्यायनं दूषणम् ।

टी० [२५], इदानीमुक्तशेषं दूषणमभिधातुकाम आह—**साधनदोषोद्भावनानि दूषणा**[३]**नि** । प्रमाणदोषप्रकटनानीत्यर्थः । बहुवचननिर्देशः प्रत्येकमपि प्रतिज्ञा[४]दिदोषाणां दूषणत्वात् इति। 卐दोषानेव दर्शयति— **साधनदोषो न्यूनत्वम्** सामान्येन, वि[५]शेषेणाह—**पक्षदोषः प्रत्यक्षादिविरुद्धत्वम्** । प्रत्यक्षविरुद्धा प्रतिज्ञेत्येवमादि । **हेतुदोषः असिद्धानैकान्तिकविरुद्धत्वम्** । असिद्धो हेतु[६]रित्येवमादि । एवं **दृष्टान्तदोषः साधनधर्माद्यसिद्धत्वम्** । **तस्योद्भावन**मिति तस्य प्रत्यक्षविरुद्धहेत्वादेः प्रकाशनं **प्राश्निकप्रत्यायनं** न[७] तूद्भावनमात्रमेव । इदं **दूषण**मिति सामान्येन दूषणजात्यनतिक्रमादेकवचनमिति। उक्तं दूषणम्।

सू० [२६], अभूतसाधनदोषोद्भावनानि दूषणाभासानि । संपूर्णसाधने न्यूनत्ववचनम्। अदुष्टपक्षे पक्षदोषवचनम् । सिद्ध-हेतुकेऽसिद्धहेतुकवचनम् । ऐकान्तिकहेतुकेऽनैकान्तिकहेतुकवचनम्। अविरुद्धहेतुके विरुद्धहेतुकवचनम् । अदुष्टदृष्टान्ते दुष्टदृष्टान्तवचनम्।

---

१ सव्यभिचारात् P३ ॥ २ °ज्ञस्य तदनु° P२, A ॥ ३ °णानि *साधनदोषो न्यूनत्वम्, पक्षदोषः प्रत्यक्षादिविरुद्धत्वम्, हेतुदोषोऽसिद्धानैकान्तिकविरुद्धत्वम्, दृष्टान्तदोषः साधनधर्माद्यसिद्धत्वम् तस्योद्भावनं प्राश्निकप्रत्यायनं दूषणमिति* सूत्रम् । साधनदोषोद्भावनानि प्रमाणदोषप्रकटनानीत्यर्थः P२, A ॥ ४ °ज्ञानदोषाणां J२॥ ५ विशेषमाह P२, A ॥ ६ °रित्यादि P२, A ॥ ७ न तदुद्भा° J२॥

एतानि दूषणाभासानि । न ह्येभिः परपक्षो दूष्यते निरवद्यत्वात्तस्य इति । इत्युपरम्यते ।।

टी० [२६], अधुना दूषणाभासमाह—[1]**अभूतसाधनदोषोद्भावनानि दूषणाभासा**[2]**नि** । **अभूत**मविद्यमानमेव तत्त्वतः साधनदोषं सामान्येनोद्भावयन्ति [3]प्रकाशयन्ति [4]यानि तानि [5]जातित्वाद् दूषणा[6]भासानि । एतदेव दर्शयति—[7]**संपूर्ण-साधने** त्र्यवयवे **न्यूनत्ववचनम्** । न्यूनमिदमित्येवंभूतम् । **एवम् अदुष्टपक्षे पक्षदोषवचनम्** इत्यादि नि[8]गदसिद्धं यावद् **एतानि दूषणाभासानि** । किम् ? इत्यत आह—**न ह्येभिः परपक्षो दूष्यते** । कुतः ? **निरवद्यत्वात्** परपक्षस्य । **इत्युपरम्यते** शास्त्रकरणात् ।

सू० [२७], पदार्थमात्रमाख्यातमादौ दिङ्मात्रसिद्धये ।
यात्र युक्तिरयुक्तिर्वा साऽन्यत्र सुवि[8]चारिता ॥

॥ इति न्यायप्रवेशकसूत्रं समाप्तम् ॥

टी० [२७], शास्त्रपरिसमाप्तौ तत्स्वरूपप्रतिपादनायैवाह— [9]**पदार्थमात्र-**मित्यादि । **पदार्थमा**[卐]**त्र**मिति साधना[10]दिपदोद्देशमात्रम् । **आख्यातं** कथितम् । **आदौ** प्रथमम् । **दिङ्मात्रसिद्धये** न्यायदिङ्मात्रसिद्ध्यर्थम् । **याऽत्र युक्ति**रन्वयव्यतिरेक-लक्षणा । **अयुक्तिर्वा** असिद्धादि[卐]भेदा । **साऽन्यत्र प्रमाणसमुच्चयादौ** । **सुविचारिता** प्रपञ्चेन निरूपितेत्यर्थः ॥

न्यायप्रवेशकं यद् व्याख्यायावाप्तमिह मया पुण्यम् ।
न्यायाधिगमसुखरसं लभतां भव्यो जनस्तेन ॥[11]

---

१. अभूतदोषोद्भावनानि अभूतम॰ J२॥ २. °*सानि युक्तिसंपूर्णे साधने न्यूनत्ववचनम् अदुष्टपक्षे पक्षदोषवचनं सिद्धहेतुके असिद्धहेतुकं वचनम् एकान्तहेतुके असिद्धहेतुकं वचनम् अविरुद्धहेतुके अनैकान्तहेतुकं वचनम् अविरुद्धहेतुके विरुद्धहेतुकं वचनम् अदुष्टदृष्टान्ते दुष्टदृष्टान्तवचनं दोषः। एतानि दूषणाभासानि । न ह्येभिः परपक्षो दुष्यते निरवद्यत्वात् तस्येत्युपरम्यते सूत्रम्* । अभूत° P२, A ॥ ३. प्रकाशयन्ति नास्ति J२॥ ४. यानि तानि नास्ति P३॥ ५. तदाभासत्वात् टि०J२॥ ६. °भासमित्येतदेव दर्श° P२, A ॥ ७. संपूर्णे साधने J२, P२ विना ॥ ८. पाठसिद्धम् टि०J२॥ ९. *पदार्थमात्रमाख्यातमादौ दिङ्मात्रसिद्धये । यात्र युक्तिरयुक्तिर्वा सान्यत्र सुविचारिता ॥१॥ पदार्थमात्र*° P२, A ॥ १०. °दिपक्षोद्दे° P२, A ॥ ११. समाप्ता न्यायप्रवेशकटीका ॥ छ॥ कृतिः सितांबराचार्यजिनभट्टपादसेवकस्याचार्य श्रीहरिभद्रस्येति ॥ ग्रंथप्रमाणं ५००। ९७॥ छ॥ साहा श्री वछा भार्या बाई गुरुदे पु० साहसहिसकिरणेन भंडारे गृहीत्वा पु० वर्धमानशांतिदाश-परिपालनार्थं ॥ छ॥ –R ॥

पार्श्वदेवगणिविरचिता
न्यायप्रवेशकवृत्तिपञ्जिका* ।

॥ ॐ[१] नमोऽर्हेभ्यः ॥॥ ॐ नमः सरस्वत्यै ॥

दुर्वारमारकरिकुम्भतटप्रभेदकण्ठीरवं जिनपतिं वरदं प्रणम्य ।
न्यायप्रवेशक[२]मिति प्रथिते सुशास्त्रे प्रारभ्यते तनुधियाऽपि हि **पञ्जिके**यम् ॥ १ ॥
येऽवज्ञां मयि विदधुः किञ्चन जानन्ति तानपास्यैषः ।
मत्तोऽपि जडमतीनामुपकाराय प्रयासो मे ॥ २ ॥

इह हि शिष्टानाम[३]यं समाचारो य[४]दुत शिष्टाः क्वचिदिष्टे व[५]स्तुनि प्रवृत्तिमभिलषन्तो विघ्नविनायकोपशान्तये इष्टदेवतानमस्कारपूर्वकं प्रवर्तन्ते, अतोऽयमपि **हरिभद्रा**ख्[६]यः सूरिर्न हि न शिष्ट इति **न्यायप्रवेशका**ख्यशास्त्रविवरणकरणे प्रवर्तमान इष्टदेवतानमस्कारार्थं श्रोतृजनप्रवृत्तये शास्त्रस्याभिधेयादिप्रदर्शनार्थं च श्लोकद्वयं चकार **सम्यगि**त्यादि [पृ०१३ पं०९] । व्याख्या— **रचयामि** विदधामि करोमीति यावत् । **अह**मित्यात्मनिर्देशे ।

---

*अत्रेदमादाववधेयम्-अस्माकं सविधे **न्यायप्रवेशकपञ्जिकायाः** तालपत्रोपरि लिखितमादर्शत्रयमस्ति-एकः **खंभात**नगरे श्री **शान्तिनाथतालपत्रीयग्रन्थभाण्डागारे** विद्यते, अस्य C इति संज्ञा। अपरो **जेसलमेरु**दुर्गे श्री**जिनभद्रसूरि**स्थापिते **ग्रन्थभाण्डागारे** विद्यते, अस्य J इति संज्ञा। अन्यः **पाटण**नगरे **खेतरवसीपाडा**मध्येऽस्ति । अस्य P इति संज्ञा । एतेषां स्वरूपम्— C = Catalogue of palm-leaf Jain manuscripts in Śāntinātha Jaina Bhandāra, Cambay अनुसारेण अस्य ग्रन्थाङ्कः २७० । पत्राणि १-१९४॥ J = जेसलमेरीयसूचिपत्रानुसारेण अस्य ग्रन्थाङ्कः ३६४ । पत्राणि २४५-३४७॥ P = पत्रसंख्या १-११९, तत्र १,४,६२-६३-६४, ६७,७०,९० इति पत्राणि न सन्ति॥ अत्रापि द्विविधा पाठपरंपरा प्रतीयते । एते च पाठभेदाः टिप्पणेषु तत्र तत्र दर्शिता अस्माभिः । **वडोदरा** Oriental Institute, Baroda तः 1930 A.D वर्षे प्रकाशितस्य पञ्जिकाग्रन्थस्य P इति संज्ञा विहितास्माभिः।

C. J. मध्ये विद्यमानाः पाठभेदाः सुगृहीतनामधेयैः स्व. मुनिराजश्री**पुण्यविजयजी**महाभागैः महता महता परिश्रमेण P मध्ये लिखिताः । तदनुसारेणैव **न्यायप्रवेशकवृत्तिपञ्जिकायाः** संशोधनं सम्पादनं चात्र विहितमस्माभिः । अतः पू. मु. श्री **पुण्यविजयजी**महाराजेभ्यो भूयांसो धन्यवादा वितीर्यन्ते ।

१. **ॐ नमोऽर्हेभ्यः C** । **ॐ नमः सरस्वत्यै J.** ॥ २. **°क इति** J. ॥ ३. **°मयमाचारो C.** ॥ ४. **यत्** इत्यर्थः -टि०**C.** ॥ ५. **वस्तुनि** नास्ति **C.** ॥ ६ **°ख्यसूरि° C.** ॥

कामित्याह— **न्यायप्रवेशकव्याख्याम्** । तत्र नितरामीयन्ते गम्यन्ते गत्यर्थानां ज्ञानार्थत्वात् ज्ञायन्तेऽर्था अनित्यत्वास्तित्वादयो धर्मा अनेनेति **न्यायः** तर्कमार्गः । इणो धातोर्निपूर्वस्य [1]**परिन्योर्नीणोर्द्यूताभ्रेषयोः** [पा० ३/३/३७] इति वचनात् करणे घञ् । न्याये प्रवेशयति शिष्यं [2]तदभिज्ञं करोति यच्छास्त्रं श्रूयमाणं त**न्न्यायप्रवेशकम्,** तस्य । **व्याख्या,** विशेषेणाख्यायते प्रकाश्यते सूत्रमनयेति **व्याख्या** वृत्तिग्रन्थः, यद्वा व्याख्यानं **व्याख्या** विवरणमित्यर्थः, ताम् । किंविशिष्टाम्? **स्फुटार्थाम्** प्रकटाभिधेयाम् । किं कृत्वा ? **प्रणिपत्य** मनोवाक्कायैर्नमस्कृत्य [पृ०१३ पं. ९] । कम्? **जिनेश्वरम्** । रागादिजेतृत्वा**ज्जिनः**। ईष्टे नरामरादिविहितं पूजादिकमैश्वर्यमनुभवतीत्येवंशील **ईश्वरः** । ततो जिनश्चासावीश्वरश्च **जिनेश्वरः,** तम् । कीदृक्षम् ? **वक्तारं** प्रतिपादकम् । कस्य ? **न्यायस्य** । कथम् ? **सम्यक्** यथावस्थितस्वरूपेण । यद्वा सम्यक् चासौ न्यायश्च **सम्यग्न्याय** इति समस्तं द्रष्टव्यम् । तदनेन **जैनमता**नुसारिणामभिप्रायेण चत्वारोऽतिशया वाच्याः । यथा अपायापगमातिशयः ज्ञानातिशयः पूजातिशयो वचनातिशयश्चेति। तत्र **सम्यगि**त्यनेन ज्ञानातिशयः सूचितः, सम्यग्ज्ञानं विना यथावस्थितवस्तुरूपोपलम्भानुपपत्तेः। **वक्ता**रमित्यनेन च वचनातिशयोऽभिहितः, वक्तृत्वं विनाऽशेषवस्तूपलम्भेऽपि वस्तुतत्त्वप्रतिपादनानुपपत्तेः । **जिन** इत्यनेन त्वपायापगमातिशयः, रागाद्युच्छेदनिबन्धनतया जिनशब्दप्रवृत्तेः । **ईश्वर**मित्यनेन तु पूजातिशयः, सम्यग्ज्ञानाद्यतिशयोपेतस्यामरादिपूज्यत्वसम्भवात्।

सौगतमतानुसारेण तु स्वार्थ-परार्थसम्पत्ती सोपाये वाच्ये । तत्राऽऽद्यपादेन परार्थसम्पत्तिरुक्ता १ । **जिन** इत्यनेन [3]च स्वार्थसम्पत्त्युपायः २ । **ईश्वर**मित्यनेन च स्वार्थसम्पत्तिः ३ । **जिनेश्वर**मिति समुदितेन च परार्थसम्पत्त्युपाय ४ इति ।

एतेन च श्लोकार्धेन मङ्गलमभिहितम् । **न्यायप्रवेशकव्या**ख्यामिति अभिधेयम् । अनेन च व्याख्यान-व्याख्येयलक्षणः सम्बन्धोऽप्यभिहितः । द्वितीयश्लोकेन तु प्रयोजनं प्रदर्शयिष्यतीति ।

नन्वस्य पूर्वसूरिभिरपि व्याख्याया विरचितत्वात् किं भवतो व्याख्याविरचनप्रयासेन? इति परवचनमनुमन्यमान आत्मनो वृत्तिकरणे प्रयो[4]जनं च प्रदर्शयन्नाह-**रचितामपी**त्यादि [पृ०१३ पं०११] । सुगमः । नवरं **सती** शोभना विद्यमाना वा प्रज्ञा येषां ते तथा, तैः ।

---

१. ''३२०९ **परिन्योर्नीणोर्द्यूताभ्रेषयोः** [पा० ३/३/३७], परिपूर्वान्नयतेः निपूर्वादिणश्च घञ् स्यात् क्रमेण द्यूतेऽभ्रेषे च विषये, परिणायेन शारान् हन्ति, समन्तान्नयनेनेत्यर्थः । एषोऽत्र न्यायः, उचितमित्यर्थः । द्यूताभ्रेषयोः किम्? परिणयो विवाहः । न्ययो न्यासः ।'' **पा०** सिद्धान्तकौमुदी ॥
२. **तदभिज्ञं करोति शिष्यं** J.P. ॥ ३. **तु स्वा°** C. ॥ ४. **°जनं दर्श°** C. ॥

अहं तु **रचयामि समासतः** । कीदृक्षः सन् ? **असत्प्रज्ञोऽपि** । अनेनात्मन औद्धत्यं परिहरति । कया कृत्वा ? इत्याह-सङ्क्षेपणं सङ्क्षिप्तम्, सङ्क्षिप्ते **रुचिः** अभिलाषो येषां ते च ते सत्त्वाश्च तेषा**मनुकम्पा** करुणा, तया ।

तत्रेति [पृ०१४ पं०१] **न्यायप्रवेशका**ख्ये शास्त्रे ।

आहेत्यादि । एवं मन्यते परः— अभिधेयाद्यभिधानार्थमयमादिवाक्यतया पठ्यते;[1] न चानेन अभिधेयादीनि अभिधातुं शक्यन्ते, शब्दस्य बाह्येऽर्थे प्रतिबन्धासंभवेनाऽभिधेयाद्यभिधाने प्रामाण्यायोगात् । अतोऽभिधेयाद्यभिधानार्थं न युक्तोऽस्योपन्यास इति ।

उच्यत इत्यादि [पृ०१४ पं०२] । आचार्यः पुनरेवं मन्यते -अभिधेयादीनामादिवाक्यस्या[2]प्रमाणकत्वादनिश्चितावपि संशय उत्पद्यते श्लोकश्रवणे सति, संशयाच्च प्रवृत्तिर्भवतीत्यतोऽभिधेयादिविषयसंशयोत्पादनार्थं श्लोक उच्यते । यतोऽर्थसंशयोऽपि प्रवृत्त्यङ्गं दृष्टमनर्थसंशयोऽपि निवृत्त्यङ्गमिति [3]**धर्मोत्तरो** मन्यते । अतः संमुग्धतया तदनुसारेणाव्युत्पन्नमतीनाश्रित्योत्तरमुक्तम् । अथवाऽनभिज्ञस्य प्रश्नोऽयम् । वैयाकरणादिजनप्रसिद्धं चोत्तरमिति विज्ञेयम् । तथा च तन्मतम् - [4]**सर्वस्यैव हि शास्त्रस्य** [मी॰ श्लो॰ वा॰ १२] इत्यादि, **सिद्धार्थं सिद्धसंबन्धम्** [मी॰ श्लो॰ वा॰ १७] इत्यादीति च ।

इहेति [पृ०१४ पं०२] जगति । न **क्वचि**दिति कार्ये । **प्रयोजनादी**ति । **आदि**शब्दादभिधेय-संबन्धपरिग्रहः । प्रवृत्त्यै इदं **प्रवृत्त्यर्थम्** ।

[5]**अर्चटाभि**प्रायेण श्लोकोपन्यासस्य प्रयोजनमाह—**शास्त्रार्थे**ति [पृ०१३ पं०३] ।

---

१. **पठ्यते । अभिधेयाद्यभिधाने च प्रयोजनं न प्रेक्षामहे । यतो यः प्रामाणिकः स प्रमाणात् प्रवर्त्तते । न चादिवाक्यप्रभवमभिधेयादिज्ञानं प्रमाणम्, अनक्षजत्वेनाध्यक्षत्वायोगात् । नाप्यनुमानम्, लिङ्गलिङ्गिनोरविनाभावनिश्चयेन तत्प्रवृत्तेरभ्युपगमात्, न चाभिधेयाद्यभिधाने किञ्चन लिङ्गमुत्पश्यामः। न चादिवाक्यं स्वत एवार्थमभिदधच्छब्दरूपत्वाच्छाब्दं प्रमाणमिति वाच्यम्, शब्दस्य बाह्येऽर्थे प्रतिबन्धासम्भवेन प्रामाण्यायोगात्।** C.P.॥ २. **°प्रामाणिकत्वा°** C.॥ ३. "ननु च प्रकरणश्रवणात् प्रागुक्ता**न्या**भिधेयादीनि प्रमाणाभावात् प्रेक्षावद्भिर्न गृह्यन्ते, तत् किमेतैरारम्भप्रदेशे उक्तैः ? सत्यम्, अश्रुते प्रकरणे कथितान्यपि न निश्चीयन्ते, उक्तेषु त्वप्रमाणकेषु अपि अभिधेयादिषु संशय उत्पद्यते । संशयाच्च प्रवर्तन्ते। **अर्थसंशयोऽपि हि प्रवृत्त्यङ्गं प्रेक्षावताम्, अनर्थसंशयो निवृत्त्यङ्गम्।** अत एव शास्त्रकारेणैव पूर्वं सम्बन्धादीनि युज्यन्ते वक्तुम्" - इति **धर्मोत्तरविरचितायां न्यायबिन्दुटीकायाम्** ॥ ४. सर्वस्यैव हि शास्त्रस्य कर्मणो वापि कस्यचित् । यावत् प्रयोजनं नोक्तं तावत् तत् केन गृह्यते ॥ १२॥........सिद्धार्थं ज्ञातसम्बन्धं श्रोतुं श्रोता प्रवर्तते । शास्त्रादौ तेन वक्तव्यः सम्बन्धः सप्रयोजनः ॥ १७ ॥ इति **मीमांसाश्लोकवार्तिके** ॥ ५. "**परोक्षे**त्यादिना प्रकरणारम्भे प्रयोजनमाह । तच्च श्रोतृजनप्रवृत्त्यर्थमिति केचित् । तदुक्तम्—**सर्वस्यैव हि शास्त्रस्य कर्मणो वाऽपि कस्यचित्। यावत् प्रयोजनं नोक्तं तावत् तत् केन गृह्यताम्॥** [मी०श्लो०वा०सू०१ श्लो०१२]इति। तदयुक्तम् । यतोऽस्य प्रकरणस्येदं

शास्त्रस्यार्थः शास्त्रार्थः[1] तस्य कथनम् , तस्य कालः, तस्मिन्ननुपस्थितः प्रगुणीभूतो योऽसौ परस्तेन संभाव्यमाना येऽनुपन्यासहेतवस्तेषां निराकरणार्थम् । ' **अर्चटभट्टो** ह्येवं मन्यते—शास्त्रं दृष्ट्वा शिष्यस्य शास्त्रश्रवणात् प्रागप्येवं संशयो जायते- यदुत किमप्यत्र निरूपयिष्यते इति अतः संशयजननार्थमिदमादिवाक्यमयुक्तम्,[2] किन्तु शास्त्रानुपन्यासहेतुभिः प्रत्यवतिष्ठमानस्य परस्य तदुपन्यस्तहेत्वसिद्धतोद्भावनार्थमिदमिति । अनुपन्यासहेतूनेव दर्शयति—**तथा चे**त्यादिना [पृ०१४ पं०४]। **नारब्धव्य**मित्यादि । परसंविदे आत्मसंविदे इति प्रयोजनसद्भावे हीत्थं स्वभावहेतुप्रयोगः प्रवर्तते, यथा—सप्रयोजनमिदम्, आरम्भणीयत्वात्, तदन्यशिष्टप्रयुक्तघटादिसाधुशब्दवत् । प्रयोजनाभावे च व्यापकानुपलब्ध्या प्रयोगः स्यात्। तत्र निषेध्यस्य यद् व्यापकं तस्यानुपलब्धिर्व्यापकानुपलब्धिरुच्यते । तथाहि— अत्रारम्भणीयत्वं निषेध्यम्, तस्य व्यापकं सप्रयोजनत्वम्, तस्यानुपलब्धिः । तदत्रारम्भणीयत्वं व्याप्यं प्रयोजनवत्तया व्यापिकया व्याप्तम् । ततः प्रयोजनवत्ता व्यापिका निवर्तमानाऽऽरम्भणीयत्वं व्याप्यमादाय निवर्तते । ततोऽयं **वृत्तिकृ**त्प्रदर्शितो व्यापकानुपलब्ध्याख्यः प्रयोगः स्यात् ।

तथेत्यादि [पृ०१४ पं०६] । **नारब्धव्यमिद**मितीयमेव प्रतिज्ञा निरभिधेयत्वाऽसंबन्धत्वहेत्वोरपि द्रष्टव्या। परीक्ष्यते वस्त्वनयेति **परीक्षा** शास्त्रमुच्यते । काकानां दन्तास्तेषां परीक्षा, तद्वत् । काकानां हि दन्ता एव न विद्यन्ते इत्यभिधेयाभावात्तद्वर्णनस्य श्वेतवर्तुलत्वादिकस्याभिधायकं शास्त्रं निरभिधेयमुच्यते । एवमिहापि श्लोकाभावे साधनादीनामुपन्यासाभावात्तदङ्गानां पक्षादीनां भणनं निरभिधेयं स्यात् ।

तथे[3]त्यादि [पृ०१४ पं०६], श्लोकाभावे साधनादीनामुपक्षेपाभावात्[4] पक्षादीनां विचारणमसंबद्धं प्रतिभासते ।

प्रयोजनमिति [अभिधानेन प्रयो]जनविशेषं प्रति उपायतां प्रकरणस्य निश्चित्य अनुपाये प्रवृत्त्यसम्भवात् प्रेक्षावतां तदर्थितया प्र[करणश्रवणादौ प्रवृत्तिः] स्यादिति तदभिधानस्यार्थवत्ता वर्ण्यते । न चैतद् युक्तम् । यतः प्रेक्षावतां प्रवृत्तिः प्रयोजनार्थिनां तदुपाये तद्भावनिश्चयात् । यथा कृषीव[लादीनां सस्या]द्युपाये बीजादावबीजादिविवेकेनाऽवधृतबीजादिभावानाम्। अन्यथा ह्यनिश्चितोपायानामुपेयार्थिनां प्रवृत्तौ प्रेक्षावत्तैव हीयेत । उपेये तु [भाविनि प्रमा]णव्यापारासम्भवादनिश्चयेऽपि विवेचितोपायाः प्रतिबन्धवैकल्ययोरसम्भवे 'योग्यमेतद्विवक्षितं कार्यं निष्पादयितुम्' इति सं[भावनया प्रवृत्तौ]प्रेक्षावत्तातो न हीयेरन् । निश्चयश्च प्रमाणादेव । न च प्रयोजनवाक्यस्य प्रामाण्यमस्ति,शब्दानां बहिरर्थे प्रतिबन्धाभावात्। विवक्षायां [तस्य प्रामाण्येऽपि यथा]वस्तुप्रवृत्तिनियमाभावात् न ततः प्रकरणस्य प्रयोजनविशेषं प्रति उपायतानिश्चयः समस्ति । न हि ये यथा यमर्थं विवक्षन्ति ते तथैव तमनु[तिष्ठन्ति वि]संवादनाभिप्रायाणामन्यथाऽभिधायान्यथाप्रवृत्तिदर्शनाल्लोके सर्व्वत्रानाश्वासात् । प्रयोजनविशेषोपन्यासात् प्रकरणस्य तदुपायता[विषयःसंशयः ज]न्यते ततस्तद्भावनिर्धारणाय कृषीवलादेरिव बीजाद्यवधृतये प्रवृत्तिर्युक्तेति चेत्; न, प्रयोजनविशेषोपायतासंशयस्य तदभिधा[नात् प्रागपि] भावात् । तत्साधकबाधकप्रमाणाभावे तस्य न्यायप्राप्तत्वात् । अनुमानादिव्युत्पत्त्यर्थानां च प्रकरणानां दर्शनात् किमस्यानुमा[नव्युत्पादनं प्र]योजनमन्यद्वा, न वा किञ्चिदपीत्येवंरूपश्च संशयः प्राक् प्रवर्तमानः केन निवार्येत । अपि च किमिदं निष्प्रयोजनम्, उत प्रयोजन[वत्, अस्मदभिम]तेन वा प्रयोजनेन तद्वदिति जिज्ञासोः प्रवृत्तिसम्भवे व्यर्थ एव प्रयोजनवाक्योपन्यासः। तस्माद् 'यत् प्रयोजनरहितं वाक्यम्, तदर्थो वा, न तत् प्रेक्षावताऽऽरभ्यते कर्तुं प्रतिपादयितुं वा, तद्यथा - दशदाडिमादिवाक्यं काकदन्त[परीक्षा च, निष्प्रयोजनं चेदं] प्रकरणं तदर्थो वा इति व्यापकानुपलब्ध्या प्रत्यवतिष्ठमानस्य तदसिद्धतोद्भावनार्थमादौ प्रयोजनवाक्योपन्यासः।'' इति **अर्चट**विरचितायां **हेतुबिन्दुटीकायाम्** पृ० १-३ ॥ १. **शास्त्रार्थः** नास्ति C.P. ॥ २. °**र्थमादिवा**° J. P. ॥ ३. **तथेति** C. ॥ ४. °**मुपन्यासाभावात्** P. ॥

नन्वादौ यद्ययं श्लोकोऽभिधेयादीनां प्रतिपादनार्थमुपन्यस्यते, कथं पुनरसौ तानि प्रदर्शयतीत्याह— **अयं चे**त्यादि [पृ०१४ पं०९] । **एतदेव**मिति, कोऽर्थः? 'अभिधेय-प्रयोजने साक्षाद्दर्शयति, संबन्धं तु सामर्थ्येन' इत्येतदित्यर्थः । **लेशतः** संक्षेपेण ।

'एनं लेशतो व्याख्याय' [पृ०१४ पं०१०] इत्युक्तम् । तत्र व्याख्याया आश्रयनिरूपणायाह— **व्याख्या[1] च पदवाक्यसंगते**ति [पृ०१४ पं०११], पद-वाक्ययोः **सम्यग् गता** स्थितेति विग्रहः । तत्र **सुप्तिङन्तं पदम् [पा० १/४/१४/२१]** । पदसमुदायो वाक्यमुच्यते। **तत्रापी**ति [पृ०१५ पं०१] व्याख्यायाः पद-वाक्याश्रितत्वेऽपीत्यर्थः। **पदार्थगमनिका** पदानामर्थस्तस्य गमनिकेति । तत्र गम्यते ज्ञायतेऽर्थो यस्मात्तद् गमनं व्याख्यानम् , तदेव **गमनिका** । स्वार्थे कनि रूपम् । न्यायादनपेता **न्याय्या** । [फ्र]अनपेतेत्यर्थे यः ।

इति पदानीति [पृ०१५ पं०३], अत्र श्लोके द्वादश पदानीत्यर्थः । **सिद्धिर्वे**ति वाक्येन षिधेर्वा निपातनात् साधनशब्दः साध्यत इत्याचष्टे । **पक्षादिवचनानां जातं** समूहः। अथ कस्मिन् विषये एतत् प्रयुज्यत इत्याह - **विषयश्चे**ति [पृ०१५ पं०६]।

अथ **दुष्टि**[2]रिति वाक्ये इनोऽभावादूदादेशाप्राप्तौ दूषणमिति न सिध्यति । उच्यते । निपातनाद् भविष्यतीति । साधनदोषा उद्भाव्यन्ते प्रकटीक्रियन्ते यैस्तानि तथा, तानि च तानि वचनानि च, तेषां जातमिति विग्रहः । **किंचित्साम्येने**ति [पृ०१५ पं०१०] । पक्षाद्युपन्यासात् किल साधनाभासेऽपि साधनसाम्यमस्ति । केवलं कस्यचित् पक्षादेर्दोषात् साधनाभासत्वमिति । **आभासः** सादृश्यं किंचित् साम्यमुच्यते । तथाऽनयोरपि यथाक्रमं विषयो धर्मविशिष्टो धर्मी सम्यक् साधनं चेति बोद्धव्यः ।

परेषां संविदिति [पृ०१५ पं०१८] कर्मणि षष्ठीयम् । **वाक्यार्थस्त्वय**मित्यादि [पृ०१५ पं०२०] । **साभास** इति आभासयुक्ते । अत्र च यथा 'देवदत्तो यज्ञदत्तेन सह पूज्यताम्' इत्युक्ते द्वयोरपि पूजा कर्तव्या भवति तथेहापि 'साधन-दूषणे साभासे परसंविदे' इत्युक्ते साधनादिचतुष्टयमपि परावबोधायेति गम्यते । **धनुर्धर** इति[3] [पृ०१५ पं०२१] धारेर्धरोऽचि विज्ञेयः।

कार्यत्वेनेति [पृ०१६ पं०१] कार्यरूपतया इन्द्रियं कारणमाश्रित्य यदुत्पद्यते । एतेन 'इन्द्रियं कारणं प्रत्यक्षज्ञानं च तत्कार्यम्' इत्यावेदितम् । विषयश्च प्रत्यक्षस्य

---

१ **व्याख्या चेति । पदवाक्ययोः C.P.** ॥ **फ्र १६४४ धर्मपथ्यर्थन्यायादनपेते** [पा० ४/४/९२] धर्मादनपेतं धर्म्यम्। पथ्यम्। अर्थ्यम्। न्याय्यम् ।'' **पा० सिद्धान्तकौमुदी** ॥ २ **दुष्टिर्वेति C.** ॥ ३ **इति धनुर्धरोऽचि C.** ॥

स्वलक्षणरूपोऽर्थ इति। **मीयते**ऽर्थो वह्न्यादि**रनेन** ज्ञानेन धूमादिलिङ्गदर्शनादुत्पन्नेन वह्न्यादिविषयाकारग्राहिणेति मानम् । 'वह्न्यादिनाऽत्र भाव्यम्' इत्येवमग्न्याद्यवबोधरूपं ज्ञानमित्यर्थः। इह च पश्चादर्थे वर्तमानस्याऽनुशब्दस्य [1]**अव्ययं विभक्ति [पा० २/१/६]** इत्यादिनाऽव्ययीभावसमासेन भवितव्यम्। स च नित्यो नित्यस्य च वाक्याभाव इति अस्वपदविग्रहमाह **पश्चान्मानमनुमान**मिति [पृ०१६ पं०४]। [2]**पश्चा**च्छब्दश्च सम्बन्धिशब्दत्वात् पूर्वत्वमपेक्षते इत्याह— **पक्षे**त्यादि [पृ०१६ पं०४] । गृह्यतेऽनेनेति **ग्रहणं** लिङ्गस्वरूपस्य निश्चायि प्रत्यक्षम्, ग्रहणं च संबन्धस्मरणं चेति विग्रहे **पक्षधर्म**स्य हेतो**र्ग्रहण-संबन्धस्मरणे,** ते **पूर्वे** यस्य ज्ञानस्य तत् तथा । यद्वा **पक्षधर्म**स्य **ग्रहणं** च साध्यसाधनयोरविनाभावरूपस्य **संबन्धस्य स्मरणं** चेति विग्रहः । शेषं तथैव । एवंभूतं यज्ज्ञानं लिङ्गिनि तदनुमानम्। किमुक्तं भवति?। गृहीते पक्षधर्मे स्मृते च साध्यसाधनसंबन्धेऽनुमानं प्रवर्तत इति पश्चात्कालभाव्युच्यते ।

वक्ष्यति-त्रि[3]रूपा [ ] दित्यादि [पृ०१६ पं०५]। नन्वेतत् सूत्रं **धर्मोत्तरी**यम् । न तु प्रकृतशास्त्रसत्कम् । एतच्छास्त्रसूत्रं चेदम्— **लिङ्गं पुनस्त्रिरूपमुक्तम् । तस्माद्यदनुमेये ज्ञानमुत्पद्यते अग्निरत्र अनित्यः शब्द इति वा तदनुमानम् [पृ० १० पं. ७]** इति, तत् कथं **वक्ष्यति चे**ति प्रोच्यते? सत्यमेतद्, यद्यप्यत्रैवंविधं सूत्रं न विद्यते तथाऽपि **धर्मोत्तरीय**सूत्रमप्यत्रत्य-सूत्रोक्तानुमानलक्षणाभिधायकमेवेत्यर्थतोऽत्रत्य**धर्मोत्तरीय**सूत्रयोः साम्यमेवेत्यर्थापेक्षया **वक्ष्यती**ति व्याख्येयमिति न विरोधः ।

अन्यस्त्वाह—नन्वनुमानमिति यद्यव्ययीभावस्तदाऽनुमानस्येति प्रयोगो न स्यात् [4]**अव्ययी-भावात् [पा०२/४/८३]** इत्यादिनाऽम्भावेन यतो भाव्यम् । उच्यते । न सर्वदाऽव्ययीभावः,अपि तु ततगुरुषोऽपि। अनुगतं संबद्धं मानमनुमानमिति । तत्रानुगतं [5]**पक्ष**धर्मग्रहणादिना । मानं वह्न्यस्तित्वविषयं ज्ञानमिति ज्ञेयम् । यद्वाऽनुमितिरनुमानमिति भावसाधनस्य वा द्रष्टव्यः । विषयश्चानुमानस्य सामान्यमिति ।

---

१. "अव्ययं विभक्तिसमीपसमृद्धिव्यृद्ध्यर्थाभावात्ययासम्प्रतिशब्दप्रादुर्भावपश्चाद्यथानुपूर्व्ययौगपद्य-सादृश्यसम्पत्तिसाकल्यान्तवचनेषु" इति संपूर्णं सूत्रम्, पा० २/१/६/६५२॥ २. **पश्चाच्छब्दस्य संबन्धिशब्दत्वात् पूर्वत्वापेक्षेत्याह** C.॥ ३. "अनुमानं द्विधा । स्वार्थं परार्थं च। तत्र स्वार्थं त्रिरूपाल्लिङ्गाद् यदनुमेये ज्ञानं तदनुमानम्।" -इति **न्यायबिन्दौ** २/१-३॥ **न्यायबिन्दोः प्रमाणविनिश्चय**स्य च **धर्मोत्तर**विरचितायां टीकायां नेदमुपलभ्यते। **धर्मोत्तर**विरचितेऽन्यस्मिन् कस्मिंश्चिद् ग्रन्थे इदमनुमानलक्षणं भवेदिति संभाव्यते ॥४. "नाव्ययीभावादतोऽम्त्वपञ्चम्याः" इति संपूर्णं सूत्रम्, **पा०** २/४/८३/६५७॥ ५. हेतुज्ञानस्मरणादिना- टि० C.॥

चशब्दः पूर्ववदिति [पृ०१६ पं०५] समुच्चयार्थ इत्यर्थः । यद्वा **च**कारः प्रत्यक्षानुमानयोस्तुल्यबलत्वसूचकः। तथाहि— यथार्थाविसंवादित्वादर्थं प्रापयत् प्रत्यक्षं प्रमाणं तद्वदर्थाविनाभावित्वादनुमानमपि परिच्छिन्नमर्थं प्रापयत् प्रमाणमिति । एतेन यदुक्तं कैश्चित् **प्रत्यक्षं ज्येष्ठं प्रमाणं नानुमानम् [ ]** इति तत् प्रत्युक्तम् । यतो द्वयोरपि स्वव्यापारे तुल्यबलत्वम् । तथा प्रत्यक्षानुमानाभासयोरपि विषयः सामान्यमिति ज्ञेयम् ।

इहात्मनो **जीव** [पृ०१६ पं०८] इति पर्यायः परप्रसिद्ध्योपात्तः । अथ तर्हि किंरूपोऽत्रात्मा ग्राह्य इत्याह— **आत्मा चे**ति [पृ०१६ पं०१०] । **चित्तचैत्तानां संतानो रूपं** यस्य स तथा । तत्र **चित्तं** सामान्यार्थग्राहि ज्ञानम् । **चैत्ता** विशेषावस्था[1]ग्राहिणो ज्ञानक्षणाः । संतानश्च संतन्वन्ति अनुवर्तन्ते संस्कारा अस्मिन्निति संतानो भूत-भवद्-भविष्यत्क्षणप्रवाहरूप उच्यते । ततः सामान्यविशेषज्ञानक्षणसंततिस्वरूप इत्यर्थः।

नित्यत्वादिधर्मेति । नित्यत्वादिर्धर्मो यस्यात्मनः स तथा । इह [2]**धर्मादन् केवलात्-** **[पा०५/४/१२८/८६३]** इत्यन्। अस्यार्थः— केवलादसमस्तादेकपदभूताद्धर्मशब्दाद्बहुव्रीहौ समासे वाऽन् भवति यथा परमधर्मः परमधर्मा । केवलादिति किम्? । परमस्वधर्मः । परमः स्वो धर्मोऽस्येति त्रिपदेऽपि बहुव्रीहौ न स्यात् । केवलैकभूतपूर्वपदयुक्ताद्धर्मात् स्यान्न द्वित्र्यादिपदयुक्तादिति । प्रासङ्गिकमिदमुक्तं सोपयोगित्वादिति ।

तत्प्रतिपादकप्रमाणाभावादिति [पृ०१६ पं० ११]। नित्यत्वादिधर्मकस्यात्मनो ग्राहकप्रत्यक्षादिप्रमाणाभावात् । तथाहि— न प्रत्यक्षग्राह्योऽसावतीन्द्रियत्वात्। नाप्यनुमानग्राह्योऽनुमानस्य लिङ्ग-लिङ्गिनोः साक्षात् संबन्धदर्शनेन प्रवृत्तेः । आगमगम्योऽपि नासौ, आगमानामन्योन्यं विसंवादात् । तस्मात् नित्यत्वादिधर्मकस्यात्मनोऽघटमानकत्वाच्चित्त-चैत्तरूपविज्ञानसंततिरेवात्रात्मशब्दवाच्या ज्ञेया । तस्याश्च चिद्रूपत्वात् सुखदुःखेच्छाद्वेष-प्रयत्नक्रियादिकं विज्ञानमुपजायते । तत **आत्मसंविदे** इति कोऽर्थः ?। चित्तचैत्तसंततेरव-बोधायेति स्थितम् । **आत्मसंवित्फलत्वा**दिति [पृ०१६ पं० १३]। प्रत्यक्षादी[3]नामिति शेषः।

आहेत्यादि [पृ०१६ पं० १३]। न केवलं स्वार्थानुमानमनुमानमेव, साधनमपीत्यपेरर्थः। **वस्तुतः** इति, यद्यप्यनुमानं [4]ज्ञानस्वरूपं साधनं च पक्षादिवचनात्मकं तथापि साधनमप्यनुमानमेव, परमार्थतः तस्यापि ज्ञानोत्पादकत्वादिति भावः । ततश्च श्लोकमध्ये

---

१ °**ग्राहिणः सुखादिज्ञानक्षणाः C.**॥ २ ''धर्मादनिच् केवलात्''— **पा०** ५/४/१२८/८६३॥ ३ °**मेवेति शेषः** J. P.॥ ४ **स्वार्थस्वरूपं C.**॥

एकमेव साधनपदमनुमानपदं वा न्यस्यतामिति पराशयः। **स्वार्थ-परार्थ**रूपो **भेद**स्ताभ्यां वा भेदस्तस्मिन् । **भेदेने**ति [पृ०१६ पं० १५] पृथग्भावेन । **प्रत्यक्षानुमाने पुरःसरे**ऽग्रेसरे यस्य साधनदूषणप्रयोगस्य स तथा, तस्य भावस्तत्त्वम्, तस्मात् । तयोः साधनदूषणयोः प्रयोग**स्तत्प्रयोगः**, तस्य [पृ०१६ पं० १८]। **तत्पुरःसरत्वे** प्रत्यक्षानुमानपुरःसरत्वे, साधनदूषणप्रयोगस्येति शेषः । **तत्फलत्वादि**ति [पृ०१६ पं० १९] परसंवित्फलत्वात् । **प्रत्यासत्ते**र्न्यायादा**दावुपन्यासः**। साधन-दूषणयोरिति शेषः । यदेव परसंवित्फलं तदेवादावुपन्यस्यत इति मन्यते । **परार्थे**त्यादि [पृ०१६ पं० १९]। ततो यदेव परोपकारकारि तदेवादावुपन्यसनीयमिति भावः ।

अधुना प्राग् यदुक्त**मयं च प्रयोजनाभिधेये एव दर्शयति साक्षात्**[पृ०१४ पं० ९] इत्यादि तत्प्रदर्शनायाह - **इहे**त्यादि [पृ०१६ पं० २१] । **इहे**ति शास्त्रे । ननु यथा अभिधेय-प्रयोजने वचनेन निर्दिष्टे एवं संबन्धोऽपि किमिति नोक्त इत्याह— **संबन्धस्त्वि**ति[पृ०१६पं० २२]। **कार्यं त्वि**ति [पृ०१७ पं० १] । **प्रकरणार्थस्य** साधनादेरभिधेयस्य **परिज्ञानम**वबोधः। अथ कार्यकारणयोः संबन्धोऽस्तीति कथं प्रत्येतव्य-मित्याह— **तथाही**ति[पृ०१७ पं० २]। **इद**मित्यर्थपरिज्ञानम् । **अस्ये**ति शास्त्रस्य। अयं च प्रयोजनेन सह शास्त्रस्य संबन्ध उक्तः। तथेहाभिधानाभिधेयलक्षणोऽपि संबन्धः शास्त्रसाधनादीनां विज्ञेयो यथेदमस्याभिधेयमिति । एतेनेदं दर्शितम्— अभिधेयेन सह प्रयोजनेन च सह शास्त्रस्य संबन्धो भवतीति यथाऽस्येदमभिधेयमस्येदं प्रयोजनमिति । **आहे**त्यादि [पृ०१७ पं० ३] । किल संबन्धं निरूपयता कार्यं प्रयोजनमस्य प्रकरणार्थपरिज्ञानमित्युक्तम् । ततश्च यदि प्रयोजनत्वेन त्वया प्रकरणार्थपरिज्ञानमुच्यते तदाऽमुयोरप्रयोजनत्वं प्राप्नोतीति प्रेर्यार्थः । ननु बहूनामुत्तरोत्तराणां प्रयोजनानां पर्यन्तजं किमित्याह— **तथा चे**त्यादि [पृ०१७ पं० ५] । इह जगति न विद्यते उत्तरमग्रेतनं यस्मादन्त्यात्तदनुत्तरम् । तच्च तत् प्रयोजनं चेति विग्रहः । **तथा चोक्त**मित्यादि [पृ०१७ पं० ६]। हातुमिष्यते यः स हेयः । रागादिकोऽहि-विषादिकश्च । उपादातुमिष्यते यः स उपादेयः। ज्ञानादिकः स्रक्-चन्दनादिकश्च । हेयोपादेयावर्थौ विदन्ति ये ते तथा । हेयोपादेयाभ्यां च तृतीयो राशिरेव नास्ति । उपेक्षणीयोऽपि ह्यनुपादेयत्वाद्धेय एव । किमुक्तं भवति ? । यत्रोपादेयतेच्छा नास्ति स हेय एवेति । उपेक्षणीयेऽपि च ग्रहणेच्छा नास्तीति हेयतैव । अतोऽस्य हेयमध्य एवान्तर्भावो विज्ञेयः । **आहे**त्यादि [पृ०१७ पं० ९]। साभासं मुक्तिहेतवे

इत्येवं[1] किमिति नोक्तमिति पराशयः। **तत्प्रथमतयैवे**ति । तस्यानुत्तरप्रयोजनस्य प्रथमता तत्प्रथमता, तयैव निर्देशे क्रियमाणे । **तस्ये**त्यनुत्तरप्रयोजनस्य ।

तस्यापीति [पृ०१७ पं० १२] न केवलं श्रोतॄणां कर्तुरपीत्यर्थः । **अनन्तर-परंपरभेदा**भ्यां भिद्यते स्म **भिन्नं** पृथक् कृतम् । **इद**मिति प्रयोजनम् । **न्यायाद् बाह्या** बहिर्भवास्तेषाम् [पृ०१७ पं० १५] । **एतावानेवे**ति [पृ०१७ पं० १७]। इयत्परिमाणोऽष्टपदार्थप्रतिपादक इत्यर्थः । **शिष्यते** इति कथ्यते । अर्यते गम्यतेऽवबुध्यते इत्यर्थः, अर्तेरौणादिकस्थप्रत्ययः । यद्वाऽर्थ्यतेऽर्थिभिरभिलष्यते इत्यर्थः । **चुरादीनन्ता-**दल्प्रत्ययः। **शास्त्रार्थस्य संग्रहः** पिण्डनं शास्त्रकारेण **शास्त्रार्थसंग्रहः** [पृ०१७ पं० १९]। अथ शास्त्रं बृहत्प्रमाणमनेकार्थप्रतिपादकं च यत् स्यात्तदुच्यते । इदं त्वल्पग्रन्थत्वादल्प-पदार्थाभिधायकत्वाच्च कथमुच्यते शास्त्रमित्याह— **शास्त्रता चे**त्यादि [पृ०१७ पं० २०] ।

उद्देश [पृ०१७ पं० २३] उत्क्षेपोऽविशेषभणनम् । **निर्देशो** विशेषभणनम् ।

निर्धारणं चेति [पृ०१८ पं० १] गुणवतः पदार्थस्य जाति-गुण-क्रियाभिः[2] निर्धार्यस्याश्रयात् समुदायात् पृथक्करणं **निर्धारणम्** । समुदायवाचकाच्च षष्ठी-सप्तम्युत्पत्तिरिति। **साधनत्वेने**ति [पृ०१८ पं०२] । प्रतिपाद्यप्रतीतावारोपकत्वेनेति[3] । **क्षीरसंपन्नत्वेन** दुग्धप्राचुर्येण। यद्यप्यन्यत्र **गोषु कृष्णा संपन्नक्षीरा [ ]** इत्यादौ वाक्ये संपन्नक्षीरासु गोषु कृष्णगुणोपेताया गोः कृष्णगुणेन निर्धारणप्रसिद्धिस्तथापि क्षीरसंपन्नत्वगुणेनापि निर्धारणे न काचित् क्षतिरिति मन्यते । शबलधवलादिवर्णविशिष्टाद् दुग्धवतो दोहनक्रियासामर्थ्याद् गवां समुदायादेतास्वियं गौः परिदृश्यमाना क्षीरसंपन्ना वर्तते इति यदा वक्त्रा व्यपदिश्यते तदेदं निर्धारणं क्षीरसंपन्नत्वगुणेनैव भवतीति ।

पच्यत इत्यादि [पृ०१८ पं०३], कश्च स यो **व्यक्तीक्रियते** इत्याह— **स चे**ति [पृ०१८ पं०४]। **तस्य** बहुव्रीहे**र्गुणा** अवयवा आरम्भकविशेषा यैर्बहुव्रीहिरारभ्यते ते तद्गुणास्तेषां **संविज्ञानं** ग्रहणं यत्र [पृ०१८ पं०५] । यद्वा **तस्य** बहुव्रीहिवाच्यस्य **गुण**स्तद्गुणस्तस्य संविज्ञानं यत्रेति स तथा । [पृ०१८ पं०७] **पर्वतादिक**मित्यत्रादिशब्दः समीपार्थः। **उपलक्षणमिति भावने**ति [पृ०१८ पं०९] । पर्वतः क्षेत्रस्य[4] समीपभूतत्वात्तस्यैवोपलक्षक इत्यर्थः । **ब्राह्मणादयो वे**ति [पृ०१८ पं०१०]। अत्रादिशब्दस्य व्यवस्थार्थत्वाद् ब्राह्मणादिक्रमेण व्यवस्थिता इत्यर्थः। **अस्मा**दित्यवधिभूतात् [पृ०१८ पं०१२]।

---

१ इत्येव J. P. ॥ २ °क्रियाभिः समुदायान्निर्धार्यस्याश्रयात् पृथ° J. P. ॥ ३ °त्वेन क्षीर° J. P. ॥ ४ क्षेत्रसमीप° C. ॥

ते चेत्यादि [पृ०१८ पं०१४] । इह केषांचिन्मते[1] पञ्चावयवं वाक्यं साधनमुच्यते । यथा प्रतिज्ञा हेतुर्दृष्टान्त उपनयो निगमनं चेति । तत्र साध्यनिर्देशः प्रतिज्ञा । हेतुः साध्यसद्भावभावतदभावाभावलक्षणः कार्य-स्वभावा-ऽनुपलम्भाख्यस्त्रिरूपः। साध्य-साधनयोर्व्याप्तिनिमित्तप्रतिबन्धग्राहकप्रमाणविषयः साध्याभावे साधनाभावोपदर्शनाश्रयश्च दृष्टान्तो महानस-जलाशयादिः। साध्यधर्मिणि हेतोरुपसंहार उपनयः । प्रतिज्ञायाः पुनर्वचनं निगमनम् ।

सौगतमते तु न पञ्चावयवमपीष्यते, किन्तु तन्मते हेतुपुरःसर एव प्रयोगः क्रियते । ततो हेतुदृष्टान्तयोरेव साधनावयवत्वं न पक्षस्य । पक्षानुच्चारणे साध्यप्रतीतिस्तर्हि कथमिति चेदुच्यते - उपनयव्याप्तिप्रदर्शनमात्रसामर्थ्यादेव साध्यसंप्रत्ययस्य भावात् । तथाहि—प्रदेशस्थं धूममुपलब्धवतस्तस्य धूमस्याग्निना साध्यधर्मेण सह व्याप्तिस्मरणे तयोरुपनयव्याप्ति-प्रदर्शनवाक्ययोः सामर्थ्यादेवाग्निरत्रेति भवति । न हि स्वार्थानुमाने स्वयंप्रतीतौ प्रमेयस्य कश्चिदुपदर्शयिता तद्वत् परार्थानुमानेऽपि । अतः पक्षो न निर्देश्यः । तथा प्रतिज्ञायाः प्रयोगे निराकृते तस्या निगमनमपि दूरापास्तमेव । तर्हि पक्षलक्षणं निरर्थकत्वात् कर्तुं न युज्यते बौद्धस्य । येषां हि नैयायिकादीनां पक्षनिर्देशोऽस्ति तेषामेव युज्यते तल्लक्षणं कर्तुम्। सत्यमुक्तम् । न साधनवाक्यावयवत्वादस्य लक्षणमुच्यते, किन्तु शिष्यस्य सम्यक्पक्षलक्षण-परिज्ञानार्थम् । अन्यथा वाद्युपन्यस्तस्य पक्षस्य गुणदोषावजानन् कथं तद्गुणदोषविचारणायां प्रवणः स्यात् । अत एतदभिप्रायेणोक्तम्— **पक्षोपलक्षितहेतुदृष्टान्तवचनानि साधनमि**ति [पृ०१८ पं०१४]। अथेह साधनशब्दो व्युत्पत्तित्रयनिष्पन्नस्ततश्च कस्यां कोऽर्थोऽस्येत्याह - **इह चे**त्यादि [पृ०१८ पं०१५] । **इहे**ति साधनशब्दविचारे । **परसंताने** इत्यन्यज्ञानसंततौ [पृ०१८ पं०१६] । प्रतिपाद्यं गतमाश्रितं **प्रतिपाद्यगतम्** । **तत्फलत्वादि**ति [पृ०१८ पं०१८] ज्ञानफलत्वात् । पक्षादिवचनस्येति शेषः ।

यदि ज्ञानं साधनं भावपक्षे तर्हि पक्षादिवचनानि साधनमिति कथमुक्तमित्याह— **पक्षादी**ति [पृ०१८ पं०१८]। **कार्ये** प्रतिपाद्य[2]गतज्ञाने । **कारणस्य** पक्षादिवचनस्य । **उपचारात्** समारोपात् । [3]ततो यद् यत्रोपचर्यते तत्तेन व्यपदिश्यते इति न्यायात् पक्षादिवचनै-र्जन्य[4]त्वाज्ज्ञानस्य तदपि पक्षादिवचनानीति । तथाहि— यत् पक्षादिवचनं यत्र प्रतिपाद्यगतज्ञाने

---

१ **°न्मतेन प°** C. ॥ २ **°गते ज्ञाने** C. ॥ ३ **ततो** नास्ति C. ॥ ४ **°र्जन्यमानत्वा°** C. ॥

उपचर्यते तत् प्रतिपाद्यगतज्ञानं तेन पक्षादिवचनेन व्यपदिश्यते । तत्तेनेत्यत्र तदित्यनेनोपचरणीयस्याधारभूतं वस्तु सर्वत्र ग्राह्यम् । **यथेद**मिति [पृ०१८ पं०१९] । पुराणमेव **पौराणम्,** स्वार्थेऽण् । अत्र हि शरीरं कर्मकार्यमपि पुरातनकर्मणा कारणेन व्यपदिश्यते । शरीरे कार्ये पुरातनस्य कर्मण उपचारोऽत्रेति हृदयम् ।

अथेह बहुवचनान्तेनैकवचनान्तस्य सामानाधिकरण्यं कथमित्याह - **यथा वृक्षा** इत्यादि [पृ०१९ पं०२]। **आहे**त्यादि [पृ०१९ पं०४] साधनमित्यत्रेत्यर्थः । **समुदितानामेवे**ति। पक्षोपलक्षितहेतुदृष्टान्तवचनानां मिलितानामेव न त्वेकैकशो विशकलितानामित्यर्थः । समस्तानां यत् साधनत्वं तस्य ज्ञापनार्थः। नन्वेवं सति **वि[1]दुषां वाच्यो हेतुरेव हि केवलः [प्रमाणवा०३।२७]** इति हेतोः केवलस्य साधनत्वं यदुच्यते तद् विरुध्यते । नैवम् । अव्युत्पन्नविनेयगणमधिकृत्य समस्तानां साधनत्वम् । व्युत्पन्नमतींश्चोद्दिश्य केवलस्यापि हेतोः साधनत्वमिति ज्ञेयम् । व्युत्पन्नमतयो हि हेतुमात्रादेव साध्यं प्रतिपद्यन्ते । यथा स्वार्थानुमाने हेतुमात्रादेव साध्यप्रतीतिस्तथा परार्थानुमानेऽपि हेतुमात्रेणापीति भावः ।

कारकमिति [पृ०१९ पं०७] जनकम् । **व्यञ्जक**मिति प्रकाशकम् ।

उक्तं चेत्यादि [पृ०१९ पं०१५] । इह **स्वसमयपरसमयज्ञा** इ[2]त्यनेन ज्ञानातिशयमाह। **कुलजा** इत्यनेनाऽकुलजक्रियाणामुपहासादिरूपाणामकारकत्वं तेषामाह । **पक्षद्वयेप्सि[3]ता** इत्यनेन च वल्लभत्वं सूचयति । **क्षमिण** इत्यनेनारोषणत्वमाह । **वादपथेष्वभियुक्ता** अनेन तु वाद[4]मार्गे कृताभ्यासत्वं सूचयति । तुलया सह समा**स्तुलासमाः**। अनेन तु मध्यस्थतामिति। अयमर्थः- यथा तुला दवरके गृहीता गुरुतरं पक्षमङ्गीकृत्य नीचैर्नमति इतरस्य च न्यूनतां दर्शयति पक्षद्वयतुल्यतायां च मध्ये दवरकेण धृता समतामालम्बते एवं शुद्धं पक्षं तेऽपि शोभनतया समर्थयन्ति हीनं पक्षं चाशोभनतया कथयन्तीति । समगुणत्वे च समतामेवोपदर्शयन्तीति।

आहेत्यादि, [पृ०१९ पं०१८] पूर्वोपवर्णितस्वरूपाणां सर्वोऽप्यर्थोऽवगत एव भवतीति भावः । वादिप्रतिवादिनोः पक्षपरिग्रहस्तस्य समर्थना तस्यां सहः क्षमः । **तदन्तर्गत** इति [पृ०१८ पं०२०]। तयोर्वादिप्रतिवादिनोरन्तर्गतो हृदयान्तर्वर्ती साधयितुमिष्टोऽप्रतीतस्तेषामतः

---

१ "**तद्भाव-हेतुभावौ हि दृष्टान्ते तदवेदिनः। ख्याप्येते विदुषां वाच्यो हेतुरेव हि केवलः॥**" इति सम्पूर्णः श्लोकः॥ २. **इत्यनेन इहाति ज्ञानातिशय°C.** ॥ ३. **°ता अनेन C.** ॥ ४ **°मार्गकृता° C.** ॥

साधनवचनेन तेषां प्रतिपाद्यते । तत्र वादकाले द्वयोर्मध्ये योऽग्रवाददायी स वादीत्युच्यते । यश्च वाद्युक्तमनूद्य तदुक्तार्थदूषणार्थं पश्चाद् [1]वदति स प्रतिवादीत्युच्यते ।

यदि प्राश्निकानामप्रतीतोऽर्थः संवृत्तस्तर्हि **प्रतिपाद्यते केषा**मिति प्रश्ने सत्याह– [2]**सामर्थ्या**दित्यादि [पृ०२० पं०२]। **अप्रतीतार्थप्रतिपादकत्वादि**ति अप्रकाशार्थ-प्रतिपादकत्वादित्यर्थः । **व्यतिरेको बीजादि**रिति। प्रयोगो यथा– यत् पुनर्जनकं तत् पूर्वम-विद्यमानार्थजनकं दृष्टम् । यथा बीजमङ्कुरस्येति।

[पृ०२० पं०१४] **प्रतिपन्न**मित्यभ्युपगतम् । **विशिष्टो** [पृ०२० पं०१५] विशेषितः। **अत्राहे**त्यादि [पृ०२० पं०१७] । युनक्ति स्म **युक्ता** संगतेत्यर्थः । **न युज्यते** इति प्रसिद्धतेति शेषः। **अन्यथे**ति यदि विशेषणमपि प्रसिद्धं गृह्येतेत्यर्थः तदा विवादाभावेन पक्षोपलक्षितहेतुदृष्टान्त-वचनोच्चारणस्य नैरर्थक्यमेव स्यात् । ततो विशेषणस्य प्रसिद्धता न युज्यत इति प्रेर्यार्थः।

अभ्युपगमसिद्धान्तपरिग्रह इति [पृ०२० पं०२०] । वादिना यद् वस्त्वङ्गीकृत्य साधनमुच्चार्यते तदेव तस्य पक्ष इति । **स्वयमि**त्यनेन गृह्यत इति भावः । अथ विशेषणानि व्यवच्छेदकानि भवन्ति। ततश्चेह कस्य केन व्यवच्छेदः कृत इत्याह— **इहे**त्यादि [पृ०२१पं०२]। **इह** शास्त्रवि[3]चारे । लक्ष्यं लक्ष्यते विशेष्यतेऽनेनेति लक्षणं विशेषणमुच्यते। **अप्रसिद्धं विशेष्यं** यस्मिन् स तथा तस्य । तत्राप्रसिद्धविशेष्यो यथा सांख्यस्य बौद्धं प्रति चेतन आत्मेति । **अप्रसिद्धविशेषणस्ये**ति [पृ०२१ पं०४] यथा बौद्धस्य सांख्यं प्रति विनाशी शब्द इति । **अप्रसिद्धोभयस्ये**ति यथा वैशेषिकस्य बौद्धं प्रति सुखादिसमवायि-कारणमात्मेति ।

स्वयमित्यादि [पृ०२१ पं०४]। सिद्धान्तो हि चतुर्विधः प्रतिपाद्यते । तद्यथा–सर्वतन्त्रसिद्धान्तः प्रतितन्त्रसिद्धान्तोऽधिकरणसिद्धान्तोऽभ्युपगमसिद्धान्तश्चेति । तत्र सर्वतन्त्रसिद्धान्तो यथा सन्ति प्रत्यक्षादीनि प्रमाणानि द्रव्यादीनां प्रमेयाणां साधकानि । तथा आपो द्रवाश्चलो वायुरचाक्षुषस्त्वगिन्द्रियग्राह्यश्चेत्यादि सर्वशास्त्राभ्युपगतत्वात् सर्वतन्त्रः । प्रतितन्त्रसिद्धान्तः स उच्यते यः स्वतन्त्रे सिद्धो न च प्रतितन्त्रे । यथा सर्वं नित्यं सांख्यानां सर्वमनित्यं बौद्धानां सर्वं नित्यानित्यं जैनानामिति। अधिक्रियन्ते आक्षिप्यन्ते यस्मिन्नर्थाः

---

१ वदतीति स प्रतिवादी उच्यते C.॥ २ सामर्थ्यादिति C.॥ ३ °विचारे लक्ष्यते विशिष्यते तेनेति लक्षणं C.॥

सोऽधिकरणम् । अधिकरणमेव सिद्धान्तोऽधिकरणसिद्धान्तः। यस्मिन् वस्तुनि सिद्धे शेषं तदाश्रितमनुक्तमपि सामर्थ्यात् सिध्यति स इत्यर्थः । यथाऽऽत्मनो नित्यत्वे सिद्धे शरीरादन्यत्वसिद्धिरमूर्तत्वास्तित्वसिद्धिश्चेति। अभ्युपगमसिद्धान्तो नाम यद् वस्तु सिद्धान्तत्रयेणासिद्धमभ्युपगम्य स्वेच्छया साध्यते स प्रोच्यते । यथा शीतो हुतभुक्, तृणाग्रे गजयूथम्, खरे शृङ्गमित्यादिक इति । एतदेवास्य लक्षणं **वृत्तिकृद**प्याह-**इहे**त्यादि [पृ०२१पं०५]।

एतेन च किं संपन्नमित्याह- **ततश्चे**ति [पृ०२१ पं०७]। ततश्च **यदुक्तं वादिषु मुख्येन धर्मकीर्ति**ना **तदपि संगतमेवे**ति योगः । तत्र च यद्यप्याह साधनं क्वचिच्छास्त्रे[1] स्थितस्तथापि तेन वादिना यो धर्मोऽनित्यत्वादिः साधयितुमिष्टः स एव साध्यो नेतर आकाशगुणत्वादिकः। वादी च क उच्यते ? **यस्तदा** वादकाले **साधनमाह**। क्व सति स एव साध्यः ? **अभ्युपगमे** सति । कस्य ? कर्मतापन्नस्य **धर्मस्य** । कीदृशस्य[2] ? **अनेकस्या**काशगुणत्व-संयोगजत्वादेः । कस्मिन् धर्माभ्युपगमः ? **तस्मिन् धर्मिणि** शब्दादौ। केन कर्त्राऽभ्युपगमः ?। **तच्छास्त्रकारेण** । यच्छास्त्रं तेन वादिनाऽभ्युपगतं तत् **तच्छास्त्रम्**, तत् करोति यस्तेन। अथ किमित्यन्यधर्मसाध्यत्वसंभवः स्यात् ? । उच्यते । येन वादिना शास्त्रमभ्युपगतं तेन वादिना शास्त्रसिद्धो धर्मः सर्व एव साध्य इति निषिध्यते, अभ्युपगत एव साध्यो नेतर इति । ननु कथमेवमुच्यते ? यावता न्यायमुद्रेयं यदुत शास्त्रे स्थित्वा वाद एव न कर्तव्यः। सत्यम्,अहमहमिकया यद्यपि किञ्चिच्छास्त्रमभ्युपगतः सन् साधनमाह तथापि य एव तस्येष्टः स एव **साध्य[3] इति** ज्ञापनायेदं **स्वय**मिति पदमुक्तम् ।

अथ **साध्यत्वेने**त्यस्य किं व्यवच्छेद्यमित्याह-**अनेन चे**ति [पृ०२१ पं०११]। हेतुदृष्टान्ता इवाभासन्ते ये ते तथा । ततः साध्यासाधकत्वात् साध्याश्च ते हेतुदृष्टान्ताभासाश्चेति विग्रहः। अयमर्थः-यद्यपि चाक्षुषत्वादिहेत्वाभासो हेतुस्थाने प्रयुक्तो वर्तते तथापि साध्यासाधकत्वात् साध्य एवासौ परं यः पदार्थः साध्यत्वेन विषयीकृतः 'साधयाम्येनं

---

१ "**तच्छास्त्रकारेणे**ति यत् शास्त्रं तेन वादिनाऽभ्युपगतं तच्छास्त्रकारेण, **तस्मिन्** साध्य**धर्मिणि अनेक**स्य **धर्म**स्याभ्युप**गमे** सति अन्यधर्मसाध्यत्वासंभवः। तथाहि— शास्त्रं येनाभ्युपगतं तत्सिद्धो धर्मः सर्व एव तेन साध्य इत्यस्ति विप्रतिपत्तिः, [सा] अनेनापास्यते, अनेकधर्माभ्युपगमेऽपि स एव साध्यो यो वादिन इष्टो नान्य इति । ननु च शास्त्रानपेक्षं वस्तुबलप्रवृत्तं लिङ्गम्, अतोऽनपेक्षणीयत्वान्न शास्त्रे स्थित्वा वादः कर्तव्यः। सत्यम् । आहोपुरुषिकया तु **यद्यपि क्वचिच्छास्त्रे स्थितः** इति किञ्चिच्छास्त्रमभ्युपगतः **साधनमाह** तथापि य एव तस्येष्टः स एव साध्य इति ज्ञापनायेदमुक्तम्" इति **धर्मोत्तर**विरचितायां **न्यायबिन्दुटीकायाम्॥**

२ कीदृक्षस्य C. P.॥ ३ साध्योऽदोज्ञाप° C.॥

हेतुतः' इत्येवंभूतयेच्छया स साध्यः साध्याभिप्रायेण निर्दिष्टः पक्षो भवति । तथा च सति हेतुदृष्टान्ताभासयोः साध्यासाधकत्वेन साध्ययोरपि न पक्षव्यपदेशस्तयोः साधनाभिप्रायेण निर्देशात् । यदा तु हेतुदृष्टान्तयोः परासिद्धयोः साधनान्तरेण सिसाधयिषया निर्देशः क्रियते तदा प्रतिज्ञात्वमभ्युपगम्यत एव । तथाहि—अनित्यः शब्दः कृतकत्वाद् घटवदित्युक्ते, न च कृतकत्वमसिद्धमित्याशङ्क्य 'कृतकः शब्दः कारणान्वयव्यतिरेकानुविधायित्वाद् घटवत्। न चेदमप्यसिद्धम्, ताल्वादिकारणव्यापारे सत्येव शब्दस्यात्मलाभप्रतीतेः तदभावे चाप्रतीतेः चक्रादिव्यापारसद्भावासद्भावयोर्घटस्यात्मलाभालाभप्रतीतिवत्' इत्येवं वदतो हेतुरपि पक्षो भवतीति। तदत्र साधनोपन्यासापेक्षया यत् साध्यत्वेन निर्दिश्यते तत् सर्वं पक्ष उच्यते ।

इच्छयाऽपि व्याप्तः पक्ष इति [पृ०२१ पं०१२] । अयमत्र भावार्थः— यद्यपि परार्थानुमाने वचनोक्त एव पक्षो युक्तस्तथाऽपि वचनेनाऽनुक्तोऽपि पक्षो भवति[1] सामर्थ्योक्तत्वात्तस्य । तथाहि— यत्रार्थे विवादेन साधनमुपन्यस्यते तच्चेद् विवादास्पदीभूतमनुक्तमपि साध्यं न स्यात् किमिदानीं जगति किंचिन्नियतं साध्यं स्यादित्यनुक्तमपि परार्थानुमाने साध्यं दृष्टम् । न्यायबलात् साध्यश्च पक्ष एवोच्यते इति **ईप्सित** इत्यनेनोक्तं भवति । तर्ह्युदाहरणेनेच्छया व्याप्तः पक्षो यादृशो भवति तादृशो दर्श्यतामित्याह— **इत्येतच्चे**ति [पृ०२१ पं०१२] । तत्र हि परार्था इत्युक्तेऽप्यसंहतपरार्था इति द्रष्टव्यम् । असंहतपरश्चात्मैवेत्यनुक्ताप्यात्मार्थता[2] साध्या । इत्येतत् तत्रैव प्रदर्शयिष्यते। तस्मात् स्थितमिदम्—वादिप्रतिवादिनोर्विवादास्पदे वादिना यत् साधयितुमिष्टं वस्तु तद् वचनेनोक्तमनुक्तं वा प्रस्तावगम्यं सर्वं साध्यमित्युच्यते ।

अनेनेति [पृ०२१ पं०१३] समस्तलक्षणेनेत्यर्थः। धर्मविशिष्टधर्मिणः पक्षत्वेऽभिहितेऽनित्यः शब्द इत्यादिके समुदिते पक्षवाक्ये यत् पक्षतया न भवति तद्दर्शयन्नाह- **ततश्चे**ति [पृ०२१ पं०१४]। धर्मस्य धर्मिणो वा यः स्व आत्मा तस्य तन्त्रमधीनं **स्वतन्त्र**मेकाकि सद् विशेषणविशेष्यभावनिरपेक्षं धर्मधर्मिरूपमुभयं न पक्ष इत्यर्थः। **न तयोः संबन्ध** इति [पृ०२१ पं०१४] । **तयो**र्धर्मधर्मिणोराधाराधेयरूपस्तादात्म्यादिरूपो वा यः संबन्धः सोऽपि न पक्ष इत्यर्थः ।

अथेह किमेतावता पक्षलक्षणं परिपूर्णं जातमाहोश्विदन्यदपि किमप्यपेक्षणीयमित्याह— **इह चेत्यादि** [पृ०२१ पं०१६] । **इहे**ति पक्षलक्षणविचारे । लक्षणस्य हि त्रयो दोषा भवन्ति, यथा अव्याप्तिरतिव्याप्तिरसंभवश्चेति ।

---

१ भवतीति J.॥ २ °प्यात्मता C.॥

नन्वस्य वाक्यस्य सूत्ररूपस्य[1] सतो यदि पातनिकादिद्वारेण व्याख्या विधीयते तर्हि **वाक्यशेष** इति [पृ०२१ पं०१८] पदस्य पाठो न युक्तः । अध्याहारो हि सामर्थ्यलभ्यस्यार्थस्य शब्देन संकीर्तनमुच्यते । स च यदि मुख्यतयैव शब्देन पठ्यते न तदा वाक्याध्याहारो भण्यते । अत्रोच्यते । किल **साध्यत्वेनेप्सित** इत्येतत्पर्यन्तमेव पक्षलक्षणमुक्तं पूर्वाचार्यैः। एतच्च **प्रत्यक्षाद्यविरुद्ध** इत्यस्य सापेक्षम् । ततो **वार्तिककृता** परिपूर्णपक्षलक्षणार्थं वाक्यशेषोऽयमधीतः । ततश्च स**वार्तिकं** सूत्रं व्याख्यानयन् यथापठितमेवामुं **वार्तिका**वयवं **हरिभद्र**सूरिर्व्याख्यातवान्। ततोऽस्य पातनिका **वाक्यशेष** इति अस्य पर्यायप्रदानं चादुष्टमिति।

सांप्रतमित्यादि [पृ०२२ पं०८] । **तत्र**[2] इति हेतुविचारे । **स च** [पृ०२२ पं०९] स्वभाव[3]-कार्या-ऽनुपलम्भाख्य**स्त्रिप्रकारः**। तत्र स्वभावः स्वसत्तामात्रभाविनि साध्यधर्मे हेतुर्भवति यथा वृक्षोऽयं शिंशपात्वादिति । कार्यं यथाऽग्निरत्र धूमादिति । अनुपलम्भो यथा न प्रदेशविशेषे क्वचिद् घट उपलब्धिलक्षणप्राप्तस्यानुपलब्धेरिति । एतेषु च द्वौ वस्तुसाधकौ। एकः प्रतिषेधहेतुर्विज्ञेयः। अमीषामेते साधर्म्यप्रयोगा दर्शिताः, तथा स्वभाव-कार्यहेत्वोर्वैधर्म्यप्रयोगौ व्यापकानुपलब्धि-कारणानुपलब्धिरूपौ वेदितव्यौ । यथा नात्र शिंशपा वृक्षाभावात् । नात्र धूमो वह्न्यभावादिति । तथाहि—वृक्षाभावे न भवत्येव शिंशपा अग्न्यभावे न भवत्येव धूम इत्यनयोरपि वैधर्म्यप्रयोगयोर्व्यापक-कारणानुपलब्धिप्रयोगोक्त एवार्थो नापरः कश्चिदिति । अनुपलब्धेस्तु वैधर्म्यप्रयोगो यथा- यत् सदुपलब्धिलक्षणप्राप्तं तदुपलभ्यत एव यथा नीलादिविशेषः, न चेहोपलब्धिलक्षणप्राप्तस्य घटस्योपलम्भ इति। अयं चैकैकोऽपि त्रिरूपो वेदितव्य इत्याह—**स च त्रिरूप** इति। **स चे**ति हेतुः स्वभावादिः।

---

१ °स्यासतो J.॥ २ तत्र हेतु° J.॥ ३ "**त्रिरूपाणि च त्रीण्येव लिङ्गानि ॥ ११॥** उक्तेन त्रैरूप्येण त्रिरूपाणि च त्रीण्येव लिङ्गानीति । चकारो वक्तव्यान्तरसमुच्चयार्थः। त्रैरूप्यमादौ पृष्टं त्रिरूपाणि च लिङ्गानि परेण । तत्र त्रैरूप्यमुक्तम् । त्रिरूपाणि चोच्यन्ते । त्रीण्येव त्रिरूपाणि लिङ्गानि । त्रयस्त्रिरूपलिङ्गप्रकारा इत्यर्थः। कानि पुनस्तानीत्याह— **अनुपलब्धिः स्वभाव-कार्ये चेति ॥१२॥** प्रतिषेध्यस्य साध्यस्यानुपलब्धिस्त्रिरूपा। विधेयस्य साध्यस्य स्वभावस्त्रिरूपः । कार्यं च ।

अनुपलब्धिमुदाहर्तुमाह— **तत्रानुपलब्धिर्यथा न प्रदेशविशेषे, क्वचिद् घटः उपलब्धिलक्षणप्राप्तस्यानुपलब्धेरिति ॥१३॥ यथे**त्यादि । **यथे**त्युपप्रदर्शनार्थम् । यथेयमनुपलब्धिस्तथान्याऽपि, न त्वियमेवेत्यर्थः ।'प्रदेश' एकदेशः। विशिष्यत इति 'विशेषः' प्रतिपत्तृप्रत्यक्षः। तादृशश्च न सर्वः प्रदेशः। तदाह-**क्वचि**दिति। प्रतिपत्तृप्रत्यक्षे क्वचिदेव प्रदेशे इति धर्मी । न घटः इति साध्यम् ।'उपलब्धिः' ज्ञानम् । तस्याः 'लक्षणं' जनिका सामग्री । तया ह्यनुपलब्धिर्लक्ष्यते। तत्प्राप्तोऽर्थो जनकत्वेन सामग्र्यन्तर्भावात् 'उपलब्धिलक्षणप्राप्तः' दृश्य इत्यर्थः ।

नानात्वमिति [पृ०२२ पं०१०] नानाप्रकारत्वम् । **किं पुन**रिति, हेतोस्त्रैरूप्यं यदुक्तं तत् किमित्यर्थः । **वितर्क** [पृ०२२ पं०११] ऊह उच्यते । **तस्य धर्म** इति । ध्रियतेऽवतिष्ठते धर्मिण्याधारे यः स धर्मः । औणादिको मः । **पक्षशब्देन चात्रे**त्यादि। **अत्रे**ति पक्षधर्मत्वे ज्ञातव्ये । इह यद्यपि धर्मधर्मिसमुदाय एव पक्षो रूढस्तथापि पक्षधर्मप्रतिपत्तिकाले धर्मी पक्षः, यत् कृतकं तदनित्यमिति व्याप्तिग्रहणकालेऽनित्यत्वं धर्मः पक्षः, पक्षधर्मोपसंहारकाले

तस्यानुपलब्धेरित्ययं हेतुः ॥ अथ यो यत्र नास्ति स कथं तत्र दृश्यः। दृश्यत्वसमारोपादसन्नपि दृश्य उच्यते । यश्चैवं संभाव्यते 'यद्यसावत्र भवेद् दृश्य एव भवेत्' इति, स तत्राविद्यमानोऽपि दृश्यः समारोप्यः ॥ कश्चैवं संभाव्यः। यस्य समग्राणि स्वालम्बनदर्शनकारणानि भवन्ति ॥ कदा च तानि समग्राणि गम्यन्ते । यदैकज्ञानसंसर्गिवस्त्वन्तरोपलम्भः। एकेन्द्रियज्ञानग्राह्यं लोचनादिप्रणिधानाभिमुखं वस्तुद्वयमन्योन्यापेक्षम् **एकज्ञानसंसर्गि** कथ्यते । तयोर्हि सतोर्नैकनियता भवति प्रतिपत्तिः। योग्यताया द्वयोरप्यविशिष्टत्वात् । तस्मादेकज्ञानसंसर्गिणि दृश्यमाने सत्येकस्मिन् इतरत् समग्रदर्शनसामग्रीकं यदि भवेद् दृश्यमेव भवेदिति संभावितं दृश्यमारोप्यते। तस्यानुपलम्भो दृश्यानुपलम्भः। तस्मात्स एव घटाविविक्त प्रदेशः तदालम्बनं च ज्ञानं दृश्यानुपलम्भनिश्चयहेतुत्वाद् दृश्यानुपलम्भ उच्यते । यावद्ध्येकज्ञानसंसर्गि वस्तु न निश्चितं तज्ज्ञानं च, न तावद् दृश्यानुपलम्भनिश्चयः। ततो वस्त्वप्यनुपलम्भ उच्यते तज्ज्ञानं च । दर्शननिवृत्तिमात्रं तु स्वयमनिश्चितत्वादगमकम् । ततो दृश्यघटरहितः प्रदेशः तज्ज्ञानं च वचनसामर्थ्यादेव दृश्यानुपलम्भरूपमुक्तं द्रष्टव्यम्।

का पुनरुपलब्धिलक्षणप्राप्तिरित्याह— **उपलब्धिलक्षणप्राप्तिरुपलम्भप्रत्ययान्तरसाकल्यं स्वभावविशेषश्च ॥१४॥** 'उपलब्धिलक्षणप्राप्तिः' उपलब्धिलक्षणप्राप्तत्वं घटस्य। 'उपलम्भप्रत्ययान्तरसाकल्यम्' इति । ज्ञानस्य घटोऽपि जनकः, अन्ये च चक्षुरादयः। घटाद् दृश्यादन्ये हेतवः प्रत्ययान्तराणि। (२३) तेषां साकल्यं संनिधिः। स्वभाव एव, विशिष्यते तदन्यस्मादिति विशेषः, विशिष्ट इत्यर्थः। तदयं विशिष्टः स्वभावः प्रत्ययान्तरसाकल्यं चैतद् द्वयमुपलब्धिलक्षणप्राप्तत्वं घटादेर्द्रष्टव्यम्।

कीदृशः स्वभावविशेष इत्याह— **यः स्वभावः सत्स्वन्येषूपलम्भप्रत्ययेषु सन् प्रत्यक्ष एव भवति स स्वभावविशेषः ॥ १५ ॥ सत्स्वि**त्यादि। उपलम्भस्य यानि घटाद् दृश्यात् प्रत्ययान्तराणि तेषु सत्सु विद्यमानेषु यः स्वभावः सन् प्रत्यक्ष एव भवति स स्वभावविशेषः । तदयमत्रार्थः- एकप्रतिपत्रपेक्षमिदं प्रत्यक्षलक्षणम्। तथा च सति, द्रष्टुं प्रवृत्तस्यैकस्य द्रष्टृदृश्यमान उभयवान्भावः ।१। अदृश्यमानास्तु देशकालस्वभावविप्रकृष्टाः स्वभावविशेषरहिताः, प्रत्ययान्तर-साकल्यवन्तास्तु । यैर्हि प्रत्ययैः स द्रष्टा पश्यति ते संनिहिताः। अतश्च संनिहिता यैः द्रष्टुं प्रवृत्तः सः । २। द्रष्टुमप्रवृत्तस्य तु योग्यदेशस्था अपि द्रष्टुं ते न शक्याः, प्रत्ययान्तरवैकल्यवन्तः स्वभावविशेषयुक्तास्तु । ३। दूरदेशकालास्तूभयविकलाः ।४॥ तदेवं पश्यतः कस्यचिन्न प्रत्ययान्तरविकलो नाम, स्वभावविशेषविकलस्तु भवेत्। १। अपश्यतस्तु शक्यो द्रष्टुं योग्यदेशस्थः प्रत्ययान्तरविकलः । २ । अन्ये तूभयविकला इति। ३।

अनुपलब्धिमुदाहृत्य स्वभावमुदाहर्तुमाह— **स्वभावः स्वसत्तामात्रभाविनि साध्यधर्मे हेतुः ॥ १६ ॥** स्वभावो हेतुरिति सम्बन्धः। कीदृशो हेतुः साध्यस्यैव स्वभाव इत्याह। स्वस्य आत्मनः सत्ता, सैव केवला स्वसत्तामात्रम्। तस्मिन्सति भवितुं शीलं यस्येति। यो हेतोरात्मनः सत्तामपेक्ष्य विद्यमानो भवति, न तु हेतुसत्ताया व्यतिरिक्तं कञ्चिद्धेतुमपेक्षते स स्वसत्तामात्रभावी साध्यः। तस्मिन्साध्ये यो हेतुः स स्वभावः तस्य साध्यस्य, नान्यः।

तु [१]धर्मधर्मिलक्षणः समुदायः पक्ष इति द्रष्टव्यम् । अथेदं कस्माल्लभ्यते? उच्यते । न्यायबलात्। तथाहि—यदि हेतुलक्षणकाले धर्मधर्मिसमुदायोऽनुमेयो गृह्यते तदा समुदायः परं प्रत्यसिद्धः। अनित्यत्व-वह्न्यादिविशिष्टस्य शब्द-पर्वतनितम्बादेः कृतकत्व-धूमादिप्रतीतिकाले बोद्धुमशक्यत्वादसिद्धो हेतुः स्यादिति कथं समुदाये(यो) हेतोरेकं रूपं स्यात्। अथ सिद्धस्तदा हेतोरुपादानं व्यर्थं स्यात् । तस्मात् पक्षधर्मत्वप्रतीतिकाले न समुदायोऽनुमेयः। तर्हि पक्षधर्मत्वे ज्ञातव्ये धर्ममात्रं पक्षोऽस्तु । तथापि कथं धर्मी पक्षो लभ्यते ? । उच्यते। न्यायादेव । तथाहि-धर्मे धर्मो न संभवति । अपि तु धर्मिण एव धर्मसंभवः, संभवे वा हेतूपादानं व्यर्थं स्यात्। पक्षधर्मत्वप्रतीतावेव साध्यधर्मावगतिप्रसङ्गात्। तस्माद्यद्यपि पक्षशब्देन धर्मधर्मिसमुदाय उच्यते तथापि हेतुलक्षणे निश्चेतव्ये धर्मी पक्षोऽभिधीयते । कथं पुनः समुदायवचनः सन् पक्षशब्दो धर्मिमात्रे वर्तते इति चेदाह- **अवयव**वेत्यादि [पृ०२२ पं०१४]। पक्षाख्यस्य हि समुदायस्य द्वाववयवौ धर्मी धर्मश्च । तत्र हेतुलक्षणे निश्चेतव्ये धर्मिमात्रे समुदायोपचारात् पक्षशब्दो वर्तते । मुख्यपक्षैकदेशत्वं चात्र समुदायोपचारनिमित्तमिति न साध्यधर्मिणोऽन्यत्र पक्षत्वप्रसङ्गः । तथा व्याप्तिग्रहणकाले धर्मी पक्षो न भवति यतो दृष्टान्ते धर्मिणा व्याप्तो

उदाहरणम् **यथा वृक्षोऽयं शिंशपात्वादिति ॥१७॥** अयमिति धर्मी । वृक्ष इति साध्यम् । शिंशपात्वादिति हेतुः। तदयमर्थः- वृक्षव्यवहारयोग्योऽयं शिंशपाव्यवहारयोग्यत्वादिति तत्र प्रचुरशिंशपे देशेऽविदितशिंशपाव्यवहारो जडो यदा केनचिदुच्चां शिंशपामुपदर्श्योच्यते 'अयं वृक्षः' इति तदासौ जाड्याच्छिंशपाया उच्चत्वमपि वृक्षव्यवहार-निमित्तमवस्यति । तदा यामेवानुच्चां शिंशपां पश्यति तामेवावृक्षमवस्यति । स मूढः शिंशपात्वमात्रनिमित्ते वृक्षव्यवहारे प्रवर्त्यते-'नोच्चत्वादि निमित्तान्तरमिह वृक्षव्यवहारस्य, अपि तु शिंशपात्वमात्रं निमित्तम्' । शिंशपागतशाखादिमत्त्वं निमित्तमित्यर्थः।

कार्यमुदाहर्तुमाह— **कार्यं यथाग्निरत्र धूमादिति ॥ १८॥** अग्निरिति साध्यम् । अत्रेति धर्मी । धूमादिति हेतुः। कार्यकारणभावो लोके प्रत्यक्षानुपलम्भनिबन्धनः प्रतीत इति न स्वभावस्येव कार्यस्य लक्षणमुक्तम् । ननु त्रिरूपत्वादेकमेव लिङ्गमयुक्तम् । अथ प्रकारभेदाद्भेदः, एवं सति स्वभावहेतोरेकस्यानन्तप्रकारत्वात्

त्रित्वमयुक्तमित्याह— **अत्र द्वौ वस्तुसाधनौ, एकः प्रतिषेधहेतुः ॥१९॥** 'अत्र' इति एषु त्रिषु हेतुषु मध्ये द्वौ हेतू 'वस्तुसाधनौ' विधेः साधनौ गमकौ। एकः प्रतिषेधस्य 'हेतुः' गमकः। **प्रतिषेध** इति चाभावोऽभावव्यवहारश्चोक्तो द्रष्टव्यः। तदयमर्थः— हेतुः साध्यसिद्ध्यर्थत्वात् साध्याङ्गम् । साध्यं प्रधानम्। अतश्च साध्योपकरणस्य हेतोः प्रधानसाध्यभेदात् भेदो न स्वरूपभेदात्। साध्यश्च कश्चिद्विधिः कश्चित्प्रतिषेधः। विधिप्रतिषेधयोश्च परस्परपरिहारेणावस्थानात् तयोः हेतू भिन्नौ । विधिरपि [२५] कश्चिद्धेतोर्भिन्नः कश्चिदभिन्नः। भेदाभेदयोरपि अन्योन्यत्यागेनात्मस्थितेः भिन्नौ हेतू । ततः साध्यस्य परस्परविरोधात् हेतवो भिन्ना न तु स्वत एवेति।'' इति **धर्मोत्तर**विरचितया टीकया सहिते **न्यायबिन्दौ द्वितीये परिच्छेदे ॥**

---

१ धर्मिधर्मलक्षणः C. ॥

हेतुर्न सिद्धोऽत एव धर्मधर्मिसमुदायोऽपि व्याप्तिग्रहणकाले न **पक्षः,** धर्ममात्रं तु युक्तम्, धर्मेणैव दृष्टान्ते हेतुर्व्याप्तो यतः साध्यप्रतीतिकालेऽपि धर्ममात्रं न पक्षः, अपि तु समुदायः, निराधारस्य धर्मस्यासिद्धेः । नापि धर्मिमात्रं पक्षः, धर्मिणः पक्षत्वेन पक्षधर्मग्रहणकाल एव सिद्धत्वात् । ततः साध्यप्रतीतिकाले धर्मधर्मिसमुदाय एव पक्षो युक्तः । तदुक्तम्–

ज्ञातव्ये पक्षधर्मत्वे पक्षो धर्म्यभिधीयते ।
व्याप्तिकाले भवेद् धर्मः साध्यसिद्धौ पुनर्द्वयम् ॥ [ ] इति स्थितम् ।

ननु सपक्षे सत्त्वमस्तित्वमितीदं हेतो रूपं कथं संगच्छते, यतो न यादृशवह्निजन्यस्य धूमस्य साध्यधर्मिणि सद्भावस्तादृशवह्निजन्यस्यैव महानसेऽपि, अनीदृशस्यापि संभवात्? इत्याह– **सामान्येन भाव** इति [पृ०२२ पं०१५]। **सपक्षे**ऽविशेषेणैवाऽधूमव्यावृत्त्या धूममात्रास्तित्वसद्भावः **सत्त्व**मिह हेतो**र्द्वितीयं** रूपमित्यर्थः ।

स च विशेषणार्थ [पृ०२२ पं०१७] इति, विशेषयतीति विशेषणं तदेवार्थो यस्येति स तथा । पूर्वोक्तरूपादस्य रूपस्य विभिन्नत्वप्रदर्शनार्थ इत्यर्थः । **अत्रैवे**ति [पृ०२२ पं०१८] विपक्षे एव । [१]तर्हि किं सपक्ष एकदेशेनापि वर्तमानं सत्त्वं गमकम् ? उतश्वित् सामस्त्येनैव वर्तमानम्? इत्याह– **सपक्षे त्वि**ति [पृ०२२ पं०१९] । न केवलं सामस्त्येन एकदेशेनापीत्यपेरर्थः। इतोऽपि किं सिद्धमित्याह— **तथा चे**ति [पृ०२२ पं०१९]। एकान्तेन **एकान्ततः** सर्वथैवेत्यर्थः। न केवलं कृतकत्वादयः सामस्त्यसपक्षव्यापिन [२]इत्यपेरर्थः । आवेद्यते स्म **आवेदितम्** [पृ०२२ पं०२१]।

निगदः [पृ०२३ पं०२] पाठ उच्यते । **निर्वचनं** तु प्रत्युत्तरम् । इत्थं सूत्राक्षरयोजना कार्या । **कः सपक्ष**स्तत्र ? [पृ०२३ पं०६]। **समानोऽर्थः सपक्षः** । समानः सदृशो योऽर्थो घटादिः पक्षेण सह शब्दादिना स घटादिः पक्ष उपचारात्, दृष्टान्तलक्षणोऽर्थ इह पक्षशब्दवाच्यः, ततः [३]**समानः पक्षः** [पृ०२३ पं०८] । समानस्य सकारः ।

अत्र स्यादेतत् – किं तत् पक्ष–सपक्षयोः सामान्यं येन समानः सपक्षः पक्षेणेत्याह– **साध्यधर्मसामान्येन** [पृ०२२ पं०३] । तत्र **साध्य**श्चासावसिद्धत्वाद् **धर्मश्च** पराश्रिततत्वादिति विशेषणसमासः। ननु साध्यशब्दो धर्मधर्मिसमुदायवृत्तिस्तत् कथं **साध्यश्चासौ धर्मश्चे**ति [पृ०२३ पं०४] समस्यते इत्याह— **इहे**त्यादि [पृ०२३ पं०३] । अयमर्थः—उपचाराद्

---

१ **तर्हि सपक्ष एकदेशेनापि वर्तमानं किं सत्त्वं C.**। २ **°त्यर्थोऽपेः । आवे° C.** ॥ ३ **समानः पक्षः** नास्ति **C.** ॥

धर्ममात्रे धर्मिणि वा वर्तते साध्यशब्दस्ततो यदा धर्ममात्रे वर्तते तदा कर्मधारयः कार्यः । यदा तु धर्मिणि वर्तते तदा तु **साध्यस्य धर्म** [पृ०२३ पं०९] इति समसनीयम्। यदुक्तम्—

> **समुदायस्य साध्यत्वाद् धर्ममात्रेऽथ धर्मिणि ।**
> **अमुख्येऽप्येकदेशत्वात् साध्यत्वमुपचर्यते [ ]॥**

अत एवाग्रे षष्ठीतत्पुरुषमपि वक्ष्यति–**अथवोपचारवृत्त्ये**त्यादिना [पृ०२३ पं०८]।

तत्र सममित्यादि [पृ०२३ पं०६]। **अस्ये**ति घटादेः, पक्षेण सह शब्दादिनेति समानः, **अर्थो घटादि**रिति । वस्तुसत्तासमाविष्टमभिधेयमर्थ इह गृह्यते, **न तु वचनमात्र**मिति [पृ०२३ पं०७]। न त्वभिधेयसत्ताऽसमाविष्टमभिधेयं खरविषा[१]णादिकमित्यर्थः । अथोपचाराभावे मुख्यतः साध्यशब्दवाच्यं किमित्याह— **अनुपचरितं त्वि**ति असमारोपितमित्यर्थः ।

ननु **साध्यधर्मसामान्येने**त्यादिवाक्ये [पृ०२२ पं०३] किमवधार्यते ? । उच्यते । 'साध्यधर्मसामान्येन समान एव' इत्यवधार्यम्, न तु 'साध्यधर्मसामान्येनैव' इत्येवम् । यतो न स कश्चिदर्थोऽस्ति यः साध्यधर्मेणैव केवलेन समानः [२]कल्पितव्यावृत्तिवशात् सर्वस्यानेकधर्मयोगात् । **साध्यानित्यत्वसमानत्वादि**ति [पृ०२३ पं०१३]। शब्दे साध्यं यदनित्यत्वं तेन समानत्वाद् घटादेरप्यनित्यत्वविशिष्टत्वाद् । उभयत्रापि दृष्टान्ते साध्यधर्मिणि चानित्यत्वसद्भावात् समानतेति । **यस्मिन्नर्थे** [पृ०२३ पं०१५] इति आकाशादावित्यर्थः । यदि विपक्षे साध्यं नास्ति तर्हि किं तत्र साधनमस्तीत्याह— **इह चे**त्यादि [पृ०२३ पं०१६]। **तत्र ही**त्यादि [पृ०२३ पं०१९] । **तत्र हि** विपक्षे आकाशादावनित्यत्वाभावात् कृतकत्वाभावः 'व्यापकं निवर्तमानं व्याप्यमादाय निवर्तते' इति न्यायात् ।

सांप्रतमित्यादि [पृ०२३ पं०२०] । **तत्रे**ति निर्धारणे [पृ०२३ पं०२०] । **तत्र** तेषु पक्षादिषु मध्ये पक्षधर्मत्वादिगुणेन हेतोः स्वरूपं निर्धार्यत इत्यर्थः । **कृतकत्व**मित्यत्र संज्ञायां कन् [पृ०२४ पं०१] । संज्ञामेवाह— **अपेक्षिते**त्यादि [पृ०२४ पं०२]। अपेक्षितः परेषां कुलालादीनां व्यापारो येन घटादिना स तथा । **भावो** घटादिः । **स्वभावनिष्पत्तौ** आत्मसत्तानिष्पत्तावित्यर्थः ।

द्वितीयेत्यादि [पृ०२४ पं०६] । सपक्षस्यैकदेशे वृत्तिरस्य स तथा । यतोऽनित्यत्वविशिष्टेषु सर्वेषु धर्मिषु न वर्तते व्याप्त्या प्रयत्नानन्तरीयकत्वम्, अपि तु केषुचिदेव घटादिषु, न विद्युदादिषु । अथ च साध्यानित्यत्वसमानत्वाद् विद्युदादिरपि सपक्षः।

---

१ °षाणमित्यर्थः C. ॥ २ कल्प्यते व्यावृ° C. ॥

अयं चार्थः विपक्षे **चासत्त्वमेवे**त्यत्र एवकारवशात् साधितोऽपि सुव्यवस्थापनार्थं पुनरपि साध्यते। यदुक्तम्- **त एव विधयः सुसंगृहीता भवन्ति येषां लक्षणं प्रपञ्चश्चोच्यत** [ ] इति। तथा शब्दमुद्दिश्य यदाऽनित्यत्वं साध्यते प्रयत्नानन्तरीयकत्ववशात् तदा विशिष्टं शब्दं पक्षीकृत्य प्रयत्नानन्तरीयकत्वसाधनमुपन्यसनीयम्। अन्यथा हि शब्दमात्रपरिग्रहे प्रयत्नानन्तरीयकत्वमव्यापकासिद्धं स्यात् । न हि प्रयत्नानन्तरं सर्वशब्दानां जन्मास्ति, घण्टा-वेण्वादौ वातादपि शब्दप्रादुर्भावात् ।

अयं च हेतुः किमिति [पृ०२४ पं०७] । **अयं हेतुः** स्वभाव-कार्यादिः **किं**रूपः सन् हेतुर्भवति [पृ०२४ पं०८] । तत्राह—**पक्षधर्म एवे**ति। न तु पक्षस्यैव धर्म इति । इत्थं ह्यवधारणे क्रियमाणे सपक्षविपक्षयोर्वृत्तेर्व्यवच्छिद्यमानतया सपक्षे सत्त्वं न प्राप्यते । ततः पक्षस्यैव धर्मः सन् श्रावणत्वमेव हेतुः स्यात्, न कृतकत्वादयः, तेषां सपक्षेऽपि भावात्, ततः 'पक्षधर्म एव' इत्यवधार्यम् । कुत इत्याह— **अयोगे**त्यादि [पृ०२४ पं०८]। **अयोगो**ऽसंबन्धस्तस्य **व्यवच्छेदमात्रं** फलं यस्य तस्य भावस्तत्त्वम् । तस्मादयमर्थः- यत्र धर्मिणि धर्मस्य सद्भावः संदिह्यते तत्रायोगव्यवच्छेद एव न्यायप्रवृत्तो **यथा चैत्रो धनुर्धर एवे**ति [पृ०२४ पं०९] । अत्र हि चैत्रे धनुर्धरत्वं संदिह्यते किमस्ति नास्ति वा, **ततश्चैत्रो धनुर्धर एवे**ति चैत्रस्य धनुर्धरत्वसद्भावप्रतिपादकमिदं वचनं पक्षान्तरमसद्भावरूपमा-शङ्कोपस्थापितं श्रोतुर्निराकरोतीत्यत्रायोगव्यवच्छेद एवेति ।

तर्हि पक्षधर्म एवेत्यनेन किं व्यावर्तितमित्याह - **अनेन चे**ति [पृ०२४ पं०९] । यतोऽपक्षधर्मो हेतुरसिद्ध उच्यतेऽतः पक्षधर्मो हेतुर्भवन्नपक्षधर्ममसिद्धचतुष्टयं व्यावर्तयति । **असाधारणस्य चे**ति [पृ०२४ पं०९]। ननु नित्यः शब्दः श्रावणत्वादित्ययमसाधारणो हेतुः पक्षस्य शब्दाख्यस्य धर्मिणो धर्म एव वर्तते तत् कथमस्यानेनावधारणेन व्यावृत्तिः स्यादिति? अत्रोच्यते- इह हि वक्ष्यमाणस्य हेतुरूपद्वयस्य संग्रहो यथा स्यादित्येवमर्थं पक्षधर्म एवेत्यवधारणमयोगव्यवच्छेदमात्रफलमेव गृहीतम् । ततः सपक्ष[१]वृत्तिमान् विपक्षनिवृत्तिमानेव च हेतुर्यदि पक्षधर्मो भवतीत्ययमर्थो व्यवतिष्ठते । न चासाधारणस्य सपक्षविपक्षयोः प्रवृत्तिनिवृत्ती विद्येते पक्षधर्मत्वं मुक्त्वा। अतः शेषरूपद्वयाभावादसाधारणस्य पक्षधर्मत्वे सत्यपि पक्षस्यैव धर्म इत्यवधारणनिरासेनैव हेतुत्वनिरासो भवतीति । **अन्ययोगे**ति [पृ०२४ पं०१०] अन्येन विपक्षेण सह योगस्तस्य व्यवच्छेद इति विग्रहः । **पार्थ एव**

---

१ **सपक्षे वृ°** C.॥

धनुर्धर इत्यत्र पार्थे धनुर्धरत्वं सिद्धमेवेति नायोगाशङ्का । तादृशं तु सातिशयं किमन्यत्राप्यस्ति नास्ति वेत्यन्यत्रयोगाशङ्कायां श्रोतुर्यदा पार्थ एव धनुर्धर इत्युच्यते तदाऽन्ययोगव्यवच्छेदो भवतीति ।

नवानामपीति [पृ०२४ पं०११] । यतोऽनैकान्तिकानामुभयगामित्वात् तेष्ववधारणार्थ एव न घटते विरुद्धेषु च विपक्ष एव भावात् समस्तपदमेव न घटते इति भावः । **तद्व्यतिरेकेणे**ति । सपक्षमन्तरेण **तद्धर्मत्वानुपपत्तिः** पक्षधर्मत्वाघटनम् । **अनवधृते**ति। अवधारणविधेरिति शेषः । अयमर्थः- अनवधृतस्य[१]ार्थस्यावधारणं व्यवच्छेदकं स्यात्, न त्ववधृतस्य । पक्षधर्म एवेति च प्रागप्यस्मादवधारणादवधारितमेवेति कथमनेन तस्य बाधा स्यात् ? ।

तृतीयमवधारणमिति [पृ०२४ पं०१३]। अवधारणपदं तृतीयं **किमर्थम् ?** । यतः सपक्ष एव सत्त्वमित्युक्ते विपक्षेऽसत्त्वमेवेति गम्यत एवेति भावः । **प्रयोगोपदर्शनार्थ**मिति। वाद[२]काले प्रयोगविधेर्ज्ञापनार्थमित्यर्थः ।

उक्तं चेत्यादि [पृ०२४ पं०१४] । **कथं नु नाम स्याद् द्वितीयस्याक्षेपकम्**। केनचित् प्रकारेण भवतु द्वितीयस्य सूचकम् । यथा साधर्म्येणोक्ते वैधर्म्यस्याक्षेपकं स्याद् वैधर्म्येण तु साधर्म्यस्येति। द्वितीयाक्षेपकं चैकं रूपमुक्तं तदा स्याद्यद्यन्वयो व्यतिरेको वा साध्येन सह तादात्म्य-तदुत्पत्तिप्रतिबन्धवतो हेतोः प्रयुक्तः स्यात्, न तु दर्शनादर्शननिमित्तकस्येत्यतः प्रतिबन्धवद्धेतुप्रयोगख्यापनार्थं द्वयोरुपादानम् । प्रतिबन्धवतश्च हेतोरन्वयव्यतिरेकयोः प्रयोगे द्वयोरेक एव प्रयोक्तव्यो न द्वाविति । यत एकेनैव साध्याविनाभावनियमवता प्रयुक्तेनापरस्य गतेर्न द्वयोः प्रयोगो युगपत् कर्तुं युक्तः । तस्माद् द्वयोर्लक्षणवाक्ययोरुपादानम्। साध्याविनाभावनियमवत एकस्यैव प्रयोगो यथा स्यादिति ख्यापनार्थमिति स्थितम् । अत एवाह— **प्रभूत**मित्यादि [पृ०२४ पं०१५] ।

दुःखादिपरिग्रह इति [पृ०२४ पं०१७]। इह हि सौगतमते दुःख-समुदय-मार्ग-निरोधा इति चत्वार्यार्यसत्यानि प्रतिपादितानि । तत्र च दुःखसत्यं चतुर्भिः प्रकारैर्निगदितं यथा- अनित्यतो दुःखतोऽनात्मतः शून्यतश्चेति । तदिहाऽनित्याः संसारिणः स्कन्धा इत्यनित्यत्वे साध्ये कृतकत्व-प्रयत्नानन्तरीयकत्वे हेतू तावत् स्तः ।अत्रत्या**दि**[३]ग्रहणाच्च दुःखं संसारिणः स्कन्धास्तथा

---

१ **°स्यावधा°** C. ॥ २ **°कालप्रयो°** J. P. ॥ ३ **°ग्रहणेन..........हेतू सूचयति । एतच्च** C. ॥

निरात्मानो निरवयविनः संसारिणः स्कन्धा इत्यादौ दुःखादिकेऽपि साध्ये एतौ हेतू स्त इति। एतच्च**धर्मोत्तरटिप्पनके** सूचामात्रसंदर्शनतो**गमनिकामात्रं** किंचिदुक्तम् ।अन्यथा वा अभ्यूह्यम्।

दृष्टमर्थमन्तं नयतीति एतदेव वाक्यं व्याचष्टे **प्रमाणे**त्यादिना [पृ०२५ पं०६] । प्रमाणेन प्रत्यक्षादिना **उपलब्धं** ज्ञातम् । **विप्रतिपत्ता**विति [पृ०२५ पं०६]। एको धूमादिकं लिङ्गमवलोक्य प्राह—वह्निरत्रास्ति, अपरस्तु मूढो विस्मृतसंबन्धः प्राह—कथमेतदित्येवंरूपा विप्रतिपत्तिः । तस्यां सत्यां महानसादिः साध्यसाधनयोर्व्याप्तिं स्मारयति । यतो महानसादौ प्रत्यक्षानुपलम्भाभ्यां साध्यसाधनयोरविनाभावो गृहीतः, स च विस्मृतः सन् तदुपन्यासेन स्मार्यत इति ।

साधर्म्येणेत्यादि [पृ०२५ पं०७]। दृष्टान्तधर्मिणः साध्यधर्मिणा सह साध्यसाधनसद्भावकृतं सादृश्यं साधर्म्यमुच्यते । असादृश्यं च साध्य-हेतुकृतं वैधर्म्यमिति

यत्रेति अभिधेये [पृ०२५ पं०१०] इति[१] प्रोच्यमाने घटादौ । अयं सूत्रार्थः । हेतोरस्तित्वं सद्भावः **ख्याप्यते** साध्यान्वितो हेतुः प्रदर्श्यते यत्र सपक्ष एव साध्यानित्यत्वसमानेऽर्थे घटादावेव स घटादिः साधर्म्यदृष्टान्तः। **यत् कृतक**मित्यादि [पृ०२५पं०१२] । कृतकत्वकृतं दृष्टान्त-साध्यधर्मिणोः सादृश्यमत्र ।

वैधर्म्येणापीति [पृ०२५ पं०१३] । **अपिः** पुनरर्थे । वैधर्म्येण पुनः स दृष्टान्त इति शेषः । **यत्रे**त्याकाश-जलाशयादौ दृष्टान्ते । **यन्नित्य**मित्यादि [पृ०२५ पं०१५] । कृतकत्वकृतं शब्दा-ऽऽकाशयोः साध्यदृष्टान्तधर्मिणोरसादृश्यमिह । तदिह स्थितमिदम् । साध्यान्वितस्य हेतोर्व्याप्तिसंदर्शनार्थः साधर्म्यदृष्टान्तो वक्तव्यः । प्रसिद्धव्याप्तिकस्य हेतोः साध्याभावे हेत्वभावप्रदर्शनार्थं वैधर्म्यदृष्टान्त इति । एतदेव चानयोर्दृष्टान्तयोः स्वरूपं नापरं किंचित् ।

अनित्यो न भवतीति [पृ०२५ पं०१८]। प्रसज्योऽयं नञ् । स च निषेधमात्रकृदिति। **भावाभावोऽभाव** इति [पृ०२६ पं०१]। **भावस्य** वस्तुसत्ताया **अभावो** नाशो यथाऽ**भाव**स्तुच्छरूपः सर्वसामर्थ्योपाख्याविरहलक्षण **उच्यते** शब्दतः, न त्वभावो वस्तुभूतः कपालादिवस्तुरूपः सौगतमते कश्चिदस्ति, भिन्नसामग्रीवशेन कपालादेर्भिन्नवस्तुन उत्पत्तेः, एवमिहापि न वस्तुसन्नित्यमकृतकं वाऽस्ति किन्तु व्यावृत्तिमात्रमेव केवलमिति । दृष्टान्तेन प्रतिरूपो **दार्ष्टान्तिक**स्तस्मिन्नपि [पृ०२६ पं०३] ।

---

१ इति नास्ति C.॥

एवं[1] विभिन्नप्रकरणेष्ववयवानां स्वरूपोपदर्शनेऽप्येकत्र तत्स्वरूपपरिज्ञानापेक्षया आह— **एषा**मित्यादि [पृ०२६ पं०५] । **सपक्षेऽनुगमः** साध्ययुक्तहेतोर्व्याप्तिः, तस्य **वचनम्** [पृ०२६ पं०७]। कोऽर्थः ? साध्यान्वितहेतुप्रदर्शनवाक्यम् । **एतान्येव** [पृ०२६ पं०८] पक्षादीनां वचनानि । किमुच्यन्ते ? । **अवयवाः** साधनमित्यर्थः । कियन्तः ? **त्रयः** । त्र्यवयवं साधनमित्यर्थः ।

इहापीति [पृ०२७ पं०१] साधनाभासेऽपि । **साधयितुमिष्ट** इत्यनेन 'साध्यत्वेनेप्सितः' इतीदं लक्षणं गृहीतम् । **अपि**ना च **प्रसिद्धो धर्मीत्या**दि समस्तमपि लक्षणं संगृह्यते । अत एवाह— **अपिशब्दात् तदन्यलक्षणयुक्तोऽपी**ति । **तैर्विरुद्ध** इति [पृ०२७ पं०४] तैः कर्तृभिर्विरुद्धः । **यस्यासा**विति [पृ०२७ पं०५] यस्य साधयितुमिष्टस्य धर्मिणः ।

इहेत्यादि [पृ०२८ पं०१]। **तेन** प्रत्यक्षेण **परिच्छिन्नो** निश्चित**स्तत्परिच्छिन्नः**। **शालेः कुडवः** सेतिका शालिकुडवस्तस्य **न्याय**स्तद्वत्। यथा कुडवेन परिच्छिन्नः शालिरपि कुडव उच्यते, एवमिहापि प्रत्यक्षपरिच्छिन्नो[2] धर्मोऽपि श्रावणत्वाख्यः प्रत्यक्ष उच्यते । **मध्ये**त्यादि [पृ०२८ पं०२] प्रत्यक्षेण प्रसिद्धो धर्मः श्रावणत्वाख्यः **प्रत्यक्षप्रसिद्धधर्म**स्तेन विरुद्धः **प्रत्यक्षविरुद्धः**।

तत्रेति [पृ०२८ पं०६] तेषु प्रत्यक्षविरुद्धादिषु मध्ये **अश्रावण** इति श्रवणेन ग्राह्यः श्रावणः, न श्रावणो**ऽश्रावणः** श्रोत्रविज्ञानाप्रतिभासी । **अय**मिति [पृ०२८ पं०७] श्रोत्राग्राह्यत्वलक्षणो धर्मः शब्दस्य **तत्रैव धर्मिणि** शब्दाख्ये **श्रावणत्वेन** श्रवणविज्ञान-प्रतिभासित्वेन **विरुध्य**ते, श्रोत्रेन्द्रियविज्ञानेन शब्दस्य गृह्यमाणत्वादिति।

आहेत्यादि [पृ०२८ पं०८], श्रावणत्वमित्ययं भावप्रत्ययवान्निर्देशः। भावश्च सत्ता । सा च सामान्यम्। तच्च प्रत्यक्षेण न गृह्यते किल । प्रत्यक्षस्य हि स्वलक्षणमेव विषयोऽनुमानस्य च सामान्यमिति प्रेर्यार्थः । आचार्यस्तु मन्यते-नात्र भावप्रत्ययः सत्तार्थे भावमाश्रित्योत्पन्नः किन्तु स्वभावार्थे। अत एवाह- **भावप्रत्ययेन तत्स्वरूपे**त्यादि [पृ०२८पं०१०] । **तस्य** श्रवणग्राह्यस्य शब्दस्य **स्वरूपमात्रं** स्वभावमात्रं तस्या**भिधानात्** प्रतिपादनात् । श्रावणत्वस्य यत् **सामान्यलक्षणत्वं** प्रत्ययवशेनोद्भावितं तस्या**नुपपत्ते**रिति।

---

१ **एवं भिन्न° C.** ॥ २ **°न्नोऽपि धर्मः C.** ॥

आगमेत्यादि [पृ०२८ पं०१५]। आगम इह वैशेषिकमत[1]व्यवस्थाकारीणि शास्त्राण्युच्यन्ते। तत्र यः किल वेदः **सामा**दिकोऽपौरुषेयतया नित्यः कैश्चिदभ्युपगम्यते तस्यापि पौरुषेयत्वेनैवाऽनित्यस्य सतः प्रामाण्यं व्यवस्थाप्यते । अतस्तद्बाह्यस्येतरस्य शब्दस्य सुतरामनित्यत्वमित्यायातम्। एतदेवोक्तेन द्रढयन्नाह—[2]**बुद्धिपूर्वे**ति । **बुद्धिमान्** पूर्वं कारणं यस्याः सा तथा । इह समासे मन्तुरुक्तार्थः । बुद्धिमत्कर्तृप्रणीतो वेदोऽपीति तात्पर्यम् । **तद्वचनाद्** बुद्धिमद्वचना**दाम्नायस्य** वेदस्य **प्रामाण्यम्,** न त्वपौरुषेयत्वेन नित्यस्य सतः, विशिष्टपद-वाक्यरचनात्मकत्वात्तस्य । अत्र प्रयोगः— यत् पद-वाक्यरचनात्मकं तत् पौरुषेयं दृष्टम्, यथा **मीमांसाभाष्या**दि, तथाभूतं च वेदवाक्यम् । इति स्वभावहेतुः ।

तत्रैवेति कपालाख्ये [पृ०२९ पं०१] । हेतु-दृष्टान्तयोरुपादानं **हेतु-दृष्टान्तोपादानम्** [पृ०२९ पं०२]।

मातृत्वेनेति [पृ०२९ पं०६] मातृत्वधर्मेण । कीदृशः पुनरत्र स्ववचनविरोध इत्याह— **विरोधश्चे**ति। **तद्विपरीते**ति अप्रसवधर्मिणीत्यर्थः ।

साध्यधर्मलक्षणमिति विनाशित्वरूपम् [पृ०२९ पं०१०] । **यत उक्त**मित्यादि [पृ०२९पं०१३] । सांख्यमते हि पञ्चविंशतिस्तत्त्वानि भवन्ति । यथा-सत्त्वरजस्तमसां साम्यावस्था प्रकृतिः, तत्र सत्त्वं सुखम्, रजश्च दुःखम्, तमश्च मोह इति । प्रकृतेश्च महान् बुद्धिरुत्पद्यते । सा च गवादौ पुरो दृश्यमाने 'गौरेवायं नाश्वः, स्थाणुरेवायं न पुरुषः' इति विषयनिश्चयाध्यवसायरूपा । बुद्धेश्चाहंकार उत्पद्यते । स च 'अहं सुभगोऽहं दर्शनीयः' इत्याद्यभिमानरूपः। अहंकाराच्च षोडशको गण उत्पद्यते । यथा-पञ्च बुद्धीन्द्रियाणि श्रोत्र-त्वक्-चक्षु-जिह्वा-घ्राणलक्षणानि, स्वं स्वं विषयं बुध्यन्त इति कृत्वा । तथाहि-श्रोत्रं शब्दविषयं

---

१ °**मतानुसारीणि** C.॥ २ ''**बुद्धिपूर्वा वाक्यकृतिर्वेदे।** [वै०सू० ६/१/१] 'अग्निहोत्रं जुहुयात् स्वर्गकामः' [ ] इत्येवंभूता रचना भगवतो महेश्वरस्य बुद्धिपूर्वा सा ततः प्रमाणम्, आप्तप्रणीतत्वस्य सत्यताव्याप्तेः।'' इति **चन्द्रानन्द**विरचितटीकासहिते **वैशेषिकसूत्रे**॥ ''**तद्वचनादाम्नायप्रामाण्यम्।** [वै० सू० १।१।३] तदिति हिरण्यगर्भपरामर्शः, हिरण्यं रेतोऽस्येति कृत्वा भगवान् महेश्वर एवोच्यते । आप्तेनोक्तत्वस्य सत्यताव्याप्तत्वादिहाप्तेन हिरण्यगर्भेणोक्तत्वादाम्नायस्य प्रामाण्यं साध्यते । ईश्वरश्च साधितस्तनुभुवनादीनां कार्यतया घटादिवद् बुद्धिमत्कर्तृकत्वानुमानेन ।...... ......**तद्वचनादाम्नायप्रामाण्यमिति**'' ।१०।२९। तनु-भुवनादिकार्यतया विज्ञातो भगवानीश्वरः, तत्प्रणयनाच्चाम्नायस्य सिद्धं प्रामाण्यम् । 'इति' शब्दः समाप्त्यर्थः। एवं द्रव्यादीनां साधर्म्यवैधर्म्यपरिज्ञानाद् वैराग्यद्वारेण ज्ञानोत्पत्तेः 'आत्मा ज्ञातव्यः' इत्यादिवाक्येभ्यश्चोपासाक्रमेण विज्ञानावाप्तेर्निःश्रेयसाधिगमः'' इति **चन्द्रानन्द**विरचितटीकासहिते **वैशेषिकसूत्रे** ॥

बुध्यते, त्वक् स्पर्शम्, चक्षू रूपम्, जिह्वा रसम्, घ्राणं गन्धमिति । पञ्च कर्मेन्द्रियाणि वाक्पाणि–पाद–पायूपस्थसंज्ञानि । वाक् चेह 'उच्यते अनयेति वाक्' उरः-कण्ठादिस्थानाष्टतयी। तदुक्तम्— **वाग् वचनमुच्चारयति, हस्तौ कर्म कुरुतः** [ ] इत्यादि । अपरं च मनः, तच्चार्थमन्तरेणापि संकल्पवृत्ति। तद्यथा- कश्चिद् बटुः शृणोति ग्रामान्तरे भोजनमस्तीति । तत्र तस्य संकल्पः स्याद् यास्यामीति । तत्र चाहं ग्रामे किं गुडदधिरूपं भोजनं प्राप्स्ये, उतश्विद्दधि, किंवा किमपि नेत्येवंरूपं मन इति । तथाऽहंकारात् पञ्च तन्मात्राणि चोत्पद्यन्ते। यथा–गन्धतन्मात्रं सुरभ्यादिगन्धविशेषः, रसतन्मात्रं तिक्तादिरसविशेषः, रूपतन्मात्रं शुक्लकृष्णादिरूपविशेषः, स्पर्शतन्मात्रं मृदुकठिनादिस्पर्शविशेषः, शब्दतन्मात्रं शब्दविशेष इति षोडशको गणः । तन्मात्रेभ्यश्च यथाक्रमं पञ्च भूतानि पृथिव्यप्तेजोवाय्वाकाशसंज्ञानि-उत्पद्यन्ते। पञ्चविंशतितमः पुरुषः, तल्लक्षणं च **चैतन्यं पुरुषस्य स्वं[1]रूपम्** [ ] इति । इति पञ्चविंशतितत्त्वानि । तथा चोक्तम्—

प्रकृतेर्महांस्ततोऽहंकारस्तस्माद् गणश्च षोडशकः ।
तस्मादपि षोडशकात् पञ्चभ्यः पञ्च भूतानि॥ [सांख्यका॰ २२] इति ।

तत्र महदादयः प्रकृतेर्विकारास्ते च व्यक्तेर्भ्रश्यन्ति। प्रकृतिस्तु नित्याऽभ्युपगम्यते । ततो न कदाचिदपि सा स्वरूपाद् भ्रश्यति । तथा च महदादिकस्य प्रकृतेश्च सांख्यैः स्वरूपमिदमुक्तम्। यथा

हेतुमदनित्यमव्यापि सक्रियमनेकमाश्रितं लिङ्गम् ।
सावयवं परतन्त्रं व्यक्तं विपरीतमव्यक्तम्॥ [सांख्यका॰१०] इति॥

तत्र **हेतुमत्** कारणवत्। **अनित्य**मिति उत्पत्तिधर्मकत्वाद् बुद्ध्यादेः । **अव्यापी**ति प्रतिनि[2]यतं न सर्वगम् । **सक्रिय**मिति सह क्रियाभिरध्यवसायादिभिर्वर्तत इति सक्रियं सव्यापारं संचरणक्रियावदिति यावत् ।

अनेकमिति त्रयोविंशतिभेदात्मकम् । **आश्रित**मित्यात्मोपकारकत्वेन प्रधानमवलम्ब्य स्थितम्। **लिङ्ग**मिति यद्यस्मादुत्पन्नं तत्तस्मिन्नेव लयं गच्छति । तत्र भूतानि तन्मात्रेषु लीयन्ते । तन्मात्राणीन्द्रियाणि चाहंकारे । स च बुद्धौ। सा चाव्यक्ते । तच्चानुत्पाद्यत्वान्न क्वचित् प्रलीयते । **सावयव**मिति शब्द–स्पर्श–रूप–रस–गन्धात्मकैरवयवैर्युक्तत्वात्। **परतन्त्र**मिति कारणायत्तत्वात् । इत्येवंरूपं **व्यक्तं** महदादिकम् । **अव्यक्तं** तु

---

१ **स्वं रूपं** J. P.॥ २ °**यतमसर्वगतं** C. ॥

प्रकृत्याख्यमेत**द्विपरीत**मिति। तत्र विपरीतता सुयोज्यैव, नवरं प्रधानं दिवि भुव्यन्तरिक्षे च सर्वत्र व्यापितया वर्तत इति व्यापित्वं तस्य । तथाऽव्यक्तस्य व्यापकत्वेन संचरणरूपायाः क्रियाया अभावान्निष्क्रियत्वं च द्रष्टव्यम् । इति दिङ्मात्रमिदं दर्शितम् । विशेषव्याख्यानं तु सांख्यशास्त्रादेव **सांख्यसप्तत्या**देरवसेयम् ।

तदेतत् प्रकृतोपयोगि, यद्यस्मादुत्पन्नं तत् तस्मिन्नेव लयं गच्छतीत्ययमेव व्यक्तेर्भ्रंशो नापरः कश्चिन्निरन्वयरूपोऽत आह— **卐तदेत**दित्यादि [पृ०२९ पं०१४]। इह **त्रैलोक्य**शब्देन महदादिकमेव कार्यमुच्यते । स्वर्ग-मर्त्य-पाताललक्षणस्यापि च त्रैलोक्यस्य महदादिव्यतिरिक्तस्याभावात् । **नित्यत्वप्रतिषेधा**दिति । आकाशादीनाश्रित्य नैयायिकादिभिरुक्तस्य 'अप्रच्युतानुत्पन्नस्थिरैकस्वभावं नित्यम्' इत्यस्य निषेधात् । तथाऽ**पेतमप्यस्ति विनाशप्रतिषेधा**दिति । आविर्भाव-तिरोभावमात्रस्यैवाङ्गीकरणेन बौद्धाभ्युपगतस्य निरन्वयविनाशस्य निराकरणादित्यर्थः । ततोऽत्र विनाशित्वं निरन्वयरूपं सांख्यस्य न साध्यमिति पक्षाभासत्वम्।

卐 ''**एतेन भूतेन्द्रियेषु धर्मलक्षणावस्थापरिणामा व्याख्याताः** ॥१३॥ **एतेन** पूर्वोक्तेन चित्तपरिणामेन धर्मलक्षणावस्थारूपेण **भूतेन्द्रियेषु** धर्मपरिणामो लक्षणपरिणामोऽवस्थापरिणामश्चोक्तो वेदितव्यः । तत्र व्युत्थाननिरोधयोरभिभवप्रादुर्भावौ धर्मिणि धर्मपरिणामः । लक्षणपरिणामश्च निरोधस्त्रिलक्षणस्त्रिभिरध्वभिर्युक्तः। स खल्वनागतलक्षणमध्वानं प्रथमं हित्वा धर्मत्वमनतिक्रान्तो वर्तमानलक्षणं प्रतिपन्नः। यत्रास्य स्वरूपेणाभिव्यक्तिः। एषोऽस्य द्वितीयोऽध्वा । न चातीतानागताभ्यां लक्षणाभ्यां वियुक्तः।

तथा व्युत्थानं त्रिलक्षणं त्रिभिरध्वभिर्युक्तं वर्तमानलक्षणं हित्वा धर्मत्वमनतिक्रान्तमतीतलक्षणं प्रतिपन्नम् । एषोऽस्य तृतीयोऽध्वा । न चानागतवर्तमानाभ्यां लक्षणाभ्यां वियुक्तम्। एवं पुनर्व्युत्थानमुपसंपद्यमानमनागतलक्षणं हित्वा धर्मत्वमनतिक्रान्तं वर्तमानलक्षणं प्रतिपन्नम् । यत्रास्य स्वरूपाभिव्यक्तौ सत्यां व्यापारः। एषोऽस्य द्वितीयोऽध्वा । न चातीतानागताभ्यां लक्षणाभ्यां वियुक्तमिति । एवं पुनर्निरोध एवं पुनर्व्युत्थानमिति ।

तथाऽवस्थापरिणामः। तत्र निरोधक्षणेषु निरोधसंस्कारा बलवन्तो भवन्ति दुर्बला व्युत्थानसंस्कारा इति । एष धर्माणामवस्थापरिणामः। तत्र धर्मिणो धर्मैः परिणामो धर्माणां त्र्यध्वनां लक्षणैः परिणामो लक्षणानामप्यवस्थाभिः परिणाम इति । एवं धर्मलक्षणावस्थापरिणामैः शून्यं न क्षणमपि गुणवृत्तमवतिष्ठते । चलं च गुणवृत्तम् । गुणस्वाभाव्यं तु प्रवृत्तिकारणमुक्तं गुणानामिति । एतेन भूतेन्द्रियेषु धर्मधर्मिभेदात् त्रिविधः परिणामो वेदितव्यः।

परमार्थतस्त्वेक एव परिणामः। धर्मिस्वरूपमात्रो हि धर्मो धर्मिविक्रियैवैषा धर्मद्वारा प्रपञ्च्यत इति । तत्र धर्मस्य धर्मिणि वर्तमानस्यैवाध्वस्वतीतानागतवर्तमानेषु भावान्यथात्वं भवति न तु द्रव्यान्यथात्वम् । यथा सुवर्णभाजनस्य भित्त्वाऽन्यथाक्रियमाणस्य भावान्यथात्वं भवति न सुवर्णान्यथात्वमिति ।

अपर आह— धर्मानभ्यधिको धर्मी पूर्वतत्त्वानतिक्रमात् । पूर्वापरावस्थाभेदमनुपतितः कौटस्थ्येनैव परिवर्तेत

कश्चिदाह— ननु बौद्धमते पक्षवचनमेव नोच्चार्यते तत् कथमयं बौद्धस्य पक्षाभासः ?। सत्यमेतद्, बालव्युत्पत्त्यर्थमुदाहरणदर्शनतः शास्त्र एवेदमभ्युपगम्यते न वादे। अनुपयोगात्। न खलु वादकाले शिष्या व्युत्पाद्यन्ते । व्युत्पन्नप्रज्ञानामेव वादेऽधिकारात् । ततो वादे हेतुपुरःसर एव प्रयोगः कार्यः ।

आहेत्यादि [पृ०२९ पं०१६]। **विप्रतिपत्तौ** विवादे **इष्टार्थप्रसाधनार्थ**म्। **विप्रतिपत्तिरेव चे**ति नित्यानित्यादिवस्तुधर्मविषया ए**तद्दोषकर्त्री** पक्षाभासदोषकर्त्री **इति कुतोऽनुमानं** [पृ०२९ पं०१७] सम्भवति, किं तर्हि? अनुमानं न कुत्रापि कर्तुं युक्त[१]मित्यर्थः। **तद्दोषकर्तृ** पक्षाभासदोषकारि । **युक्तिविरुद्धत्वा**दिति युक्त्या निराकृतत्वात् पक्षाभासत्वस्य।

[पृ०२९ पं०१८] **तथाही**त्यादिनैनमेवार्थं भावयति । **दृष्टान्तसाधने कृते** इति **दृष्टान्तस्य** घटादेरनित्यत्वसिद्धौ कृतायामित्यर्थः । दृष्टान्तसिद्धिश्च प्रकृते सत्कार्यवादनिराकरणतो विधेया। तथाहि— शक्तानां कारणानां कार्योत्पत्तौ व्यापाराच्छक्तिरूपतया कार्यस्यावस्थानमिति सांख्याः। तदसंगतम् । कारणे कार्यस्य पूर्वमनुपलम्भात् । अथानभिव्यक्तेरनुपलम्भ इति चेत् सद्भावे किं प्रमाणम् ?। उत्पत्तिरिति चेत् । न । विद्यमानस्योत्पत्तेरयोगात् । प्रागेव तस्य विद्यमानत्वात् । अथाविद्यमानस्योत्पत्तौ

यद्यन्वयी स्यादिति । अयमदोषः। कस्मात् एकान्ततानभ्युपगमात् । **तदेतत् त्रैलोक्यं व्यक्तेरपैति नित्यत्वप्रतिषेधात्। अपेतमप्यस्ति विनाशप्रतिषेधात्** । संसर्गाच्चास्य सौक्ष्म्यम्, सौक्ष्म्याच्चानुपलब्धिरिति।

लक्षणपरिणामो धर्मोऽध्वसु वर्तमानोऽतीतोऽतीतलक्षणयुक्तोऽनागतवर्तमानाभ्यां लक्षणाभ्यामवियुक्तः। तथाऽनागतोऽनागतलक्षणयुक्तो वर्तमानातीताभ्यां लक्षणाभ्यामवियुक्तः। तथा वर्तमानो वर्तमानलक्षणयुक्तोऽतीतानागताभ्यां लक्षणाभ्यामवियुक्त इति । यथा पुरुष एकस्यां स्त्रियां रक्तो न शेषासु विरक्तो भवतीति।'' इति **पातञ्जलयोगदर्शनस्य व्यासभाष्ये** तृतीये विभूतिपादे। ''**तदेतत् त्रैलोक्यं** न तु द्रव्यमात्रं व्यक्तेरर्थक्रियाकारिणो रूपा**दपैति।** कस्मान्नित्यत्वप्रतिषेधात् प्रमाणेन । यदि हि घटो व्यक्तेर्नापेयात् कपालशर्कराचूर्णादिष्ववस्थास्वपि व्यक्तो घट इति पूर्ववदुपलब्ध्यर्थक्रिये कुर्यात् तस्मादनित्यं त्रैलोक्यम् । अस्तु तर्ह्यनित्यमेवोपलब्ध्यर्थक्रियारहितत्वेन गगनारविन्दवदतितुच्छत्वादित्यत आह—**अपेतमप्यस्ति,**नात्यन्ततुच्छता येनैकान्ततोऽनित्यं स्यादित्यर्थः । कस्माद्विनाशप्रतिषेधात् प्रमाणेन। तथाहि—यत्तुच्छं न तत्कदाचिदप्युपलब्ध्यर्थक्रिये करोति? यथा गगनारविन्दम् । करोति चैतत् त्रैलोक्यं कदाचिदुपलब्ध्यर्थक्रिये इति । तथोत्पत्तिमद्द्रव्यत्वधर्मलक्षणावस्थायोगित्वादयोऽप्यत्यन्ततुच्छगगननलिननरविषाणादिव्यावृत्ताः सत्त्वहेतव उदाहार्याः । तथा च धर्मी नात्यन्तं नित्यो येन चितिशक्तिवत् कूटस्थनित्यः स्यात्, किन्तु कथंचिन्नित्यः। तथा च परिणामीति सिद्धम् । एतेन मृत्पिण्डाद्यवस्थासु कार्याणां घटादीनामनागतानां सत्त्वं वेदितव्यम् । स्यादेतत् । अपेतमपि चेदस्ति कस्मात्पूर्ववन्नोपलभ्यत इत्यत आह—संसर्गात् स्वकारणलयात् **सौक्ष्म्यं** दर्शनानर्हत्वं ततश्चानुपलब्धिरिति'' । इति **वाचस्पतिमिश्र**विरचितायां टीकायां **तत्त्ववैशारद्याम्**

१ **युज्यत इत्यर्थः** C. ॥

खरविषाणादीनामप्युत्पत्तिः स्यादिति चेत् । न । कारणाभावात् । येषां हि कारणमस्ति जनकं तेषामेवोत्पत्तिः, न च खरविषाणादेर्जनकमस्ति कार्याभावेनैव कारणाभावप्रतीतेः । एवं तन्तुषु घटादेरनुत्पत्तिर्वाच्या । मृत्पिण्डे च पटादेरिति। प्रतिनियतसामग्र्याः प्रतिनियतकार्यजनकत्वात् । तन्तूपलक्षिता हि सामग्री पटस्यैव जनिकोपलब्धाऽन्या त्वन्यस्येत्युपादानेषु प्रतिनियतकार्योपलम्भ एव कार्यं नियमयति । न तु कारणे सत्त्वात्तन्नियमः।

किञ्च, यदुत्पद्यते तदुत्पत्तेः पूर्वमसदेवोत्पद्यत इति व्याप्तिरिष्यते, न पुनर्यदसत्तदुत्पद्यत एवेति । तस्माद् विद्यमानस्योत्पत्तिर्व्याहता, विद्यमानत्वादेव । मृद्-दण्ड-चक्रादिकारकाणां व्यापारवैयर्थ्यं च । अथाभिव्यक्त्यर्थं व्यापारः कारकाणामिति चेत्तर्हि साऽभिव्यक्तिः सती क्रियते असती वा। सत्पक्षे विद्यमानत्वादेव कारकवैयर्थ्यम् । अथाभिव्यक्तिरविद्यमानैव क्रियते तर्हि सदुत्पद्यत इति व्याहतम् । अभिव्यक्तेः स्वरूपोपलम्भस्याविद्यमानस्यैवोत्पत्तेः। न चावरणव्यपगमोऽभिव्यक्तिः, नित्याया अभिव्यक्तेरावरणस्याकिंचित्करत्वात् । किंचित्करत्वे वाऽनित्यत्वप्रसङ्गः। यश्च 'अङ्कुरो जायते, घटं कुरु' इति व्यपदेशोऽसिद्धस्यापि सिद्धतया स भाविनि भूतवदुपचार इति न्यायादौपचारिक इति । तस्माद् विद्यमानस्योत्पत्त्यर्थासंभवात् घट-शब्दादिरसन्नेवोत्पद्यते, यश्चोत्पद्यते स कृतकः । कृतकत्वाच्चानित्यत्वसिद्धिः । एवं च विनाशी शब्दः कृतकत्वाद् घटवदिति सांख्यं प्रति बौद्धस्य वदतो न पक्षाभासतेति । दृष्टान्तमप्रसाध्य च प्रयोगे क्रियगाणे स्यादेव । पुनः साधनापेक्षित्वात् । तथाहि— यदेव साधनमुपन्यस्यते वादिना तत् सर्वं तस्यासिद्धमित्यपरापरसाधनोपन्यासेनाऽनवस्थैव स्यात् । किञ्च, अप्रसिद्धविशेषणा-ऽप्रसिद्धविशेष्यनामानौ तत्त्वतः पक्षाभासावपि न स्तः । तथाहि- एतौ किं वाद्यपेक्षया पक्षाभासौ स्तः प्रतिपाद्यापेक्षया वा ? । तत्राद्यपक्षे प्रत्यक्षादिप्रमाणैः प्रतिपादकस्य सिद्धे विशेष्य विशेषणे ब्रुवतो न पक्षाभासता। प्रमाणप्रतिपन्नं वदतः पक्षाभासत्वायोगात् । प्रतिपाद्यापेक्षया तु नैतद् दूषणम्। अप्रतिपन्नतत्त्वस्य प्रतिपाद्यत्वादिति।

निरात्मान [पृ०३० पं०२] इति निरवयविनः । न धर्माणामनुगतः कश्चिदवयवी समस्तीत्यर्थः, तद्ग्राहकप्रमाणाभावात् । तथाहि— गुणा-ऽवयवव्यतिरिक्तमनुगतं द्रव्यं नोपलभ्यते । न हि शुक्लादिगुणेभ्यस्तन्त्वाद्यवयवेभ्यश्चार्थान्तरभूतं पटादिद्रव्यं चक्षुरादिज्ञाने प्रतिभासते । दृश्यश्चाऽवयव्यभ्युपगतः। एवं च यदुपलब्धिलक्षणप्राप्तं सन्नोपलभ्यते तदसदिति व्यवहर्तव्यम्। यथा क्वचित् प्रदेशे घटः । नोपलभ्यते चावयवव्यतिरिक्तोऽवयवी तत्रैव

देशे इति स्वभावानुपलब्धिः । न च वाच्यम् 'अवयव्यभावे [१]परमाणूनामतीन्द्रियत्वात् प्रतिभासो न स्यात्' इति। यतो विशिष्टावस्थाप्राप्तानामणूनामिन्द्रियग्राह्यत्वादतीन्द्रियत्वमसिद्धमिति । तथाहि— परस्पराविनिर्भागवर्तितया सहकारिवशादुत्पन्नाः परमाणवोऽध्यक्षतामुपयान्त्येवेति। न हि सर्वदैवेन्दियातिक्रान्तस्वरूपाः परमाणवः क्षणिकवादिभिरभ्युपगम्यन्ते। नन्ववयव्यभावे बहुषु परमाणुष्वक्षव्यापारेणैकः पट इति कथं प्रत्ययः ? । नैवम् । अनेकसूक्ष्मतरपदार्थसंवेदनत एक इति विभ्रमोत्पत्तेः । प्रदीपादौ नैरन्तर्योत्पन्नसदृशापरापरज्वालादिपदार्थसंवेदनेऽप्येकत्वविभ्रमवत् । ननु भेदेनानुपलक्ष्यमाणाः परमाणवः कथमध्यक्षाः ? । नैवम् । विवेकेनानवधार्यमाणस्यानध्यक्षत्वे प्रदीपादौ पूर्वापरविभागेनानुपलक्ष्यमाणेऽनध्यक्षताप्रसक्तेः,अवयवानां विभागानुपलक्षणेऽवयव्यपि कथं तथा प्रत्यक्षत्वेनेष्टः? । किञ्च, यदि बाह्यार्थनिर्भासे नाणवः प्रतिभासन्ते तदाऽवयव्यभ्युपगमेऽपि पटादिर्विषयः स्थूलरूपतया प्रतिभासमान एकोऽनेको वा । एकोप्यवयवैरारब्धोऽनारब्धो वा । तत्र न तावदयमुभयरूपोऽप्येको युक्तः । स्थूलस्यैकस्वभावत्वविरोधात् । तथाहि— यदि स्थूलमेकं स्यात्तदैकदेशरागे सर्वस्य रागः प्रसज्येत एकदेशावरणे सर्वस्यावरणं भवेत् । अनेकत्वे चाभ्युपगमविरोधः । बहुष्वप्यवयवेष्वेकस्यैवावयविनो वृत्तेर्भवद्भिरभ्युपगमात् । न च स्थूलसूक्ष्मादिव्यपदेशोऽवयव्यसत्त्वेऽनुपपन्न इति वाच्यम् । अवयवा एव तथा उत्पद्यमानाः अल्प-बहुतराः स्थूल-सूक्ष्मादिव्यपदेशं लभन्ते । इत्यलं प्रपञ्चेन ।

अथ किं बहूनि कारणानि विद्यन्ते येन समवायिकारणमित्यनेन विशेष्यते आत्मेत्याह— **वैशेषिकस्य ही**ति [पृ०३० पं०५] । **समवायिकारणा**दिति [पृ०३० पं०६] । **सम**केकीभावे, **अवो**ऽपृथक्त्वे, **अय** गतौ । ततश्चैकीभावेनापृथग्गमनं समवायः संश्लेषः, स येषामस्तीति ते समवायिनस्तन्त्वादयो यस्मात्तेषु पटादिकं समवैतीति । ते च ते कारणं च तस्मात् । **तथाही**त्यादि [पृ०३० पं०६] । वैशेषिकमते तन्त्वादयः समवायिकारणाख्यमाधारभूतं कारणं वर्तन्ते पटादेराधेयभूतकार्यस्य, बौद्धानां तु तन्त्वादयः उपादानकारणं भण्यन्ते, जैनानां परिणामिकारणमिति, प्रस्तावादिदमुक्तम् । तथा तान-वितानीभावे सति यस्तन्तुसंयोगः सोऽसमवायिकारणम्, संयोग-संयोगिनोर्भिन्नत्वाभ्युपगमात् समवायेन चैकीकरणात् । **तुरी**ति। **आदि**शब्दात् कुविन्दादेर्ग्रहणम् । प्रकृते कारणत्रययोजनामाह— **इत्थ**मित्यादि [पृ०३० पं०८]। आत्मा सुखादीनामाधेयभूतानामात्मगुणानां समवायिकारणाख्यमाधारभूतं कारणम् । यतस्ते सुखादय आत्मनि समवेता उत्पद्यन्ते । आत्ममनसोः संयोगोऽसमवायिकारणं सुखादीनामुत्पत्तौ

१ परमाणूनां प्रतिभासो न स्यादिति अतीन्द्रियत्वात् । यतो C

आत्ममन:संयोग इति समसनीयम् । आत्मनि सुखादीनामुत्पत्तौ स्रक्-चन्दनादयो निमित्तकारणं भवन्तीति । **सामग्र्या एवे**ति [पृ०३०पं०११]। यथा वैशेषिकस्य कारणत्रयात् कार्यस्योत्पत्तिरिष्यते एवं न बौद्धस्य मते। किन्तु विज्ञानसंततौ सुखादय: स्रक्-चन्दनादिसामग्रीवशादुत्पद्यन्ते इत्येतदेवाभ्युपगम्यते इति भाव: ।

प्रसिध्यति स्म **प्रसिद्धो**ऽकर्मक: कर्तरि क्त:। **यस्मिन्नि**ति पक्षाभासे [पृ०३०पं०१३]। अथ कथमेषां पक्षाभासत्वम् ? किमेकेन स्वरूपेणोतश्चिद् भिन्नेन इत्याह— **एषा**मित्यादि [पृ०३० पं०१५]।

स्वं चेत्यादि [पृ०३० पं०१७]। **धर्मस्य** श्रावणत्वादे: **स्वरूपं** श्रवणग्राह्यत्वादिकं **धर्मस्वरूपम्** । आत्मनोऽनतिक्रमेण यथात्मा, तस्य भावो **याथात्म्य**मवैपरीत्यम् । **धर्मस्य याथात्म्य**मिति विग्रह:। **निराक्रियतेऽनेने**ति अश्रावणत्वादिना श्रावणत्वादिकं प्रसिद्धम् । यद्वा निराकरोत्यश्रावणत्वादिकं कर्त्रिति **निराकरणम्**। प्रतिषेधतीति प्रतिषेधनं निषेधकमित्यर्थ:। **धर्मयाथात्म्यप्रतिषेधद्वारेणे**ति, अश्रावणत्वादे: पक्षाभासत्वमिति शेष: । अथ किमेभि: प्रसिद्धं निराक्रियते येन पक्षाभासत्वमित्याह— **प्रतिषिध्यते चे**ति [पृ०३०पं०२१]। धर्मयाथात्म्यं श्रावणत्वादिकम्। परं न तच्छक्यते निराकर्तुं प्रत्यक्षादिप्रसिद्धधर्मयाथात्म्येनैव तस्याश्रावणत्वादेर्बाध्यमानत्वात्।

तत्रेति [पृ०३१ पं०२] एवं सति **प्रतिपाद्यते**ऽवबोध्यते परोऽनेन वचनेन कृत्वेति **प्रतिपादनं** वचनमुच्यते । प्रत्याय्यते परोऽनेनेति **प्रत्यायनम्** । **परस्य प्रत्यायन**मिति समास:। अथ किं दृष्टान्तादौ[1]वप्युपन्यस्ते प्रतिपादनमेषु त्रिषु न संभवति येन पक्षाभासत्वमित्याह— **न चे**ति [पृ०३१ पं०४] ।

वादिप्रतिवादिनोरुभयोरपि श्रावण: शब्द इत्यत्रार्थेऽविप्रतिपत्तेश्च **साधनवैफल्यम्** [पृ०३१ पं०६] । अथ किमत्र तात्पर्यं स्थितमित्याह – **ततश्चे**त्यादि [पृ०३१ पं०६] ।

हेतुवदाभासन्त इति [पृ०३१ पं०१२] । हेतुस्थाने प्रयुक्तत्वात् साध्यासाधनाच्चेत्यर्थ:। **संदिग्ध:** संशयित उच्यते । **तत्रे**ति [पृ०३१ पं०२१]। **पूर्ववदि**ति [पृ०३१ पं०२३] । तत्र तेष्वसिद्धादिषु चतुर्षु मध्ये उभयासिद्धत्वगुणेनाऽऽद्यो निर्धार्यते ।

कृतकत्वादित्यादि [पृ०३२ पं०८,९] । **मीमांसकं** भट्टम् । **कापिलं वे**ति सांख्यम्। **तथाही**त्यादि [पृ०३२ पं०१०]। अयमर्थ:- यथा घटादय: प्रदीपेन तमसि स्थिता:[2] सन्त

---

१ °दावुपन्यस्ते C.॥ २ स्थिता अभिव्यज्यन्ते सन्त एव, एवं C .॥

एवाभिव्यज्यन्ते एवं शब्दोऽपि नित्यतया ताल्वादिभिः सन्नेवाभिव्यज्यते न त्वसन्नुत्पद्यते । न चासिद्धं शब्दनित्यत्वमिति वाच्यम्। प्रत्यभिज्ञानादेरुपलम्भात् । यमहमश्रौषं गोशब्दं तमेतर्हि शृणोमीति श्रौत्रं विज्ञानमुपजायमानं दृष्टम् । न चेदमन्यताग्रहणादप्रमाणम् , अन्यताग्राहकप्रमाणानुपलब्धेः। तथाऽर्थापत्त्या च शब्दस्य नित्यत्वं विज्ञायते । अनित्यत्वे हि संकेतकालानुभूतशब्दविलयोत्तरकालं शब्दान्तरोपलम्भादसंकेतितादर्थप्रतिपत्तिर्न स्यात्। सा चोपलभ्यते । इति तदन्यथानुपपत्त्या शब्दस्य नित्यत्वं ज्ञायते ।

सांख्यमते तु सर्वमपि वस्तु नासदुत्पद्यते नापि सद् विनश्यति । किन्त्वाविर्भाव-तिरोभावमात्रमुत्पत्ति-विनाशावभ्युपगम्येते । ततः सदेव कार्यं कारणात्मन्यभिव्यज्यते । प्रमाणयन्ति च-यदसत्तन्न केनचित् कर्तुं शक्यम्, यथा गगनाम्भोरुहम् । असच्च कारणावस्थायां कार्यमिति व्यापकविरुद्धोपलब्धिः । तथाहि— यदि कार्यं केनापि स्वरूपेण कारणात्मनि न स्यात्तदा क्षीरादावपि सर्वथा दध्यादेरसत्त्वान्न तस्मादपि तस्योत्पत्तिः स्यात् । तस्माद् विज्ञायतेऽस्ति केनापि रूपेण कार्यं कारणात्मनि । ततः स्वस्वसामग्रीवशेन कार्यमस्फुटं सत् स्फुटीभवति। एवं च प्रकृते शब्दोऽपि सन्नेव ताल्वादिभिरभिव्यज्यत इति । ततश्च नित्यशब्दवादिनं प्रति कृतकत्वमसिद्धो हेतुः । नन्वपक्षधर्मो हेतुरसिद्धः स्यात्, अत्र च कृतकत्वं शब्दधर्मः, तत् कथमसिद्धतादोषः स्यात् ? । उच्यते । मीमांसक-कापिलयोः कृतकत्वमपूर्वोत्पादलक्षणं बौद्धाभिमतं शब्दे न सिद्धम्, किन्त्वभिव्यक्तिरेव सिध्येत्, पक्षधर्मताऽस्त्येवेति । केवलं मीमांसकस्य प्रत्यभिज्ञानादिकमुपलभमानस्य शब्दे कृतकत्वं तावदसिद्धं यावत् परपक्षव्युदासद्वारेण प्रमाणतो न व्यवस्थाप्यते । अत एवान्यतरासिद्धो वस्तुवृत्त्या हेतुरेव, केवलं पक्षधर्मतया परेणाप्रतिपन्नत्वादसिद्धबुद्धिं जनयति । प्रतिपादिते च प्रमाणतः पक्षधर्मत्वे ततः साध्यसिद्धेर्भावाद्धेतुरेवेति । अत एव **न्यायशास्त्रे** उक्तं यथा—

यदा वादी सम्यग्घेतुत्वं प्रतिपद्यमानोऽपि पक्षधर्मत्वादितत्समर्थनन्यायविस्मरणादिनिमित्तेन प्रतिवादिनं प्राश्निकान् वा बोधयितुं न शक्नोति तदाऽन्यतरासिद्धत्वम् [ ] इति ।

अन्यतरासिद्धो हेत्वाभास एव नास्तीत्येके । तथाहि— परेणासिद्ध इत्युद्भाविते यदि वादी तत्साधकं प्रमाणं न दर्शयति ततः प्रमाणाभावादुभयोरसिद्धः । अथ प्रमाणं दर्शयति ततः प्रमाणस्यापक्षपातित्वादुभयोः सिद्धः । अन्यथा साध्यमप्यन्यतरासिद्धं न कदाचित् सिध्यतीति व्यर्थः प्रमाणोपन्यासः स्यात् । अथ यावत् परं प्रति प्रमाणेन न प्रसाध्यते तावत्तं प्रत्यसिद्ध इति चेत् गौणं तर्ह्यसिद्धत्वम् । यथा रत्नादिपदार्थस्तत्त्वतोऽप्रतीयमानस्तावन्तं कालं रत्नाभासः, न मुख्यत इति ।

जलादेः सकाशात् प्रभवो यस्य स **जलादिप्रभवः** [पृ०३२ पं०१२] । **रेणुवर्ति**र्धूलिरेखोच्यते । **आदि**शब्दाद् धूम-महिकादेर्ग्रहणम् । स्वयमेव धूमविषयं संदेहमापद्यते भूतसंघातः, अनिपुणेन च प्रमात्रा प्रयुज्यते इत्या**पाद्यमानः, भूतानां संघात** इति विग्रहः । **अग्निसिद्धौ** अग्निसिद्ध्यर्थम्।

नन्वेवमपि यत्रास्ति धूमस्तत्रास्य कथं न गमकत्वमित्याह— **निश्चितो ही**त्यादि । **धूमत्वेने**ति वह्निजन्यत्वलक्षणधूमस्वरूपेण । यदा सत्यधूमोऽपि बाष्पादित्वेन [1]**संदिग्धो भवति** तदा गमकत्वरूपानिश्चयात् संदिग्धासिद्ध इत्यर्थः । प्रयोगस्त्वेवम्—अग्निमानयं प्रदेशो धूमवत्त्वान्महानसवदिति । अपक्षधर्मता तु स्पष्टैव गम्यते । यतो नात्र धूमवत्त्वलक्षणो हेतुस्तत्प्रदेशधर्मत्वेन वर्तते, किन्तु सूक्ष्मक्षित्यादिसमूह एव, स च न सत्यधूमशब्दवाच्य इति।

गुणाश्चास्य षडिति [पृ०३२ पं०१९] । तत्र **संख्या** गुणो यथैकमाकाशमिति । घटाकाशं पटाकाशमित्यादयश्च भेदाः कल्पिता एवेति । **परिमाणं** महत्त्वं यथा महदाकाशमिति। **पृथक्त्वं** नाम पृथिव्यादीनां द्रव्याणां विभिन्नद्रव्यमाकाशमिति विभिन्नताहेतुः । विवक्षित-प्रदेशस्थितेन घटादिना [2]सहाकाशस्य संबन्धः **संयोगः** । विवक्षितस्थानाद् घटादावुत्सारिते घटादिना सह घटाद्यवष्टब्धस्याकाशस्य विश्लेषो **विभागः** । तथा शब्दस्यासाधारण-कारणेनाकाशाख्येन जन्यत्वा**च्छब्दो**ऽम्बरगुणः । वैशेषिकस्य हि कारणत्रयात् कार्यस्यो-त्पत्तिरिष्यते । तत्राकाशं शब्दस्य समवायिकारणम् । आकाश-ताल्वादिसंयोगोऽसम-वायिकारणम्। ताल्वादयस्तु निमित्तकारणमिति ।

धर्मिणोऽसिद्धत्वमपि कथं सिद्धमिति चेदाह— **तथा चे**त्यादि [पृ०३३ पं०१] । पञ्च वस्तूनि परेषां यानि तानि संज्ञामात्रादिशब्दव्यपदेश्यानीत्यर्थः । तत्र संज्ञैव **संज्ञामात्रं** नाममात्रमित्यर्थः। न तु वस्तुसदस्तीति । **प्रतिज्ञामात्रं** वचनमात्रम्, यथाऽस्त्यात्मादीति । परं विचारं न क्षमते। **संवृतिमात्रं** कल्पनामात्रम् । लोके संव्यवहारनिमित्तं यत् क्रियते तत् **संव्यवहारमात्रम्** । **अद्धे**ति कालस्याख्या । **प्रतिसंख्यानिरोधः** सहेतुको विनाशः । **पुद्गल**स्त्वात्मोच्यते। अयं भावार्थः— इहार्थक्रियासमर्थं यत्तदेव वस्त्वभ्युपगम्यते बौद्धैः । अतीतकालस्य च विनष्टत्वाद् भविष्यतश्चानुत्पन्नत्वात् तयोरर्थक्रियासामर्थ्यविरहः । किन्तु वर्तमानक्षण एवार्थक्रियासमर्थ इति स एवाभ्युपगम्यते तत्त्वतः । तथा चोक्तम्—

अर्थक्रियाऽसमर्थस्य विचारैः किं तदर्थिनाम्।
षण्ढस्य रूपवैरूप्ये कामिन्याः किं परीक्षया ?। [प्रमाणवा० ३। २११] इति ।

---

१ संदिह्यते तदा C. ॥ २ सह सम्बन्धः संयोग आकाशस्य । विव° C. ॥

तथा सहेतुको[१]ऽपि विनाशो विचार्यमाणो न घटते । तथाहि–असौ मुद्‌गरादिना क्रियमाणो विनाश्याद् घटादेर्भिन्नो वा क्रियेताऽभिन्नो वा ? । यद्यभिन्नस्तदा विनाशस्य तदव्यतिरेकाद् विनाश्यमेव कृतं स्यात् । तच्च स्वकारणकलापादेव सिद्धम्, किं तत्र विनाशहेतुना ? । तस्यैव च करणे सुतरां तस्य विनाशो न स्यात् । अथ भिन्नस्तदा संबन्धाभावात् कस्यासौ स्यात् ? । तथा सति घटवदविशेषेण विश्वस्याप्यसौ स्यात् । तथा भिन्नस्य तस्य करणे न किंचिद् विना[२]श्यस्योपकृतं भवेत् । तथा च सत्यविचलितरूप एवासौ भावो भवेत् । अथ तत्संबन्धः क्रियते । कोऽयं संबन्धः ? इति वाच्यम् । तत्र न तावत्तादात्म्यलक्षणः । व्यतिरेकिणा सार्धं तादात्म्यायोगात् । नापि तदुत्पत्तिः । विनाशस्य विनाश्यादुत्पत्तेरयोगात्। अपरश्च संबन्ध एव नेष्यते । किञ्च, असावविनश्वरस्वभावानां भावानां भवेद् विनश्वरस्वभावानां वा ?। यद्याद्यः कल्पस्तदा तेषां पुरन्दरशतैरप्यन्यथाकर्तुमशक्यत्वात् किं पुनर्लगुडादिमात्रेण तेषामन्यथाभावः स्यात्? अथ द्वितीयः कल्पस्तदप्यचारु। स्वयं क्षणनश्वरात्मकस्य स्वहेतुभ्य एवोत्पत्तेः किं नाशहेतुना कृत्यम् ? । तथाहि— यो यत्स्वभावः स स्वहेतोरेवोत्पद्यमानस्तादृशो भवति न पुनः तद्भावे हेत्वन्तरमपेक्षते, यथा प्रदीपः । तथाहि— प्रदीपः स्वयं प्रकाशस्वभावत्वान्न स्वप्रकाशेऽपरं प्रदीपान्तरमपेक्षते तद्वत् क्षणधर्मा चेद् भावो न किंचिन्नाशहेतुना। अतो न लगुडादिना घटादेर्विनाशः क्रियते, किन्तु भिन्नमेव वस्त्वन्तरं स्वसामग्रीवशेनोत्पद्यते कपालादिकमिति ।

तथा आकाशमप्या[३]लोकतमसी एवेति सौगताः । नेतरदवकाशदानादिस्वरूपं तन्त्रान्तरप्रसिद्धम् । तद्‌ग्राहकप्रमाणाभावात् । तथाहि— न प्रत्यक्षेण गृह्यते आकाशम्, नाप्यनुमानेन। आकाशाविनाभूतस्य लिङ्‌गस्यादर्शनादनुमानाप्रवृत्तेस्तदतिरिक्तस्य प्रमाणस्य चाभावादिति । पुद्‌गलस्त्वात्मसंज्ञकश्चित्तचैत्तसंतानरूप एव, न तु तद्व्यतिरिक्तो नित्यत्वादिधर्मात्मकः कश्चिदस्ति । प्रदर्शितन्यायेन तत्प्रतिपादकप्रमाणाभावादिति मन्यन्ते । प्रकृते चाकाशेनैव प्रयोजनमत आश्रयासिद्धोऽयं हेतुरिति ।

प्रतिज्ञार्थस्यैक**देशः** सन्न**सिद्ध** [पृ०३३ पं०५] इति विग्रहः । प्रतिज्ञार्थस्यासिद्धत्वाद्धेतुरपि तदेकदेशः सन्नसिद्ध इत्यर्थः । **अव्यापकासिद्ध** इति [पृ०३३ पं०५] । इह पक्षधर्मो यो न भवति स एवोच्यते असिद्धः । ततोऽसिद्धस्यैवेह विचार्यमाणत्वात् पक्षस्य इत्यध्याहृत्य समसनीयम् । यथा पक्षस्य धर्मिरूपस्याव्यापकः सन्नसिद्धो**ऽव्यापकासिद्ध** इति । इह पक्षीकृतेषु तरुषु पत्रसंकोचलक्षणः स्वाप एकदेशे न सिद्धः । न हि सर्वे वृक्षा रात्रौ पत्रसंकोचभाजो न्यग्रोधादावदर्शनात्तस्य, किन्तु किंचिदेवेति ।

---

१ °**तुको विनाशोऽपि विचा**° C. ॥ २ **विनाशस्यो**° C. ॥ ३ **आकाशमित्यालो**° J. ॥

आचार्य आहेति [पृ०३३ पं०६] उत्तरदाता सूरिर्ब्रूत इत्यर्थः । **उभयासिद्ध** इति, हेताविति शेषः। तथाहि— प्रतिज्ञार्थैकदेशस्य तथा पक्षाख्यधर्मिणोऽव्यापकस्य च हेतुत्वं न वादिनः सिद्धं नापि प्रतिवादिन इत्युपपद्यते उभयासिद्धेऽनयोरन्तर्भाव इति । **शेषद्वयस्ये**ति [पृ०३३ पं०८] । द्वाववयवौ यस्य द्वितयसमुदायस्य तद् द्वयम् । शेषं च तद् द्वयं च, तस्य। **अत्रैवे**ति भेदद्वये।

असिद्धभेदौ द्वावेव [पृ०३३ पं०१०] वर्तेते । कौ द्वावित्याह— **द्वयोरन्यतरस्य वे**ति । **द्वयो**रसिद्ध उभयासिद्ध इत्यर्थः । **अन्यतरस्य वा**ऽसिद्ध इत्येवंरूपौ । अन्ये त्व**सिद्धभेदा**वुभयासिद्धान्यतरासिद्धाख्यौ **द्वावेव** वर्तेते, नेतरः, कुतः? **द्वयोरन्यतरस्य वे**ति तत्र **द्वयोः** संदिग्धासिद्धाश्रयासिद्धयोर**न्यतरस्यै**कस्य कस्यचिदुभयासिद्धस्यान्यतरासिद्धस्य **वा** मध्येऽन्तर्भावादित्यध्याहृत्य व्याचक्षते ।

नेत्यादि [पृ०३३ पं०११]। धर्मिणोऽसिद्धिश्चाश्रयासिद्धे, हेतोः संदेहश्च संदिग्धासिद्धे, धर्म्यसिद्धिहेतुसंदेहौ, तावेवो**पाधी** विशेषणे, **तयोर्द्वारं** मुखम्, तेन । भेदविशेषावबोधार्थम-सिद्धद्वयस्योपादानम्। अथ भेदविशेषसिद्ध्याऽपि किं प्रयोजनमिति चेदाह— **विनेये**ति [पृ०३३पं०११]। **विनेयव्युत्पत्तिः फलं** यस्य, तस्य भावस्तत्त्वम्, तस्मात् । ननु यद्यनयोरनेनांशेन पृथगुपन्यासस्तर्हि प्रतिज्ञार्थैकदेशाव्यापकासिद्धयोरपि पृथगुपन्यासोऽस्तु, तत्रापि किंचिद्भेदस्य विद्यमानत्वात् । सत्यमेतत्, एतावद्भिरेव भेदविशेषस्य सिद्धत्वादेतयोरन्तर्भाव एव विवक्षित इति संभाव्यते ।

अनैकान्तिक इत्यत्र एकश्चासावन्तश्चैकान्तो निश्चय इत्यर्थः, तत्र भवः स प्रयोजन-मस्येति वा ऐकान्तिकः [पृ०३४ पं०२२] । तन्निषेधे**ऽनैकान्तिकः,** सपक्ष-विपक्षगामित्वात् साध्येतरयोः संशयहेतुरनैकान्तिक उच्यते । **प्रत्युदाहरणमेवे**ति [पृ०३५ पं०२] । उदाहरणमुदाहरणमाश्रित्येत्यर्थः । **द्वयो**रित्यादिना साधारणशब्दो लोकेऽप्युभयपक्षयो-स्तुल्यवृत्तितया प्रवर्तत इत्याचष्टे । एवं हेतुरपि य ईदृशो द्वयोः साध्ययोः सामान्यः स **साधारण** उच्यते । **प्रमेयत्वं** नाम प्रमाणेन प्रत्यक्षादिरूपेण परिच्छेद्यत्वमुच्यते । **इदं चे**ति प्रमेयत्वम् [पृ०३५ पं०५] । सपक्षश्चेतरश्च तौ च तावाकाश-घटादी च, तयोर्भावस्तेन । तत्र नित्यत्वे साध्ये नित्यमाकाशादि सपक्षोऽस्य विपक्षस्त्वनित्यो घटादिः,तदिदं सपक्षविपक्षव्यापित्वादनैकान्तिकम् । ततश्चात्र नित्यः शब्दः प्रमेयत्वादाकाशवदिति प्रयोगे उक्ते संदेह उत्पद्यते यदि पुनः प्रमेयत्वाद् घटवदनित्यः शब्द इति । **उपप्रदर्शनं** [पृ०३५पं०७] साक्षात् प्रदर्शनमुच्यते ।

अत्राहेत्यादि [पृ०३५ पं०१०]। **तद्भावे** हेतुसद्भावे **भावित्वं** संशयस्य **तद्भावभावित्वम् ।** तस्याऽ**नुपपत्तिः**, तस्याः कारणाद् **नायं संशयहेतु**रिति योगः । अनुपपत्तिरपि कुतः ? [1]**एत**दित्यादि [पृ०३५ पं०११] । **उक्तं चे**त्यादि [पृ०३५ पं०१२] । **संशीतेः कारणं** संशीतिकारणं नहि वर्तन्ते । अथ हेतोरुपन्यासात् पूर्वं सामान्यः संशयः। साध्यमसाधयता च हेतुना स एव निबिडः स्यादिति कथं न संशीतेः कारणमित्याह— **तद्भावस्याविशेषत** [पृ०३५ पं०१३] इति, **तद्भावस्ये**ति संशयभावस्येत्यर्थः ।

नैतदेवमित्यादि [पृ०३५ पं०१५], किन्तु हेतावुपन्यस्ते यः संशयः स एव विवक्ष्यते। अथ मूलसंशयस्य विवक्षाऽभावे प्रयोगोऽपि तर्हि कथमित्याह **तमन्तरेणापी**ति [पृ०३५पं०१५]। **त**मिति मूलसंदेहम् । यदि संशयाभावेऽपि क्रियते तर्हि प्रयोगेणापि किं कार्यमित्याह— **क्रियते चे**ति [पृ०३५ पं०१६]। **प्रभृति**ग्रहणादव्युत्पन्नमति-संशयितमतिकयोर्ग्रहणम् । न केवलं [2]संशये सत्यात्मावबोधार्थं [3]**प्रयोगो** हेतोः विधीयते इत्यप्यर्थः । यदि विपर्यस्तमत्याद्यवबोधार्थः क्रियते प्रयोगस्तर्हि चरितार्थत्वादस्यानैकान्तिकत्वम् । कथमित्याह - **तत्रापि चे**ति [पृ०३५ पं०१६] । प्रयोगेऽपीत्यर्थः ।

अथेदं कथं संशयहेतुर्येनानैकान्तिकतेत्याह-**तत्रेदमि**त्यादि [पृ०३५ पं०२१]। **स्वधर्मिणं** शब्दाख्यम्। ननु कथमिदमुच्यते सपक्षविपक्षाभ्यां व्यावृत्तत्वाच्छ्रावणत्वं संशयहेतुरिति । यतः सामान्यविशेषसंज्ञितं नित्यं यच्छब्दत्वं तत् सपक्षस्तत्रेदं वर्तते गन्धत्वादिकं च विपक्षस्तस्माच्च व्यावृत्तमतः सपक्षवृत्तेर्विपक्षान्निवृत्तेश्च सम्यग्घेतुरेवासाविति । अत्रोच्यते । इह मीमांसकेन [4]प्रयोगोऽयं विधीयते । तद्भेदाश्च बहवः, तत्र केचन शब्दत्वसामान्यमिच्छन्ति केचन नेति। तत्र ये नेच्छन्ति ते ह्येवमाहुः— न शब्दं विहायापरं सामान्यविशेषरूपं नाम शब्दत्वं सामान्यमस्ति । एकशब्दग्रहणे शब्दान्तरानुसंधानाभावात् । यत्र हि सामान्यमस्ति तत्रैकग्रहणेऽपरस्यानुसंधानं दृष्टम्, यथा शाबलेयग्रहणे बाहुलेयस्य । शब्दे चैकस्मिन् गृह्यमाणे न शब्दान्तरानुसंधानम् । किन्तु शाङ्गोऽयं शब्दो वैणवोऽयमित्यादि विभिन्नो विभिन्नो व्यावृत्त एव प्रत्ययो जायते । तन्न शब्दे शब्दत्वसंभवः। शब्दत्वमिति भावप्रत्ययेनापि च शब्दस्वरूपमात्रस्यैवाभिधानम् । अतः शब्दाख्यं धर्मिणं विहायान्यत्रास्यावर्तनात् पक्षधर्मतैवाऽस्य केवलम्, न शेषं रूपद्वयम् । अतस्तन्मतेन संशयहेतुरेवायम् । ये तु शब्दत्वसामान्यमिच्छन्ति तन्मतेन तु सम्यग्घेतुरेवायम्, रूपत्रयोपपत्तेः, तथा च **व्यस्तयोः सम्यग्घेतुत्वा [पृ. ३८ पं० ५]** दिति वक्ष्यति । अनेन हि श्रावणत्वाख्यस्यापि सम्यग्घेतुत्वमावेदयिष्यतीति स्थितम् ।

---

१ **एतदित्याह** J. ॥ २ **संदेहे** J. P.॥ ३ **हेतुप्रयोगो हेतोः** J. ॥ ४ **अयं प्रयोगो** C . ॥

नान्यथेति [पृ०३६ पं०५] न तृतीयप्रकारान्तरेण। **विरोधा**दिति, नित्यानित्ययोः परस्परपरिहारलक्षणविरोधेन स्थितत्वान्न नित्यानित्यं वस्त्वस्ति तृतीयम् । [अ]विरोधाभ्युपगमे चाभ्युपगम्यमाने अतिप्रसङ्गः[१] । विरुद्धयोर्नीलपीतयोरपि वस्तुनोरेकतयैवावस्थानप्राप्तेः। न चैतदस्ति । तस्मान्न तृतीयं वस्त्वस्ति ।

किंभूतस्येत्यादि [पृ०३६ पं०६] । श्रावणत्वं श्रवणेन्द्रियग्राह्यत्वं किंभूतस्य सतः संभवतीति शेषः। **तद्बलेने**ति [पृ०३६ पं०८] नित्यानित्योपलम्भसामर्थ्येन । **तत्रापी**ति शब्देऽपि । निश्चयो नित्यत्वानित्यत्वविषयः। **नान्यथे**ति, नित्येऽनित्ये वा श्रावणत्वस्योपलम्भाभावे शब्देऽपि नित्यत्वादिविषयो निश्चयो न युज्यत इत्यर्थः। कुत इत्याह— **विपर्यये**ति [पृ०३६ पं०९]। तथाहि— शब्दस्य यत् साध्यमुपन्यस्तं नित्यत्वमनित्यत्वं वा तत्र नित्यत्वे उक्तेऽनित्यत्वस्यापि कल्पयितुं शक्यत्वादित्येवंरूपा यका **विपर्ययस्य कल्पना** संकल्पस्तस्या अपि दुर्निवारत्वात् न केवलमुपन्यस्तप्रतिनियतसाध्यसद्भावो युज्यत इत्यर्थः । **आक्षेपे**त्यादि [पृ०३६ पं०१०] । **नायं संशयहेतु**रित्याद्युक्तौ [पृ०३५ पं०१०] । **एवं शेषेष्वपी**ति । शेषेषूत्तरेष्वप्यनैकान्तिकेष्वाक्षेप-परिहारकल्पनं **भावनीयं** द्रष्टव्यमित्यर्थः ।

सपक्षैकेत्यादि [पृ०३६ पं०११] सूत्रम् । **तत्र** [पृ०३६ पं०१५] इत्येवं सति । **अस्य साध्यस्ये**ति [पृ०३६ पं०१६] अप्रयत्नानन्तरीयकत्वाख्यस्य । **तत्रे**ति विद्युदाकाशादि**रूपे सपक्षे । विद्युदादि**र्यस्य वनकुसुमादेः स तथा, तस्मिन्। **आकाश आदि**र्यस्य दिग्-देश-कालादेः स तथा, तस्मिन् । **तस्मादेतदपी**ति [पृ०३७ पं०२] । न केवलं प्रमेयत्व-श्रावणत्वे इत्यप्यर्थः। विद्युद्-घटयोः साधर्म्यम्, तेन । विद्युद्-घटयोस्तुल्या वृत्तिरस्यानित्यत्वस्य तत्तथा, तस्य भावस्तत्ता, तया ।

स्वधिया भावनीयं [पृ०३७ पं०७] व्याख्यानमिति शेषः । इहानित्यत्वस्योपलक्षणत्वात् प्रयत्नानन्तरीयकत्वे साध्ये कृतकत्वमपि विपक्षैकदेशवृत्तिसपक्षव्यापिरूपोऽनैकान्तिको ज्ञेयः । नवरमेतयोः कृतकत्वा-ऽनित्यत्वयोः कृतकत्वा-ऽनित्यत्वमात्रापेक्षयैव प्रयोगे क्रियमाणेऽनैकान्तिकता । यदा तु प्रयत्नानन्तरीयकः शब्दः प्रयत्नानन्तरीयकपदार्थस्वभावकृतकत्वात् प्रयत्नानन्तरीयकपदार्थस्वभावानित्यत्वाद्वेति विशेषितं कृतकत्वमनित्यत्वं वा हेतुतयोच्यते तदा नायं दोष इति बोद्धव्यम् ।

---

१ °प्रसंगः अवस्थानप्राप्तेः । न चैतदस्ति । तस्माच्च न तृतीयं वस्त्वस्ति विरुद्धयोर्नीलपीतादिकयोरपि वस्तुनोरेतकतयैव । किंभूतस्येत्यादि J. ॥

उभयपक्षैक इत्यादि [पृ०३७ पं०१९] । **अमूर्तत्वा**दिति, असर्वगतद्रव्यपरिमाणं मूर्तिः । असर्वगतं प्रतिनियतदेशव्यापकं यद् द्रव्यं घटादि तस्य परिमाणं परिमितिरुपलम्भो मूर्तिरुच्यते । सा विद्यते यस्य स मूर्तः, मत्वर्थीयोऽत् , तन्निषेधेऽमूर्तः, तद्भावस्तस्तत्त्वम्, तस्मात् । **आकाशपरमाण्वादिः सपक्ष** [पृ०३४ पं०१४] इति । नन्वाकाशस्य सपक्षत्वं युक्तं नित्यत्वात् । परमाणूनां तु प्रतिक्षणं संजातातिशयत्वेन चयापचयादिलक्षणेनानित्यत्वात् कथं सपक्षेऽन्तर्भाव उच्यते?। नित्याः परमाणवो वैशेषिकैरभ्युपगम्यन्ते । ततः सपक्षान्तर्गता इत्यदोषः । **तस्मादि**त्यादि [पृ०३० पं० १६] सूत्रम् । एतदप्यमूर्तत्वमनैकान्तिकम् । किं सुखवदमूर्तत्वादनित्यः शब्दः आहोश्विदाकाशवदमूर्तत्वान्नित्य इत्यनैकान्तिकता ।

ननु **विरुद्धाव्यभिचारी**त्यस्य शब्दस्य कोऽर्थः ? । यतो यो यस्याऽव्यभिचारी स कथं विरुद्धः, अथ विरुद्धः कथमव्यभिचारीत्याह— **अधिकृते**त्यादि [पृ०३७ पं० १०] । इह प्रस्तुतप्रयोगे**ऽधिकृतः** प्रस्तुतो **हेतुः** कृतकत्वाख्यस्तावत्, तस्यानुमेयमनित्यत्वम् , तस्य विरुद्धोऽर्थो नित्यत्वरूपः, तस्य प्रसाधकः श्रावणत्वाख्यः । विरुध्यते स्म विरुणद्धि स्मेति वा विरुद्धः। कर्मणि कर्तरि वा निष्ठा।[1] तं विरुद्धं श्रावणत्वाख्यं न व्यभिचरति कृतकत्वलक्षणो विरुद्धाव्यभिचारी । तथा व्यभिचरणं व्यभिचारः,तन्निषेधेऽव्यभिचारः । विरुध्यते स्म विरुद्धः। विरुद्धस्याव्यभिचारः सोऽस्यास्तीतीयमपि व्युत्पत्तिर्ज्ञेया । तथा चान्यत्राप्यस्य लक्षणमुक्तम्– **एकत्र धर्मिणि तुल्यलक्षणयोर्विरुद्धयोर्हेत्वोः संनिपातो विरुद्धाव्यभिचारी** [ ] इति । **तथाविधः** प्रतिद्वन्द्वी योऽसाव**र्थो** नित्यत्वरूपस्तस्या**ऽनिराकृते**रनिराकरणात् **प्रतियोगिनं** श्रावणत्वाख्यम्। ननु तर्हि सर्वोऽपि हेतुः स्वसाध्यमेव साधयति न तु प्रतियोगिसाध्यं निराकरोति । तदनिराकरणे च सर्वोऽपि हेतुर्विरुद्धाव्यभिचार्येव स्यात् । ततश्च साध्यसिद्धेरुपायान्तरं दर्श्यतामित्याह— **ततश्चे**ति [पृ०३७ पं०१२]। **अनेने**ति विरुद्धाव्यभिचारिलक्षणभणनेन, एतदुक्तं भवति— येनानित्यत्वादिकं साध्यं साधयितुमभिलषितं तेन प्रथमतस्तद्विपक्षभूतं साध्यं युक्तिभिर्निराकरणीयम् , येन च नित्यत्वादिकं साधयितुमभिप्रेतं तेनेतरदिति, पश्चात्[2] स्वसाध्यसिद्धयेऽनुमानप्रयोग इति ।

तत्र क्षणिकत्वे साध्ये नित्यवस्तुनिषेधकं युक्तिमात्रम्, यथा— नित्यो ह्यर्थः किं क्रमेण क्रियां कुरुते यौगपद्येन वा ? । न तावत् क्रमेण । यतो याऽसौ तस्योत्तरक्रियायां

---

१ **निष्ठांतं विरुद्धं** C . ॥ २ **स्वसाध्यसिद्धये पश्चादनुमान°** C. ॥

प्रवृत्तिः सा पूर्वक्रियाकरणस्वभावोपमर्दद्वारेण, अन्यथा पूर्वक्रियाकरणाविरामप्रसङ्गात् । पूर्वक्रियाकरणस्वभावप्रच्यवे चाऽतादवस्थ्यमेवानित्यतेति । अथ सहकारिसव्यपेक्षः सन् नित्यः क्रमेण कार्यं कुरुते न केवल इति चेत्, नैवम् , सहकारिकारणापेक्षा नित्यस्याकिंचित्करैव। एकस्वरूपत्वात्तस्य । नापि यौगपद्येनेति पक्षः , अध्यक्षविरोधात् । न ह्येककालं सकलाः क्रियाः प्रारभमाणः कश्चिदुपलभ्यते । करोतु वा । तथाप्याद्यक्षण एव सकलक्रियापरिसमाप्तेर्द्वितीयादिक्षणेषु अकुर्वाणस्यानित्यता बलादाढौकत इति ।

अनित्यवस्तुनिषेधकं च युक्तिमात्रं यथा- क्षणिको ह्यर्थः सन् वा कार्यं कुर्यादसन् वा? न तावदाद्यः पक्षः, समसमयवर्त्तिनि व्यापारायोगात्, इतरथैकक्षणवर्त्तिनां सकलभावानां परस्परं कार्यकारणभावप्राप्त्याऽतिप्रसङ्ग इति।

नापि द्वितीयः पक्षः, असतः कार्यकारणशक्तिविकलत्वात् । अन्यथा शशविषाणादयोऽपि कार्यकरणायोत्सहेरन् विशेषाभावादिति ।

अन्ये त्वित्यादि [पृ०३७ पं०१३]। अत्र पक्षे विरुणद्धि स्मेति विरुद्धः, कर्तरि निष्ठा । **विरोधा**दिति, यतो यो यस्याव्यभिचारी स कथं विरुद्धः ? विरुद्धश्चेत् कथमव्यभिचारीति परस्परपरिहारलक्षणो विरोधो वर्तते । अथ स एव विरुद्धः स एवाव्यभिचारीति विरोधोऽपीष्यते तर्हि एकस्यापि धर्मद्वययोगादनेकान्तवादापत्तिप्रसङ्ग इति। यदि तु साधनान्तरसिद्धस्य विरुद्धसाधनाद् विरुद्धः स्वसाध्याव्यभिचाराच्चाव्यभिचारी ततो विरुद्धश्चासावव्यभिचारी च विरुद्धाव्यभिचारीत्युच्यते तदा स्यादेव । केवलमेवमपि नातिश्लिष्टम् । उपचारवशात् समासप्रवृत्तेः ।

अथ शब्दत्ववदिति दृष्टान्तः साध्यविकलो भविष्यतीत्याह— **शब्दत्वं ही**ति [पृ०३७पं०१६] अत्रोच्यते। पुरुषविशेषमपेक्ष्यायं हेत्वाभासोऽन्यतरासिद्धवत् । तथाहि— यदा वादी विपक्षबाधकद्वारेण स्वहेतोः साध्याविनाभावित्वसमर्थनमितरस्यासिद्धतोद्भावनं च कर्तुं न शक्नोति तदा विरुद्धाव्यभिचारी हेत्वाभासः । यच्चोक्तं प्रथमस्य दुष्टत्वे द्वितीयप्रयोगोऽदुष्टत्वे वेति तन्न। विप्रतिपत्तिवद्विशेषानुपलम्भमात्रेऽपि दर्शनात् । तथाहि— सामान्योपलम्भादिसद्भावे सति विशेषानुपलम्भाद्यथा सम्यक्त्वानिश्चये विप्रतिपत्तेरुत्थानं तथा व्यभिचारिणोऽपि दुष्टत्वा-ऽदुष्टत्वचिन्तां विनाप्युत्थानं भवतीति ।

उदाहरणाधिकार [पृ०३८ पं०२१] उदाहरणप्रस्तावः। **पर्याय** इति [पृ०३९ पं०१],

परि समन्ताद् अयनं गमनम् उत्तरोत्तरावस्थान्तरोत्पत्त्येति पर्यायो गुण उच्यते । **असाधारण**-मित्यनन्यसदृशम् । धर्मस्य नित्यत्वादिकस्यात्मीयं लक्षणं रूपमात्म**लक्षणम्** [पृ०३९ पं०२]। कृतकत्वादिति स्वभावहेतुः, प्रयत्नानन्तरीयकत्वादिति च कार्यहेतुः । यद्यपि प्रयत्नानन्तरीयक-त्वं स्वभावहेतुत्वेन कार्यहेतुत्वेन च प्रसिद्धं तथापीह कार्यहेतुत्वेन विज्ञेयम् । कथमेवमिति चेदुच्यते। प्रयत्नानन्तरीयकशब्देन हि प्रयत्नानन्तरं शब्दजन्म तज्ज्ञानं च प्रयत्नानन्तरीयकमुच्यते। तत्र जन्म प्रयत्नानन्तरं जायमानस्य शब्दस्य स्वभावः, ताल्वादिव्यापारजनितशब्दानन्तरं च यच्छब्दविषयं ज्ञानं तत् ज्ञेयस्य कार्यम् । तदिह विरुद्धहेत्वाभासलक्षणे प्रयत्नानन्तरं ज्ञानं गृह्यते । तेन कार्यहेतुरयम् । अथायं स्वभावहेतुत्वेनापि किमिति न व्याख्यायते ? । सत्यं व्याख्यायत एव । केवलं कृतकत्वादिति स्वभावहेतुरभिहित एव सूत्रे । तेन कार्यहेतुतया [१]व्याख्यायते, ग्रन्थान्तरेऽपीत्थमेव व्याख्यानाच्च । अतः प्रयत्नानतरीयकज्ञानजनकत्वादिति हेत्वर्थो द्रष्टव्यः ।

तेनैवेति [पृ०३९ पं०५] अनित्यत्वेनैवाऽस्याविनाभावित्वात् । तद्विनाऽयं न भवतीत्यर्थः । तदिह विपर्ययेऽनित्ये सम्यग्घेतुरेव विरुद्धोऽविषये तु नित्ये प्रयोगाद्धेत्वाभास उच्यत इति विज्ञेयम् । तदुक्तम्—

> **कृतकत्वं त्वनित्यत्वे सपक्षे वृत्तिमद् घटे ।**
> **विनिवृत्तं विपक्षाख्ये सम्यग्घेतुरुदाहृतः॥** [ ] इति

आहेत्यादि [पृ०३९ पं०५] । नित्यशब्दवादिनो मीमांसकस्य चाक्षुषत्ववत् कृतकत्वं शब्दधर्मतया न सिद्धम्, किन्तु ताल्वादिभिः शब्दाभिव्यक्तिरेव तस्य सिद्धेत्यपक्षधर्मताऽस्त्येव। अपक्षधर्मश्च हेतुरसिद्ध एव भवतीति प्रेर्यार्थः । **अवश्यं** [पृ०३९पं०६] नियमादेव **पक्षधर्मस्यैव** सतो हेतो**र्विरुद्धता** । तदभावेऽसिद्धत्वमिति न वाच्यम् । कुत इत्याह— **अन्यथापी**ति [पृ०३९ पं०७] । अपक्षधर्मोऽपि सन् विरुद्ध उच्यते आचार्येण । प्रवृत्तिरपि कुत इत्याह— **अधिकृते**ति [पृ०३९ पं०७]। अधिकृतश्चासौ प्रयोगश्च स चासौ ज्ञापकं च, तस्मात् ।

अथापक्षधर्मो हेतुरसिद्ध एवेत्यपक्षधर्मत्वान्नायमसिद्धाद् भिद्यत इत्याह— **न चाय**मिति [पृ०३९ पं०७]। अपि त्वसिद्धादयं पृथक् क्रियते । कुत इत्याह **विपर्यये**ति [पृ०३९ पं०८] । **असिद्धे**रित्यतोऽग्रेऽसिद्धस्येति शेषः । अयं च विपर्ययसाधक इत्यसिद्धात् पृथक्

---

१ **व्याख्यातो ग्रन्थान्तरे** J. Pमू.। दृश्यतां पृ०७० टि०३ ॥

क्रियते । यदा तु **सिद्धे**रिति [१]अरहितः पाठः तदा विरुद्धस्येति शेषः कार्यः । यत एवासिद्धो विपर्ययं न साधयत्यत एवासिद्धादस्य पृथगुपन्यास इत्याह—**एत**दिति [पृ०३९ पं०८] । विपर्ययसाधकत्वप्रधानत्वाच्च विरुद्धोपन्यासस्य ।

यथा च विरुद्धस्य विपर्ययसाधकत्वादुपन्यास एवमनैकान्तिकस्यापि सपक्षविपक्ष-गामित्वेन साध्यानिश्चयकारकत्वादुपन्यासोऽत एवाह-**अन्यथे**ति [पृ०३९ पं०९], यदि किञ्चिद्भेदेन भेदो नोच्यतेऽस्य, किं तर्हि ? अपक्षधर्मः सन् हेतुरसिद्ध एव स्यात्, न विरुद्धः, तदा न केवलं विरुद्धस्य, अनैकान्तिकस्यापि हेतुसमूहस्यासिद्धत्वप्राप्तिः । कुत इत्याह-**नित्यत्वादी**ति [पृ०३९ पं०९], प्रमेयत्वादयो नित्यत्वाद्युपन्यस्तसाध्यसाधकत्वेन न सिध्यन्ति, नित्यत्वादिकं साध्यं साधयितुं न समर्था भवन्ती**त्यसिद्धाः**, तेषां भावस्तत्त्वम्, तस्मात् ।

अयमत्र भावार्थः— उपन्यस्तसाध्यासाधको हि हेतुरसिद्ध एवोच्यते इतीदं किल सामान्यमसिद्धलक्षणम्, प्रमेयत्वादयोऽपि चोपन्यस्तनित्यत्वादिस्वसाध्यसाधका न वर्त्तन्ते, अतस्तेषामपि स्वसाध्यासाधकत्वेनासिद्धत्वप्राप्तिरेव स्यात् । तस्मादुभयगामित्व-विपर्ययसाधकत्वाभ्यामसिद्धादनैकान्तिक-विरुद्धयोः पृथगुपन्यास इति स्थितम् ।

धर्मस्य परार्थस्य विशेषोऽसंहतपरार्थत्वं **धर्मविशेषः** । तस्य साधनः **परार्था** इति । परस्मै इमे परार्थाः । **परार्थाः** परस्योपकारका इत्यर्थः । यद्वा **पर** आत्मलक्षणो**ऽर्थः** प्रयोजनमुपकर्तव्यतया येषां ते **परार्थाः** । चक्षुरादिर्येषां श्रोत्रादीनां ते चक्षुरादयः । **कः पुन**रित्यादि [पृ०४० पं०२] । आत्माऽस्तीति ब्रुवाणः सांख्यः कुत एतदिति पृष्टः सन् बौद्धेनात्मनः सिद्धये इदं प्रमाणमाहेत्यर्थः । अथ कोऽत्र धर्मी कश्च साध्यो धर्म इत्याह-**इह चे**ति [पृ०४० पं०२] । **महा**निति बुद्धेराख्या । अथात्र कीदृशो धर्मविशेषः साधयितुमिष्ट इत्याह— **अस्य चे**ति [पृ०४० पं०४] । **अस्ये**ति सांख्यस्य वादिनः । असंहते विषये परार्थत्व**मसंहतपरार्थत्व**मिति समासः । **अन्यथे**ति यद्यसंहतपारार्थ्यं विशेषतया नेष्यते इत्य**न्यथा**शब्दार्थः । **सिद्ध**स्य संहतपरस्य **साध्यता** तस्या **आपत्ति**स्तया । यतो विरुद्धवादनिराकरणाय स्ववादप्रतिष्ठापनाय च साधनमुपन्यस्यते । संहतपरार्थत्वे च चक्षुरादीनां साध्ये विवादोऽपि नास्ति, तदिहासंहतपरार्थाश्चक्षुरादय इति प्रतिज्ञार्थो द्रष्टव्यः, असंहतपरश्चात्मेति। तदत्र प्रमाणे यद्यपि आत्मार्थाश्चक्षुरादय इत्यात्मार्थता वचनेन नोक्ता

१ नञ्रहितः J. ॥

तथाऽपीहानुक्तापीच्छाविषयीकृता प्रस्तावायाता आत्मार्थता साध्या । तदधिकरणत्वाद्विवादस्य। एतेनेच्छयापि व्याप्तः पक्ष इति प्राग् यदुक्तं तन्निदर्शितम् । यद्येवं तर्हि किमर्थं सामान्येन **परार्था** इत्युक्तं यावता साक्षादात्मार्थाश्चक्षुरादय इत्यपि परेण कस्मान्नोक्तमिति चेदुच्यते— शयनासनादिषु हि पुरुषोपभोगाङ्गेष्वात्मार्थत्वेनान्वयो न प्रसिद्धः, संघातत्वस्य पारार्थ्यमात्रेण तु सिद्धस्ततः परार्था इत्युक्तम् । अयं च भावार्थः—साध्ययुक्तो हेतुर्दृष्टान्ते दर्शनीयः, असंहतपारार्थ्यं चेह साध्यम् । तच्च एतेषु न प्रसिद्धम् । संहतपरं प्रत्येवोपकारजनकत्वेन तेषां शयनासनादीनां दर्शनात् ।

संघातत्वादिति [पृ०४० पं०६] । संचितिरूपत्वादित्यर्थः । अथ चक्षुरादीनां संघातत्वं कथमिति चेत्, उच्यते । चक्षुरादयो हि परमाणुनिचयस्वभावास्ततः संघातरूपा उच्यन्ते । शयनं चाऽऽसनं च ते आदिर्येषां पीठिकादीनां तेषा**मङ्गा**न्युत्पलेशादीनि तानीव तद्वत् । [1]**न्यायबिन्दौ** तु शयनासनाद्येवाङ्गं पुरुषोपभोगाङ्गत्वात् तदिव तद्वदिति व्याख्यानं कृतं तदप्यदुष्टमेवेति । साध्यान्वितहेतोर्व्याप्तिप्रदर्शनविषयोऽयं दृष्टान्तः । यथा हि शयनासनादयः संघातरूपाः पुरुषस्य भोगिनो भवन्त्युपकारका इति परार्था उच्यन्ते एवं चक्षुरादयोऽपि धर्मिणः संघातत्वादसंहतपरार्था इत्यर्थः । **परार्थभाव**मिति [पृ०४० पं०९] परोपकारकत्वमित्यर्थः । **सावयवत्वम**पीति [पृ०४० पं०१०] । सावयवात्मनो बाह्यस्योपकारकत्वमपि चक्षुरादीनां साधयति । कथंभूतं संहतत्वम् ? । **साध्यधर्मविशेषविपरीतम्** [पृ०३९ पं०१४]। साध्यश्चासौ धर्मश्च पारार्थ्यलक्षणस्तस्य विशेषोऽसंहतत्वं तस्य विपरीतं संहतत्वम् । तत् **साधयति** सूत्रपदमिदम्। न चेदं वाच्यं संहतपरस्य साधनमन्तरेणापि सिद्धत्वात् प्रयोगवैफल्यापत्तेरसंहतपरं प्रत्येवोपकारकत्वं चक्षुरादीनां सिध्यति इति, यतो न प्रयोगवैफल्यापत्तेः काचित् साध्यसिद्धिर्भवत्यपि तु हेतुवशाद्, हेतुश्चायं विपक्षेऽपि भावान्नाभिलषितार्थसाधको वर्त्तत इति । अथैको हेतुः कथं साध्यद्वयं साधयति? येन गमकः स्यादित्याह— **तथा चे**ति [पृ०४०पं०१२]।

---

१ ''**यथा परार्थाश्चक्षुरादयः, संघातत्वात्, शयनासनाद्यङ्गवदिति** । [न्यायबिन्दौ ३/८९,९०] ... शयनासनाद्यङ्गवदिति। शयनमासनं च ते आदिर्यस्य तच्छयनासनादि पुरुषोपभोगाङ्गं संघातरूपम्, तद्वत्... यथेति चक्षुरादय इति धर्मी, परः अर्थः प्रयोजनं संस्कार्य उपकर्तव्यो येषां ते परार्था इति साध्यम् । संघातत्वात् संचितरूपत्वादिति हेतुः। चक्षुरादयो हि परमाणुसंचितिरूपाः ततः संघातरूपा उच्यन्ते । शयनमासनं चादिर्यस्य तत् शयनासनादि। तदेवाङ्गं पुरुषोपभोगाङ्गत्वात्। अयं व्याप्तिप्रदर्शनविषयो दृष्टान्तः। अत्र हि पारार्थ्येन संहतत्वं व्याप्तम्। यतः शयनासनादयः संघातरूपाः पुरुषस्य भोगिनो भवन्त्युपकारका इति परार्था उच्यन्ते।'' इति **न्यायबिन्दोर्धर्मोत्तर**विरचितायां व्याख्यायाम्॥

अर्थमिति [पृ०४० पं०१४] कार्यमुपकारमित्यर्थः । **नान्यस्ये**ति ज्ञानमयस्य, कुतः **तथोपलब्धेः** बाह्योपकारकत्वेनैव तेषां दर्शनात् इति यावत् ।

आहेत्यादि [पृ०४० पं०१५] । **अयं हि** सङ्घाततत्वलक्षणो **हेतुर्यथा** साङ्ख्याभिप्रेतं **चक्षुरादीना**मसंहत**पारार्थ्यं साधयति तथा साध्यधर्मविशेषविपरीतं** तेषां **संहत**पारार्थ्य**मपि** साधयतीति [पृ०३९ पं०१२] सूत्रोक्त्या साधारणानैकान्तिकभेदान्नातिरिच्यते । विपक्ष एव वर्त्तमानश्च विरुद्धो भवति । अतः सामान्यं विरुद्धलक्षणं न घटते इति प्रेर्यार्थः । उत्तरवादी तु मन्यते सूत्रे एवंविधोक्त्याऽपि निर्देशे तत्त्वतो विपक्ष एवासौ वर्त्तते । कथम्? इति चेद् आह-**असंहतपरे**ति । **तत्रैवे**ति [पृ०४० पं०१६] संहतपरे । **किं नोपपद्यते** किं न घटते? विरुद्धसामान्यलक्षणं घटत एवेत्यर्थः ।

धर्मा अस्येत्यादि [पृ०४० पं०१८]। धर्माः सत्प्रत्ययकर्तृत्व-सर्वगतत्वा-ऽमूर्त्तत्व-निष्क्रियत्वादयः । धर्म्मी भावाख्योऽत्र । ततो धर्मिणो भावाख्यस्य स्वरूपं महासामान्यलक्षणं **धर्मिस्वरूपं** तस्य **विपरीत**मवान्तरसामान्यरूपं तस्य **साधनः**।

तत्रेति [पृ०४१ पं०१] तेषु षट्पदार्थेषु मध्ये । तत्र [1]पृथिवीद्रव्यविषयस्त्रिविधः मृत्-पाषाण-स्थावरलक्षणः । तत्र भूप्रदेशाः प्राकारेष्टकादयो मृद्विकाराः । पाषाणा उपल-मणि-वज्रादयः। स्थावराः तृणौषधि-वृक्षादयः । अप्द्रव्यविषयो हिम-करक-सरित्-समुद्रादिः। तेजोद्रव्यविषयश्चतुर्धा भौमदिव्योदर्याकरजभेदात् । तत्र भौमं तेजः काष्ठेन्धनप्रभवमूर्ध्वज्वलनस्वभावं पचनस्वेदनादिसमर्थम् । दिव्यं सौरं विद्युदादि च । भुक्तस्याहारस्य रसादिपरिणामजनकमुदर्यम् । आकरजं सुवर्णादि । वायुद्रव्यं च तिर्यग् गमनस्वभावकं मेघादिप्रेरणधारणादिसमर्थं त्वगिन्द्रियग्राह्यमिति । आकाशं नभः, तच्चैकं महत्परिमाणम् अनाश्रितं नित्यम् सर्वप्राणिनां शब्दोपलब्धिहेतुरिति । कालः क्षण-लव-निगेष काष्ठा कला-मुहूर्त-यामाऽहोरात्राऽर्धमास-मासर्त्वयन-संवत्सर-युग-कल्प-मन्वन्तर-प्रलय-महाप्रलयव्यवहारहेतुरिति । दिक् पूर्वापरादिप्रत्ययलिङ्गा । मूर्तं द्रव्यमवधिं कृत्वा मूर्तेष्वेव द्रव्येष्वेतस्मादिदं पूर्वेण दक्षिणेन पश्चिमेनोत्तरेण पूर्वदक्षिणेन दक्षिणापरेण अपरोत्तरेण उत्तरपूर्वेण अधस्तादुपरिष्टाच्चेति दश प्रत्यया यतो भवन्ति सा दिगिति । तत्र मेरुं प्रदक्षिणमावर्तयतः सवितुर्ये संयोगा लोकपालपरिगृहीतदिक्प्रदेशानां ते देवतापरिग्रहवशात्

---

१. एतद् **वैशेषिक**मतं **प्रशस्तपादभाष्या**नुसारि । अतो विशेषजिज्ञासुभिः **प्रशस्तपादभाष्यं** तस्य **व्योमवती-कन्दली-किरणावल्या**दयः **टीकाश्च** विलोकनीयाः ॥

पुनरप्यैन्द्र्यादिभेदेन दश दिक्संज्ञा लभन्ते। यथा ऐन्द्री आग्नेयी याम्या नैर्ऋती वारुणी वायवी सौमी ऐशानी ब्राह्मी नागी चेति । आत्मा तु जीवः । स च सूक्ष्मोऽप्रत्यक्षो नित्यो विभुर्बुद्ध्यादिविशेषगुणाश्रयः अनुस्मृति-प्रत्यभिज्ञानादिलिङ्गगम्य इति । मनस्तु करणान्तरम्। तच्चास्पर्शवत्त्वाद् द्रव्यानारम्भकम् । क्रियावत्त्वान्मूर्तम् । प्रयत्नादृष्टपरिग्रहवशादाशुसंचारि। आत्मेन्द्रियार्थसन्निकर्षे सति युगपज्ज्ञानानुत्पत्तिलिङ्गं प्रतिशरीरमेकमणुपरिमाणं बाह्येन्द्रियैरगृहीतस्य सुखादेर्ग्राहकमिति ।

गुणा इत्यादि [पृ०४१ पं०२]। तत्र चक्षुर्ग्राह्यं रूपं शुक्लाद्यनेकप्रकारम् । रसनाग्राह्यो रसस्तिक्तादिः षड्विधः । घ्राणग्राह्यो गन्धः सुरभिरसुरभिश्च । त्वगिन्द्रियग्राह्यः स्पर्शः शीतोष्णानुष्णाशीतभेदात् त्रिविधः। एकादिव्यवहारहेतुः संख्या । तत्रैकद्रव्यविषया एकस्वरूपा। अनेकद्रव्या तु द्वित्वादिका परार्धान्ता । एतस्याश्च खल्वेकत्वेभ्योऽनेकविषयबुद्धिसहितेभ्यो निष्पत्तिरिति ।

परिमाणं मानव्यवहारकारणम् । तच्चतुर्विधम्— अणु-महद्-दीर्घ-ह्रस्वभेदात् । तत्राणुद्विविधम्-नित्यमनित्यं च । नित्यं परमाणु-मनस्सु पारिमाण्डल्यम् । अनित्यं द्व्यणुक एव। तथा निरुपचरितं ह्रस्वत्वमपि । तथा महदपि द्विविधं नित्यानित्यभेदात् । तत्र नित्यमाकाश-काल-दिगात्मसु परममहत्त्वम् । अनित्यं च द्व्यणुकादावेव । तथाऽभाक्तं दीर्घत्वमपि । तथा कुवला-ऽऽमलक-बिल्वादिषु महत् परिमाणम् । तथा तत्प्रकर्षभावाभावमपेक्ष्य तेष्वेव भाक्तमणुत्वमपि। तथाहि- कुवलापेक्षयाऽऽमलकं महत्तदपि च बिल्वापेक्षयाऽण्वित्येवमन्यत्रापि। तथेक्षुवंशादिष्वञ्जसा दीर्घत्वम् । तेष्वेव तत्प्रकर्षभावाभावमपेक्ष्य भाक्तं ह्रस्वत्वमपि । तत्र महत्सु दीर्घमानीयतां दीर्घेषु च महदानीयतामिति व्यवहारदर्शनाद्दीर्घत्व-महत्त्वयोः परस्परतो विशेषो ज्ञेयः । अणुत्व-ह्रस्वत्वयोश्चाऽभाक्तयोः परस्परतो विशेषो योगिनामेव प्रत्यक्ष इति।

पृथग्भावः पृथक्त्वम् । अयमस्मात् पृथगिति पृथग्व्यवहारकारणम् । अप्राप्तयोः प्राप्तिः संयोगः। स च त्रिविधः अन्यतरकर्मज उभयकर्मजः संयोगजश्च संयोगः । तत्रान्यतरकर्मजः क्रियावता निष्क्रियस्य यथा स्थाणोः श्येनेन विभूनां च मूर्तैः । उभयकर्मजो विरुद्धदिक्क्रिययोः सन्निपातो यथा मल्लयोर्मेषयोर्वा । विरुद्धदिशि क्रिये ययोस्तौ तथा, तयोरिति । संयोगजश्च संयोगो यथा तन्तु-वीरणयोः संयोगे तदारब्धपटे वा वीरणसंयोग इति। कारणसंयोगिना हि कार्यमवश्यं संयुज्यत इति न्यायात् ।

प्राप्तिपूर्विकाऽप्राप्तिर्विभागः । स च त्रिविधः । तत्रान्यतरकर्मजोभयकर्मजौ संयोगवत्। विभागजश्च विभागो यथा वंशदलयोर्विभागे तदवष्टब्धाकाशेन च विभाग इति ।

परत्वमपरत्वं च परापराभिधान-प्रत्ययनिमित्तम्। तद् द्विविधम्-दिक्कृतं कालकृतं च । तत्रैकस्यामेव दिशि व्यवस्थितयोर्वर्तमानकालवर्तिनोरेव पिण्डयो: संयुक्तसंयोगबह्वल्पत्वे सत्येकस्य द्रष्टु: सन्निकृष्टमवधिं कृत्वा एतस्माद्विप्रकृष्टोऽयमिति परत्वाधारे परदिक्-प्रदेशयोगाद्य: परोऽयमिति प्रत्ययो जायते स दिक्कृतपरत्वनिबन्धन: । अत्र च यस्य द्रष्ट्रपेक्षया बहव: संयुक्तसंयोगा: स परत्वस्याधारो विप्रकृष्टावधिक उच्यते । यस्य चाल्पा: संयुक्तसंयोगा: सोऽपरत्वाधार: सन्निकृष्टावधिक इति । यश्च विप्रकृष्टमवधिं कृत्वेतरस्मिन्नपरदिक्प्रदेश-योगादपरोऽयमिति प्रत्ययो जायते स दिक्कृतापरत्वनिबन्धन: । कालकृतं च यथा - वर्तमान-कालयोरनियतदिग्देशसंयुक्तयोर्युव-स्थविरयो रूढश्मश्रुकार्कश्यवलीपलितादिसान्निध्ये सत्येकस्य द्रष्टुर्युवानमवधिं कृत्वा एतस्माद्विप्रकृष्टोऽयमिति परेण कालप्रदेशेन योगाद्य: परोऽयमिति स्थविरे प्रत्ययो जायते स कालकृतपरत्वनिबन्धन: । यश्च स्थविरमवधिं कृत्वा यून्यपरकाल-प्रदेशयोगादपरोऽयमिति प्रत्ययो जायते स कालकृतापरत्व[१]हेतुक: ।

बुद्धिरुपलब्धि: प्रत्ययो ज्ञानमिति पर्याया: । सा चानेकप्रकारा अर्थानन्त्यात् । तस्या अनेकवि[२]धत्वेऽपि समासतो द्वैविध्यमविद्या-विद्याभेदात् ।

तत्राविद्या संशय-विपर्यया-ऽनध्यवसाय-स्वप्नभेदाच्चतुर्विधा । तत्र स्थाणुर्वा पुरुषो वेति मन्दमन्दप्रकाशे देशे ज्ञानं संशय: । गव्येवाश्व इति ज्ञानं विपर्यय: । यत्र वस्तुमात्रं पश्यतोऽपि तदुपदेशाभावाद् विशेषसंज्ञाप्रतिपत्तिर्न भवति यथेदममुकमिति सोऽनध्यवसाय: । उपरतेन्द्रियग्रामस्य प्रतिनियतात्मप्रदेशस्थितमनस्कस्येन्द्रियद्वारेणैव यदनुभवनं मानसं तत् स्वप्नज्ञानम् ।

विद्याऽपि चतुर्विधा प्रत्यक्ष-लैङ्गिक-स्मृत्यार्षभेदात् । तत्र यदवितथमव्यपदेश्यं व्यवसायात्मकं ज्ञानं तत् प्रत्यक्षम् । तत्राऽवितथमित्यनेन विपर्ययज्ञानस्य व्यवच्छेद: । व्यवसायात्मकमित्यनेन च संशयव्यवच्छेद: । अव्यपदेश्यमिति, व्यपदेश: शब्द:, तमर्हति व्यपदेश्यम्, तत्प्रतिषेधेनाव्यपदेश्यं शब्दाजन्यं ज्ञानम् । अनेन चेन्द्रियसहकारिणा शब्देन यज्जन्यते तद्व्यवच्छेद: । तथाहि-अकृतस[३]ङ्केतो रूपं पश्यन्नपि चक्षुषा रूपमिदमिति बुध्यस्वेति यावन्नोच्चार्यते केनापि तावत्तस्य रूपविषयं ज्ञानं न भवति, शब्दोच्चारणानन्तरं च भवति । इत्युभयजज्ञानं प्रत्यक्षं नोच्यते, किन्तु शाब्दमेवेत्याकूतम् । प्रत्यक्षस्य च विषयो द्रव्यं त्रिविधं पृथिव्यप्तेजोरूपमिति । महत्त्वादनेकद्रव्यवत्त्वाद्रूपविशेषाच्च त्रिविधस्यैव प्रत्यक्षता । द्रव्यस्थानि च गुण-कर्म-सामान्यान्यपि प्रत्यक्षविषय: । तथा प्रमाण-फलादिव्यवस्था । यथा चक्षुरादिकारकसामग्री प्रमाणम् । द्रव्यादय: प्रमेया: । प्रमाताऽऽत्मा । प्रमितिर्द्रव्यादिविषयं ज्ञानं फलमिति ।

---

१. °**त्वनिबन्धन:** C. ॥ २. **विषयत्वेऽपि** J. ॥ ३. °**समयो रूपं** J. P. ॥

लैङ्गिकं स्वार्थ-परार्थभेदाद् द्विधा । तत्र त्रिरूपाल्लिङ्गाल्लिङ्गिनि ज्ञानं स्वार्थम् । पञ्चावयवेन वाक्येन संशयिता-ऽव्युत्पन्न-विपर्[1]यस्तमतीनां परेषां स्वनिश्चितार्थप्रतिपादनं परार्थमिति । अत्रापि लिङ्गदर्शनं प्रमाणम् । प्रमेयमग्निः । प्रमाताऽऽत्मा । वह्निनाऽत्र भाव्यमित्येवमनुमेयज्ञानं च फलमिति । दृष्टश्रुतानुभूतेष्वर्थेषु पट्वभ्यासा-ऽऽदरप्रत्ययजनितात् संस्कारादतीतानुभवविषय-विषया स्मृतिर्यथैकपदस्मरणाद् द्वितीयपदस्मरणम् । स्थानविशेषाध्यारोपितेषु वा पदेषु स्मरणमिति। आम्नायविधातॄणामृषीणामतीता-ऽनागत-वर्तमानेष्वतीन्द्रियेष्वर्थेषु धर्मादिषु धर्मविशेषाद्यत् प्रातिभं ज्ञानं तदार्षम् । इत्येवं बुद्धिः ।

स्रगाद्यभिप्रेतविषयसान्निध्ये सतीष्टोपलब्धीन्द्रियार्थसन्निकर्षाद् यद् नयनादिप्रसाद-जनकमुत्पद्यते तत् सुखं हेयम् । विषयादिविरक्तस्य प्रशमरूपं सुखमुपादेयम् । [2]विषाद्यन-भिप्रेतविषयसांनिध्ये सत्यनिष्टोपलब्धीन्द्रियार्थ[3]संनिकर्षाद् यदमर्षोपघातदैन्यजनकं तद् दुःखम्। तत्रामर्षोऽसहिष्णुता । उपघात उपहतिर्दुःखालम्बनं ज्ञानम् । दैन्यं दीनरूपता दुःखाज्जायते। स्वार्थं परार्थं वा अप्राप्तप्रार्थना इच्छा । प्रज्वलनात्मको द्वेषः । यस्मिन् सति प्रज्वलितमिवात्मानं मन्यते स द्वेषो मत्सर इति । प्रयत्न उत्साहश्चेतनावतो व्यापार इति यावत् । स द्विविधः-जीवनपूर्वक इच्छा-द्वेषपूर्वकश्च । तत्र जीवनपूर्वकः सुप्तस्य प्राणापानसंतानप्रेरकः । इतरस्तु हिताहितप्राप्तिपरिहारसमर्थस्य व्यायामस्य कायिकव्यापारहेतुः । अयमर्थः-कश्चिद्व्यायामो हितप्राप्तये हितसाधनकपूरादिप्राप्त्यर्थं भवति । कश्चित्त्वहितसाधनविषा-ऽह्यादिपरिहारायेति। द्रवत्वं शिथिलत्वं स्यन्दनकर्मकारणम् । गुरुत्वं गुरुभारवत्त्वं जल-भूम्योः पतनकर्मकारणम् अधोगतिमत्त्वाद् गुर्विदमित्यानुमानिकप्रत्ययग्राह्यम् ।

संस्कारस्त्रिविधः - वेगो वासना स्थितस्थापकश्च। तत्र वेगो यो मूर्तिमत्सु पञ्चसु द्रव्येषु पृथिव्यप्तेजोवायुमनःस्वरूपेषु स्पर्शवद्द्रव्यसंयोगविशेषविरोधी नियतायां दिशि क्रियाप्रबन्धस्य हेतुः नोदना-ऽभिघात-संयुक्तसंयोगाख्यनिमित्तविशेषापेक्षात् कर्मण उपजायते सोऽभिधीयते । यथेषोरिति । तत्र नुद्य-नोदकयोर्यत् सहगमनं तन्नोदनम् । इहेषुर्नुद्यः । नोदकश्च हस्तप्रत्यञ्चादिः । नुद्य-नोदकयोरेकस्य यत्रावस्थितिरपरस्य चलनं सोऽभिघातः । यत्रैकस्मिन्नभिहन्यमाने तत्संबन्धादपरे चलन्ति स संयुक्तसंयोग इति । वासनाख्यस्त्वात्मगुणो दृष्टश्रुतानुभूतेष्वर्थेषु स्मृत्यभिज्ञानहेतुः पट्वभ्यासा-ऽऽदरप्रत्ययजो ज्ञान-मद-दुःखादिविरोधी यः सोऽभिधीयते । तत्र स्मृत्यभिज्ञानहेतुः केष्वित्याह-दृष्टेति । दृष्टः प्रत्यक्षेण, श्रुतः शब्देन,

---

१. °**पर्यस्तानां** J. P.॥ २. **विषयाद्यन**° J. ॥ ३. °**संन्निकर्षे सति यद**° C. ॥

अनुभूतोऽनुमानेन । अन्ये तु दृष्टश्चक्षुषा, अनुभूतस्त्वगिन्द्रियेण, श्रुतस्तु शब्देनैवेति व्याचक्षते। एतेषां द्वन्द्वस्तेषु । किंरूपः ? । पट्वभ्यासा-ऽऽदरप्रत्ययजः । तत्र पटुप्रत्ययजः यथाश्चर्येऽर्थे पटुः संस्कारो जायते । यथा दाक्षिणात्यस्योष्ट्रदर्शनात् । स चातिशयेन स्मृतिहेतुर्भवति । तथा पूर्वपूर्वसंस्कारापेक्ष उत्तरोत्तरप्रत्ययोऽभ्यासः । तत्प्रत्ययजो यथा अभ्यासाद्विद्या-शिल्प-व्यायामादिष्वभ्यस्यमानेषु[1] तस्मिन्नेवार्थे पूर्वपूर्वसंस्कारापेक्षादुत्तरोत्तरप्रत्ययात् संस्कारातिशयो जायते। प्रयत्नेन मनः स्थापयित्वा अपूर्वमर्थं दिदृक्षमाणस्य विद्युत्संपातदर्शनवद् देवह्रदे सौवर्णराजतपद्मदर्शनवद्वा आदरप्रत्ययजः संस्कारातिशयो जायते[2] । स्थितस्थापकः स्पर्शवत्सु द्रव्येषु वर्तमानः स्वाश्रयमन्यथाकृतं यथावत् स्थापयति । धनुः-शाखादिषु ऋजुतादिकार्येण च लक्ष्यते ।

स्नेहः स्निग्धत्वमपां विशेषगुणः पिण्डन-विशदत्वयोर्हेतुः । धर्मः पुरुषगुणोऽतीन्द्रियः कर्तुः प्रिय-हित-मोक्षाणां हेतुः । तत्र प्रियं सुखम् । हितं तत्साधनं श्रीखण्डाद्येव । नवानामात्मविशेषगुणानामत्यन्तोच्छित्तिर्मोक्षः । तत्साधनानि च धर्मश्रद्धाऽहिंसा सत्यवचनमस्तेयं ब्रह्मचर्यं क्रोधत्यागः शुचिद्रव्यासेवनमासन[3]प्रणिधानासेवनैर्देवताभक्तिरुपवासोऽप्रमादश्चेत्यादीनि। दृष्टं प्रयोजनमनुद्दिश्यैतानि तत्साधनानि । अधर्मोऽप्यात्मगुणोऽतीन्द्रियः कर्तुरहित-प्रत्यवायहेतुः। तत्राऽऽगामिकटुफलजनकत्वादहितहेतुः, सम्प्रत्येवाऽहितफलजनकः प्रत्यवायहेतुरिति। तत्साधनानि च हिंसा-ऽनृत-स्तेयादीनि अवश्यकर्तव्याकरणमयथाकरणं विहितकालातिक्रमेणानुष्ठानकरणं प्रमादश्चालस्यमित्येतानि । दुष्टाभिसन्धिं चापेक्ष्याधर्मो जायते।

आकाशाख्यसमवायिकारणजन्यः श्रोत्रग्राह्यः क्षणिकः शब्दः । स द्विविधः- वर्णलक्षणोऽवर्णलक्षणश्च । तत्राकारादिर्हकारपर्यन्तो वर्णलक्षणः। शङ्खादिनिमित्तकस्त्ववर्ण-लक्षणः । अकारादिवर्णव्यक्तीनां तत्रालक्ष्यमाणत्वात् । अत्र च गुणसूत्रे रूपरसगन्धस्पर्शा इति समासकरणम् 'एते चत्वारोऽप्येकदैवैकत्र वस्तुन्यवश्यं प्राप्यन्ते' इति ज्ञापनार्थम् । संख्या इति च बहुवचनं संख्यात्वव्यतिरेकेणैकत्वादिसामान्यप्रदर्शनार्थम् । परिमाणानीति परिमाणत्वापेक्षया अणुत्व-महत्त्वाद्यपरसामान्यज्ञापनार्थम् । पृथक्त्वमित्येकवचनम् । पृथक्त्वसामान्यापेक्षया एकपृथक्त्वाद्यपरसामान्यशून्यतादर्शनार्थम् । एकपृथक्त्वमित्यादिश्च व्यवहार एकत्वादिसंख्याकृत एव । संयोग विभागाविति द्विवचनं संयोगत्व-विभागत्व-व्यतिरेकेणापरसामान्याभावेऽप्यवश्यं संयोगापेक्षी विभाग इति ज्ञापनार्थम् । तथा परत्वापरत्वे इत्यपि द्विवचनेन परत्वापरत्वसामान्यापेक्षयाऽपरसामान्याभावे साहचर्यज्ञापनार्थं समासकरणम्।

---

१ °व्यायोगादि° C.॥ २ °भवति° J. मु.॥ ३ मसनपरि° C.

तथा बुद्धीनामर्थानन्त्येनाऽऽनन्त्याद् बहुवचनम् इत्येवं शेषगुणेष्वपि भिन्नविभक्तिसमासादिकृतो विशेष **आत्रेया**दिशास्त्रादवसेयो नेहोच्यते, ग्रन्थगौरवात् । एते च चतुर्विंशतिर्गुणाः पृथिव्यादि-द्रव्यनवकाश्रिता भवन्ति । तत्र किमपि द्रव्यं कियद्भिर्गुणैरुपेतमिति तत्तन्त्रानुसारतो बोद्धव्यम्, नेह प्रतन्यते ।

पञ्च कर्माणीत्यादि [पृ०४१ पं० ५] । तत्र शरीरावयवेषु तत्संबद्धेषु च मुशलादिषु गुरुत्व-प्रयत्न-संयोगेभ्यो यदूर्ध्वभाग्भिर्नभःप्रदेशैः संयोगकारणमधोभाग्भिश्च विभागकारणं कर्मोत्पद्यते तदुत्क्षेपणम् । तथा शरीरावयवेषु तत्संबद्धेषु च गुरुत्व-प्रयत्न-संयोगेभ्यो यदूर्ध्वभाग्भिर्विभागकारणमधोभाग्भिश्च संयोगकारणं कर्मोत्पद्यते तदपक्षेपणम् । ऋजुरवयवी येन कर्मणा कुटिलः संजायते तदग्र्यावयवोपलक्षिताकाशादिप्रदेशविभागपुरःसरं मूलदेशोपलक्षिताकाशादिप्रदेशसंयोगपुरःसरं च (ग्रं-१०००) तदाकुञ्चनम् । येन कर्मणा समुत्पन्नेनावयवी कुटिलः सन् ऋजुः संपद्यते[1] मूलप्रदेशैर्विभागपुरःसरमग्र्यप्रदेशैः संयोगपुरःसरं च तत् प्रसारणम् । अभिहितप्रदेशेभ्यो येऽन्येऽनियतदिक्प्रदेशास्तैः संयोगविभागकारणं गमनम्। भ्रमणमटनम्। रेचनं विरेचनम् । स्यन्दनं स्रवणम् । आदिग्रहणान्निष्क्रमण-प्रवेशनादिग्रहः। अवरोधन**मवरोधो** ग्रहणमित्यर्थः । अयमर्थः- यत्र चलनमात्रं प्रतीयते देशाद्देशान्तरसंचरणरूपं तत् कर्म सर्वं गमनग्रहणेन गृह्यते ।

अत्रारेकते कश्चित्—ननु चोत्क्षेपणादिष्वपि गमनमात्रसद्भावाद् गमनग्रहणेनैव तेषां ग्रहणं सेत्स्यति किं कर्मपञ्चकेनेति ? । नैवम् । उत्क्षेपणादीनां जातिभेदेनानुगतव्यावृत्तप्रत्यय-दर्शनाद्भेदेनोपन्यासः । तथाहि 'उत्क्षेपणम् उत्क्षेपणम्' इत्युत्क्षेपणवर्गेऽनुवर्ततेऽपक्षेपणादिवर्गाच्च व्यावर्तते। तथाऽपक्षेपणं स्ववर्गेऽनुवर्तते भेदान्तराच्च व्यावर्तते । इत्ययं सर्वत्रानुगतव्यावृत्त-ज्ञानबलाद् गमनाद् भेदो वाच्यः । तथा प्रतिनियतदिग्विशिष्टकार्यारम्भोपलक्षितत्वादेतेषां भेदः। तथा गमनाभेदे सत्यपि नोत्क्षेपणादौ गमनप्रतीतिरस्ति। किन्तु, उदाद्युपसर्गविशेषादूर्ध्व-प्रापणत्वादिकमर्थान्तरमेव प्रतीयत इति पृथगुपन्यासः ।

तत्र परं सत्तेति [पृ०४१ पं०७] । इह सत्ता त्रिषु पदार्थेष्वनुगतप्रत्ययकारणत्वात् परं सामान्यम् । द्रव्यत्वादि चापरम् । अनुवृत्तव्यावृत्तप्रत्ययहेतुत्वात् सामान्यविशेषश्चोच्यते । तथाहि-द्रव्यत्वं परस्परविशिष्टेषु पृथिव्यादिष्वनुवृत्तिहेतुत्वात् सामान्यम् । गुणकर्मभ्यो व्यावृत्तिहेतुत्वाद्विशेषः। **द्रव्यत्वादि** [पृ०४१पं०८]इत्यादिग्रहणाद् गुणत्व-कर्मत्व-पृथिवीत्वादेर्ग्रहणम्॥

---

१. संपाद्यते J. P.॥

तथेह प्रकृतोपयोगिपदार्थस्वरूपमेव यद्यपि निरूपितं तथापि द्रव्यादिसूत्रे विशेष-समवाययोरपि निर्दिष्टत्वात् तत्स्वरूपमपि प्रस्तावादुच्यते, यथा— नित्यद्रव्यवृत्तयोऽन्त्या विशेषाः । तथाहि— विनाशारम्भरहितेषु नित्यद्रव्येष्वण्वाकाशकालदिगात्ममनःसु प्रतिद्रव्य-मेकशो वर्तमाना अत्यन्तव्यावृत्तबुद्धिहेतवो विशेषाः । अयमर्थः— यथा अस्मदादीना-मश्वादिभ्यो गवादिषु जातिगुणक्रियादिनिमित्ता प्रत्ययव्यावृत्तिर्दृष्टा गौः शुक्लः शीघ्रगति-रित्यादिस्तथाऽस्मद्विशिष्टानां योगिनां नित्येषु तुल्याकृतिगुणक्रियेषु परमाणुषु मुक्तात्ममनस्सु चान्यनिमित्तासंभवाद् येभ्यो निमित्तेभ्यः प्रत्याधारं 'विलक्षणोऽयं विलक्षणोऽयम्' इति प्रत्ययव्यावृत्तिर्देशकालविप्रकर्षदृष्टे च परमाणौ स एवायमिति प्रत्यभिज्ञानं च भवति ते विशेषाः । अथेतरेतराभावात् पृथक्त्वाद्वा प्रत्ययव्यावृत्तिः प्रत्यभिज्ञानं चेति न ततो विशेष इति चेत् । न । अथ इतरेतराभावस्य निषिध्यमानज्ञानजनकत्वमेव । व्यावृत्तज्ञानं च निषिध्यमानज्ञानाद् विलक्षणमतो विशेषरूपनिमित्तान्तरकार्यम् । पृथक्त्ववशाच्च पृथगिति व्यवहारः पार्थक्यमात्ररूपो न त्वेतस्मादयं विसदृश इत्येवंरूप इति ।

अयुतसिद्धानामाधार्याधारभूतानामिहेतिप्रत्ययहेतुर्यः संबन्धः स समवायः, यथेह तन्तुषु पट इति । इत्यलं प्रपञ्चेनेति ।

तत्रेति [पृ०४१ पं०९] एवं सति **अर्थान्तरं** विभिन्ना । **युक्त्या** प्रमाणेन । **द्रव्यादन्य इत्यर्थ** [पृ०४१ पं०१२] इति। भावो द्रव्यरूपो न भवतीति यावत् । **एकं च तद् द्रव्यं चेति**। अत्र नवस्वपि द्रव्येषु द्रव्यत्वाभेदादेकद्रव्यमिति व्यपदेशः प्रवर्तते । जात्यपेक्षया चैकवचनम् । तत **एकद्रव्य**मित्येकैकं द्रव्यमित्यर्थः । **अस्यास्त्याश्रयभूत**मिति [पृ०४१ पं०१३] । **अस्ये**ति भावस्याश्रयिण आधेयरूपस्या**श्रयभूत**माधारभूतमित्यर्थः । अथ समानाधिकरणो बहुव्रीहिरेव क्रियतां किं कर्मधारयान्मत्वर्थीयेन कार्यमित्याह – **समाने**त्यादि [पृ०४१ पं०१४]। कदाचित् सर्वधनादिगणस्य इन्नर्थं कर्मधारय आद्रियते । कोऽर्थः ? सर्वं च तद्धनं च सर्वधनम्, तद्विद्यते यस्यासौ सर्वधनी सर्वकेशीत्यादि मत्वर्थीयान्तप्रयोगनिष्पत्त्यर्थः कर्मधारय आद्रियत इति । अन्यथा सर्वं धनमस्येति बहुव्रीहावस्त्यर्थस्योक्तत्वान्न मत्वर्थीयप्राप्तिः स्यात्। एवमिहापि । व्यक्तिभेदेन हेतोरर्थमाह- **एकैकस्मिन्नि**ति [पृ०४१ पं०१५]।

अथ किं भावस्य द्रव्यलक्षणं न घटते येन तद्विलक्षणः साध्यते इत्याह—**वैशेषिकस्य ही**ति । **तत्राद्रव्यमाकाशे**त्यादि [पृ०४१ पं०१६]। न विद्यते जनकं जन्यं च द्रव्यमस्येत्यद्रव्यम्। तत्र परमाणूनां जनकं नास्ति । आकाशादीनां च न जन्यं नापि

जनकमित्यद्रव्यमाकाशादयो नित्यद्रव्यमिति यावत् । तथाऽनेकं द्रव्यं जनकमस्येत्य**नेकद्रव्यम्**। अनेकद्रव्यजन्यं कार्यरूपमनित्यद्रव्यमित्यर्थः । किं तदनेकद्रव्यमित्याह- **द्व्यणुकादयः स्कन्धा** इति [पृ०४१ पं०१७]। द्वावणू परमाणू यस्य स्कन्धस्य स द्व्यणुकः । **शेषाद्वे**[1]ति कन् । द्व्यणुक आदिर्येषां ते च ते स्कन्धाश्चेति विग्रहः । अनेन पृथिव्यादिद्रव्यचतुष्कं कार्यरूपं द्व्यणुकादिक्रमेण निष्पन्नमनित्यं द्रव्यमुक्तम् ।

एकद्रव्यं त्विति [पृ०४१ पं०१७]। वीप्साप्रधानोऽयं द्रष्टव्यः । तत**श्चैक**मेकैकं द्रव्यमाश्रयभूतं यस्य द्रव्यत्वस्य भावाख्यस्य वा वस्तुनः तदेकद्रव्यम् । **एकद्रव्यवांश्चे**ति [पृ०४१ पं०१८]। एकैकस्मिन् द्रव्ये वर्तमानश्च भाव इत्यर्थः । अथ किंरूपोऽसौ सामान्यविशेष इत्याह— **स चे**त्यादि [पृ०४१ पं०१९]। कथं पुनर्द्रव्यत्वादेः सामान्यविशेषता सिध्यतीत्याह— **द्रव्यत्वं ही**ति [पृ०४१ पं०१९] । **एव**मिति । यथा गुणत्वमपि चतुर्विंशतिगुणेषु वर्तमानत्वात् सामान्यं द्रव्यकर्मभ्यो व्यावृत्तत्वाद्विशेषः तथा कर्मत्वमपि पञ्चसु वर्तमानं सामान्यं द्रव्यगुणेभ्यश्च व्यावृत्तत्वाद्विशेषः । एतेन सामान्ययोगात्तदेव द्रव्यत्वं सामान्यं विशेषयोगाच्च तदेव विशेषः। ततः तुल्याधिकरणत्वात् कर्मधारयः । अन्यथोभयोर्विरुद्धधर्मत्वात् सामानाधिकरण्याभावात् कर्मधारयो न स्यात् । **तेने**ति [पृ०४२ पं०१] सामान्यविशेषेण **तुल्यं** भावाख्यं वस्तु **वर्तते** इतिं **तद्वत्** । **तेन तुल्यं क्रिया चेद्वतिः [पा० ५-१-११५]** इत्यनेन वतिरिह । प्रयोगश्च यथा- न द्रव्यं भाव एकद्रव्यवत्त्वात् । यद्यदेकद्रव्यवत्तत्तन्न द्रव्यम्, यथा द्रव्यत्वम् । एकद्रव्यवांश्च भावः । तस्मान्न द्रव्यम् । अपि तु द्रव्याद्भिन्नः पदार्थः ।

ततश्चैतदुक्तं भवतीत्यादिना [पृ०४२ पं०२] प्रयोगतात्पर्यमाह । एवं भावोऽपि नवस्वपि द्रव्येषु प्रत्येकं वर्तमानो द्रव्यं न भवति । किंतु सद् द्रव्यमिति प्रतीतेर्भाव एव द्रव्यात् पृथक्पदार्थ इत्यर्थः । एवं भावस्य गुणत्वकर्मत्वनिषेधकौ प्रयोगावपि गुणकर्माभिधानेन वाच्यौ। निर्गुणत्वं च गुणानां निष्कर्मत्वं च कर्मणां गुणादीनां **पञ्चानामपि निर्गुणत्वनिष्क्रियत्वे [प्रशस्तपाद०]** इति वचनादुच्यते। ननु न कर्म न गुणो भाव इति क्रमेणोपन्यस्य किमिति हेतूपन्यासे कर्माऽतिलङ्घ्य गुणस्य प्रथमं निर्देशः कृत इत्याह- **व्यत्यय** इत्यादि [पृ०४२ पं०९] ।

तेनापीति अभावत्वेन [पृ०४२ पं०१२] । **भावाभावे चे**ति [पृ०४२ पं०१३] । महासामान्यतिरस्करणे च कर्तव्ये इत्यर्थः। **एवमिदमपि** [पृ०४२ पं०१३] इति । **भावः** सत्ता **भाव एव** महासामान्यमेव **न भवति** किन्त्ववान्तरसामान्यमेव स्यात् । अथ द्रव्यत्वं द्रव्येषु वर्तमानं भावः स्यात्तेन सत्तापि सेत्स्यतीति चेदाह— **न चे**ति [पृ०४२ पं०१५] ।

---

१. ८९१ **शेषाद् विभाषा** ५/४/१५४ ॥ इति **पाणिनीयव्याकरणे** ॥

एवमिति [पृ०४२ पं०१६] यथैतद्वक्तुं शक्यत इत्यर्थः । तदेवाह— **न गुण** इत्यादि। **अत्रापी**ति [पृ०४२ पं०१६] । एवं भावस्य गुणनिषेधप्रयोगेऽपीदमपि वक्तुं शक्यते । तदेवाह **भाव** इत्यादि ।

अथेह विपक्षवृत्तित्वं यत् सामान्यं विरुद्धलक्षणं तत् कथमुपपद्यते येनायं विरुद्धः स्यादित्याह— **सामान्ये**त्यादि, **भाव**स्य वैशेषिकेण प्रतिष्ठितस्य द्रव्यादीनां पृथग्भूतस्य पदार्थस्य **विपक्षो** द्रव्यत्वादिकं सामान्यविशेषस्तस्य भावस्तत्त्वं तस्मात् । किमुक्तं भवति ? । भावविपक्षो ह्यभावः सामान्यविशेषरूपस्तत्रैव वृत्तिदर्शनादुपपद्यत एव विरुद्धलक्षणता ।

आहायमित्यादि [पृ०४२ पं०२०] । द्रव्यादीन्येव विविक्तपरमाणुक्षणक्षयिलक्षणानि स्वलक्षणानि भावः, न तु तदतिरिक्तः कश्चन भावोऽस्तीत्यर्थः । तस्याद्रव्यादिभिन्नस्य भावस्याभावस्**तदभावस्तस्मात्** [पृ०४२ पं०२२]। कथं पुनर्द्रव्यादिव्यतिरिक्तो भावाख्यः पदार्थो नास्तीति चेत्, उच्यते— तस्य विचारभारगौरवाक्षमत्वात् । तथाहि— भावः स्वयं सन् असन् वा । यद्यसन् कथं तद्योगाद्वन्ध्यासुतादेरिवापरस्य सत्त्वम् । अथ सन् तर्हि स्वतोऽन्यसत्तातो वेति द्वयी कल्पना। तत्र यदि स्वतः सत्त्वं भावस्य तदा पदार्थानामेव स्वत एव सत्त्वं स्यादिति व्यर्थं तत्परिकल्पनम् । अथान्यसत्तातस्तर्हि तस्याप्यन्यतस्तस्याप्यन्यत इत्यनवस्था । किंच, यदि स्वत एव सन् भावोऽभ्युपगम्यते तदा प्रमाणं वक्तव्यम् । तत्र न तावत् प्रत्यक्षग्राह्योऽसाविति वाच्यम् । यतो न व्यक्तिदर्शनवेलायां स्वरूपेण बहिर्ग्राह्याकारतयाऽसौ प्रतीतिमवतरन्नुद्भाति। न हि घटपटवस्तुद्वयप्रतिभाससमये तदैव घटादिव्यवस्थितमूर्तिर्भिन्नोऽभिन्नो वा भाव आभाति। तदाकारस्यापरस्य ग्राह्यतया बहिस्तत्राप्रतिभासनात् । बहिर्ग्राह्यावभासश्च बहिरर्थव्यवस्थाकारी नान्तरावभासः । यदि त्वान्तरोऽपि प्रतिभासोऽर्थव्यवस्थाकारी स्यात्तथा सति हृदि परिवर्तमानवपुषः सुखादेरपि प्रतिभासाद् बहिस्तद्व्यवस्था स्यात् । न चेदमनुभूयते । अथ सुखादिराकारो बाह्यरूपतया न प्रतिभातीति न बहिरसौ, जातिरपि तर्हि न बहीरूपतया प्रतिभातीति न बहीरूपाऽभ्युपगन्तव्या। एवं च बुद्धिरेव केवलं घटपटादिषु प्रतिभासमानेषु सत् सदिति तुल्यतनुराभाति न तु व्यक्तिव्यतिरिक्तं भावमुद्द्योतयति, यदि तर्हि न बाह्या जातिः अस्ति, बुद्धिरपि कथमेकरूपा प्रतिभाति, नहि बहिर्निमित्तमन्तरेण एकाकारा सोत्पत्तिमती युक्ता । ननु केनोच्यते बहिर्निमित्तनिरपेक्षा जातिमतिरिति । किंतु बहिर्जातिर्न निमित्तम्। बाह्याश्च व्यक्तयः

काश्चिदेव जातिबुद्धेर्निमित्तम् । ननु यद्यनुगताकारा बुद्धिर्व्यक्तिनिबन्धना तथा सति यथा खण्डमुण्डव्यक्तिदर्शने गौर्गौरिति प्रतिपत्तिरुदेति तथा गिरिशिखरादिदर्शनेऽपि गौर्गौरित्येकाकारा बुद्धिरुत्पद्यताम्, नैवम्, भेदाविशेषेऽपि खण्डमुण्डादिव्यक्तिषु गौर्गौरित्येकाकारा[1] मतिरुदयन्ती समुपलभ्यते इति ता एव तां समुपजनयितुं समर्था इत्यवसीयते। न पुनर्गिरिशिखरादिषु गौर्गौरिति मतिर्दृष्टेति न गिरिशिखरादयस्तन्निबन्धनम्। यथाऽऽमलकीफलादिषु यथाविधानमुपयुक्तेषु व्याधिविरतिलक्षणं फलमुपलभ्यत इति तान्येव तद्विरतौ समर्थानीत्यवसीयते न पुनस्त्रपुषी-दध्यादीनि भेदाविशेषेऽपि ।

अथ भिन्नेषु भावेषु सत्सदिति मतिरस्ति सत्सदिति ज्ञानजननैकत्वमेव च जाते रूपम् । तदसत् । तदेकत्वं घटपटादिषु किमन्यदुतानन्यत् । न तावदन्यत्, तस्याप्रतिभासनात्। नाप्यनन्यत्, एकरूपाऽप्रतिभासनात् । न हि घटस्य पटस्य [2]चैकमेव रूपं प्रतिभाति । सर्वात्मना प्रतिद्रव्यं भिन्नरूपदर्शनात् । तस्मादप्रतीतेरभिन्नापि जातिर्नास्ति इति बुद्धिरेव तुल्याकारप्रतिभासा सत्सदिति शब्दश्च दृश्यत इति बुद्धिरेव भिद्यते । प्रत्यक्षाग्रहणे च भावस्य तत्पूर्वकत्वादनुमानप्रवृत्तेस्तद्ग्राह्यापि जातिर्न । इत्यलं प्रपञ्चेन ।

सत्यमित्यादि [पृ०४२ पं०२२] । एवं मन्यते— अस्मान् प्रत्याश्रयासिद्ध एवायम्। परं येषां भावाख्यं वस्त्वस्ति तेषां भावस्य द्रव्यादन्यत्वसाधनेऽयं हेतुः प्रसिद्ध एव । ततः परेषां सिद्धोऽपि सन् विपक्षमात्रव्यापी यो हेतुर्भवति स विरुद्ध उच्यत इति निदर्शनपरमेतत्।

ननु तथापि कथं निदर्शनार्थत्वम् ? यतो योऽसिद्धो भवति सोऽसिद्ध एव । कथं विरुद्धताख्यो दोषो द्वितीयस्तस्य स्यादित्याह— **एकस्मिन्नि**ति [पृ०४३ पं०१], अनेकाश्च ता दोषजातयश्च तासामुपनिपातो ढौकनं तस्मात् । तेना**ऽनेकदोषजात्युपनिपातेन भेदस्य** नानात्वस्य **दर्शनार्थत्वा**देकस्मिन्नपि हेतावसिद्धताविरुद्धतालक्षणा दोषा बहवो भवन्तीति निदर्शनपरमेतद् विरुद्धभणनमित्यर्थः ।

आहेत्यादि [पृ०४३ पं०२]। द्रव्यत्वादिदृष्टान्ततो यदि विरुद्धधर्मयोजना भवद्भिरत्र क्रियत इत्यर्थः। **[3]विरुद्धविशेषभावादिती**ति [पृ०४३ पं०३]। विशेषेण विरुद्धस्तस्य भावात्। अयमत्र भावार्थः— सर्वस्यापि हेतोर्विशेषविरुद्धधर्मयोजनायां दृष्टान्तवशेन क्रियमाणायां विरुद्धत्वमेव स्यात् । तथाहि—अनित्यः शब्दः कृतकत्वाद् घटवदिति योऽयं भवतां

---

१. °रा बुद्धिरु° C . ॥ २. **चैकरूपं** C . P .॥ ३. **विशेषविरुद्ध**° इति समीचीनं भाति ॥

शुद्धाभ्युपगमस्तत्रायमप्यस्माभिर्विरुद्धो हेतुर्वक्तुं शक्यते । यथाऽयमनित्यत्वं साधयति तथा तद्विपरीतं पाक्यत्वादिकमपि साधयति। तथाहि-एवमपि वक्तुं शक्यते — यथा कृतकत्वाद् घटवदनित्यस्तथा कृतकत्वाद् घटवत् पाक्योऽपीति । न चेदमिष्यत इति प्रेर्यार्थः । **नेत्यादि** [पृ०४३ पं०३]। विरोधिनः पाक्यत्वादेर्धर्मस्य । अधिकृतो हेतुः कृतकत्वादिस्तेनाऽन्वितं युक्तं यद् दृष्टान्तान्तरं पटादिकं तस्य बलं तेनैव निवृत्तेर्विरुद्धदोषस्य ।

एनमेवार्थं भावयति **तथाही**त्यादिना [पृ०४३ पं०४] । **तन्निवृत्त्या** [पृ०४३ पं०५] विरुद्धधर्मनिवृत्त्या । इत्थं च तन्निवृत्तिः- यतो न यत् कृतकं तत् सर्वं पाक्यमयं भवति यथा पट इति । अस्तु तर्हि पटवत्तन्तुमयोऽपि शब्द इति । यदि पटेऽप्युपन्यस्ते पटगततन्तुमयत्वादिविरुद्धधर्मापादनं करोति तदा लगुडादिकमपरं दृष्टान्तान्तरमुपन्यसनीयम्। न च परासञ्जितविरुद्धधर्माणामपरापरदृष्टान्तत एकां द्वे तिस्रो वा वारा निराकरणे विहिते परोऽप्यपरापरोपन्यस्तदृष्टान्तगतधर्मयोजनां कर्तुमलं यदि परमुन्मत्त एव न स्यात् ।

अथ यदि दृष्टान्ताभावतः क्षोभाद्वा तन्निवृत्तिं कर्तुं न शक्नोति तदा का वार्ता ? इत्याह- **अनिवृत्तौ चे**ति [पृ०४३ पं०६] यदि दृष्टान्तान्तरसामर्थ्यात् तन्निवृत्त्या विरुद्धत्वं न भवति तर्हि प्रस्तुतप्रयोगेऽपि तन्निवृत्तिः करिष्यते इत्याशङ्क्याह- **अशक्या चे**ति [पृ०४३ पं०६], **इहे**ति प्रयोगे **तन्निवृत्तिः** विरुद्धधर्मनिवृत्तिः । कुत इत्याह - **एकद्रव्यवत्त्वस्य** हेतोः **तद्व्यतिरेकेणे**ति अभावत्वसाधकं द्रव्यत्वाख्यं दृष्टान्तं मुक्त्वा **अन्यत्रे**ति दृष्टान्तान्तरे भावस्य द्रव्यादन्यत्वसाधकेऽ**वर्त्तना**दिति।

धर्मीत्यादि [पृ०४३ पं०८] । इह सद् द्रव्यमिति प्रतीतेरेकैकद्रव्ये वर्त्तनं भावस्य विज्ञायते । एकैकद्रव्ये वर्त्तनाच्च द्रव्यादन्यत्वं भावस्य वैशेषिकेण साध्यते । ततो भावस्य

---

१. "तथा स्वभावहेतोः प्रयोगः ॥१०॥ यत् सत् तत् सर्वमनित्यम्, यथा घटादिरिति **शुद्धस्य** स्वभावहेतोः प्रयोगः ॥११॥ यदुत्पत्तिमत् तदनित्यमिति स्वभावभूतधर्मभेदेन स्वभावस्य प्रयोगः ॥१२॥ यत् कृतकं तदनित्यमिति उपाधिभेदेन ॥१३॥ **अपेक्षितपरव्यापारो हि भावः स्वभावनिष्पत्तौ कृतक** इति ॥१४॥ एवं प्रत्ययभेदभेदित्वादयो द्रष्टव्याः ॥१५॥" इति **न्यायबिन्दौ** तृतीये परिच्छेदे ॥

सत्प्रत्ययकर्तृत्वं विशेष एवेति । सद्[1] द्रव्यमिति च प्रतीतिः सनिबन्धनैव । अत्र प्रयोगः— सद् द्रव्यमिति प्रत्ययो धर्मी, विशिष्टप्रत्ययनिबन्धन इति साध्यम्, अबाध्यमानप्रत्ययत्वादिति हेतुः । यो योऽबाध्यमानप्रत्ययः स स विशिष्टप्रत्ययनिबन्धनः । यथा नीलादिप्रत्ययः। अबाध्यमानप्रत्ययश्च सद् द्रव्यमिति प्रत्ययः । तस्माद् विशिष्टप्रत्ययनिबन्धन इति । एवं सन् गुणः सत् कर्मेति प्रत्ययावपि सनिबन्धनावेव । निबन्धनं चास्य भाव एव ।

अतः सत्तासंबन्धेन द्रव्यगुणकर्मस्वेव सत्प्रत्ययः प्रवर्तते । सामान्य-समवाय-विशेषेष्वपि यद्यपि सत्प्रत्ययोऽस्ति तथापि स गौणः । न तु महासामान्यवशात् । किन्तु त्रिष्वेव तद्वशात् सत्प्रत्ययो मुख्यः । अथ यथा गौणोऽपि तेषु सत्प्रत्ययः प्रवर्तते एवं द्रव्य-गुण-कर्मस्वपि भविष्यति इति किं सत्तासंबन्धादभ्युपगम्यते ? । सत्यम् । मुख्यो ह्यर्थो यदा सत्प्रत्ययवानभ्युपगतो भवति तदा गौणप्रत्ययवान् सिध्येन्नान्यथेति । यथा सिंहाख्ये वस्तुनि मुख्ये सति तद्गुणाध्यारोपान्माणवकेऽपि सिंहाध्यारोपो युज्यते नान्यथेति ।

अथ तर्हि सामान्य-समवाय-विशेषेष्वपि सामान्यवशादेव सत्प्रत्ययः किमिति नेष्यते?। नैवम् । सामान्येऽपरसामान्यायोगात् । अनवस्थादोषप्रसङ्गात् । तथाहि— सामान्ये येन

---

१. ''**सदिति यतो द्रव्यगुणकर्मसु** ।१।२।।७। भिन्नेषु द्रव्यादिषु त्रिषु यतो जायते 'सत् सत्' इति बुद्धिः सा सत्ता। आश्रयविनाशादस्याः विनाश इति चेत्, न, यतः **द्रव्य-गुण-कर्मभ्योऽर्थान्तरं सत्ता** १।२।८। यस्माद् द्रव्यादिभ्यो व्यतिरिक्ता सत्ता, तस्मान्न द्रव्यादिविनाशे सत्ता विनश्यतीति। द्रव्यादिव्यतिरेके युक्तिः—**एकद्रव्यवत्त्वान्न द्रव्यम्** **।१।२।९।** परमाण्वाकाशादिद्रव्यमद्रव्यं कारणद्रव्याभावात् अनेकद्रव्यं वा घटादि समवायिकारणद्रव्ययुक्तवात्, सत्ता पुनः प्रत्येकं परिसमाप्त्या वर्तमाना एकद्रव्यवत्त्वान्न द्रव्यम् । **गुणकर्मसु च भावान्न कर्म न गुणः** ।१।२।१० गुणानां गुणेष्ववृत्तेः कर्मसु च कर्मणाम्, गुणेषु कर्मसु च सत्ताया वर्तमानत्वान्न गुण-कर्मणी सत्ता । **सामान्यविशेषाभावाच्च** ।१।२।११। यदि सत्ता द्रव्यादीनामन्यतमा स्यात् एवं द्रव्यादिष्विव सत्तायामपि द्रव्यत्वादयः सामान्यविशेषा वर्तेरन्। न चैवम् । तस्मान्न सत्ता द्रव्यगुणकर्माणि । **एकद्रव्यवत्त्वेन द्रव्यत्वमुक्तम्** ।१।२।१२। यथा प्रतिद्रव्यं साकल्येन वर्तमानत्वान्न द्रव्यं सत्ता तथैकद्रव्यवत्त्वान्न द्रव्यं द्रव्यत्वम् । **सामान्यविशेषाभावेन च** ।१।२।१३। द्रव्यादिष्विव द्रव्यत्वादीनां मध्यात् कश्चित् सामान्यविशेषो द्रव्यत्वे वर्तेत यदि [द्रव्यत्वं] द्रव्यं गुणः कर्म वा स्यात् । तस्मान्न द्रव्यादीनि द्रव्यत्वम् ।... **गुणे भावाद् गुणत्वमुक्तम्** ।१।२।१४। गुणेषु गुणानामवृत्तेः, गुणत्वं च गुणेषु वर्तते, तस्मान्न गुणः। **सामान्यविशेषाभावेन च** ।१।२।१५। यदि गुणत्वं द्रव्यं कर्म वा स्यात् तस्मिन् द्रव्यत्वं कर्मत्वं वा सामान्यविशेषौ स्याताम् । न चैवम् । तस्मान्न द्रव्यं कर्म वा गुणत्वम् ...**कर्मणि भावात् कर्मत्वमुक्तम्** ।१।२।१६। कर्मणि कर्मत्वस्य वृत्तेः कर्मणः कर्मणि चावृत्तेर्न कर्म कर्मत्वम् । **सामान्यविशेषाभावेन च** ।१।२।१७। द्रव्यत्वं गुणत्वं वा कर्मत्वे स्यातां यदि द्रव्यं गुणो वा स्यात् । तस्मान्न द्रव्यगुणौ कर्मत्वम् ।'' इति **चन्द्रानन्द**विरचितवृत्तिसहिते **वैशेषिकसूत्रे** ॥

सामान्येन सत्प्रत्ययस्तदपि सत्प्रत्ययविषयं ततस्तत्राप्यन्येन सत्प्रत्ययः तत्राप्यन्येनेत्यनवस्था। तथा समवायेऽपि । समवायस्यैकत्वात् समवाये सामान्ययोजकस्यापरसमवायस्याभावात् कथं सामान्यवशात् सत्प्रत्ययः । विशेषेष्वपि न सामान्यसंबन्धोऽस्ति। समानानां हि भावः सामान्यम् । तच्च साधारणं रूपम् । विशेषाणां च विसदृशरूपत्वात् कथं ते समानरूपा भवितुमर्हन्ति ? विशेषत्वायोगप्रसङ्गात् । किञ्च, विशेषेषु सत्तासंबन्धे तेषां समानरूपत्वात् संशयोत्पत्तौ निर्णयार्थमन्यो विशेषः । तत्राप्यन्यसत्तासम्बन्धे सति संशयविषयत्वादन्यो निर्णयार्थं विशेषो वाच्य इत्यत्राप्यनवस्थैव प्रसज्यते । इति न सामान्यस्य तेष्वपि योग इति। तस्माद् गौण एव सत्प्रत्ययः सामान्यसमवायविशेषेष्वित्यलं प्रसङ्गेन । विस्तरार्थिना तु **व्योमटीका**दि निरीक्षणीयम् ।

प्रकृतमनुस्रियते— **तथाही**त्यादि [पृ०४३ पं०१२] । अयं प्रयोगार्थः— यथा द्रव्यत्वं नवसु द्रव्येषु वर्तमानमपि न सत्प्रत्ययकर्तृ एवं भावोऽप्येकैकस्मिन्द्रव्ये वर्तमानो न सत्प्रत्ययकर्तेति। अथ द्रव्यत्वं सत्प्रत्ययकर्तृ स्यात् ततस्तद्बलेन भावोऽपि सत्प्रत्ययकर्ता स्यादित्याह— **न चे**ति [पृ०४३ पं०१४] । **न सत्प्रत्ययकर्तृ** न सद्बुद्ध्युत्पादकम् ।

एवमिति [पृ०४३ पं०१४] । गुण-कर्मणोर्भावौ, तौ च तौ हेतू च, तयोरपि विषये वाच्यम् । यथा न सत्प्रत्ययकर्ता भावो गुणेषु भावात् गुणत्ववत् तथा कर्मसु भावात् कर्मत्ववत् । न च गुणत्वं कर्मत्वं च सत्प्रत्ययकर्तृ । गुणप्रत्यय-कर्मप्रत्ययकर्तृत्वादिति । **उभयत्रे**ति [पृ०४३ पं०१५] द्रव्यादिनिषेधेऽसत्प्रत्ययकर्तृत्वे च गमकत्वादित्यर्थः । **आक्षेपे**त्यादि [पृ०४३ पं०१५], **आह**[१]**-अयमसिद्धान्न विशिष्यत** इत्याद्युक्तावत्र **बहु वक्तव्य**मित्येतत्पर्यन्तौ सर्वौ द्रष्टव्यौ ॥

सांप्रतमित्यादि [पृ०४३ पं०१७] । **तत्रे**त्येवं सति [पृ०४३ पं०१८] । **तत्र साधर्म्येणे**ति [पृ०४४ पं०४] । **तत्र** तयोः साधर्म्यवैधर्म्यदृष्टान्ताभासयोर्मध्ये । साधनं चासौ धर्मश्च **साधनधर्मः** । क इत्याह— **हेतु**रिति [पृ०४४ पं०६]

वाऽऽहितेत्यादि [पृ०४४ पं०८] । आहिताग्निप्रभृतिषु शब्देषु विकल्पेन बहुव्रीहौ पूर्वनिपातो भवतीत्यर्थः । अथायं तत्र न दृश्यते, अतस्तदवस्थमेव प्रेर्यमित्याह— **आहिते**त्यादि। **विकल्पवृत्ते**रिति । पूर्वनिपातनस्य विकल्पेन प्रवर्तनादित्यर्थः ।

---

१. दृश्यतां पृ. ३९ पं०५ ॥

मध्यपदलोपितृतीयातत्पुरुषं केचिद्विदधते तमेवाह— **अन्ये त्वि**त्यादि [पृ०४४ पं०९]। **न चैत**दिति । प्राचीने उत्तरे सति नातिश्लिष्टमिदं व्याख्यानमित्यर्थः । **एव**मिति । साध्यं च उभौ च साध्यसाधनरूपौ साध्योभये । समासे सत्युभयेति व्यवतिष्ठते । **उभः स्वद्विवचने[ ]** इति वचनात् । सूत्रस्य चायमर्थः- उभ इति प्रयुज्यते स्वद्विवचन एव, स्वद्विवचनाभावे उभय इत्येव प्रयुज्येत । ततः **साध्योभये धर्मा असिद्धा** [पृ०४४ पं०११] ययोर्दृष्टान्तयोस्तौ तथा, तयोरपि **भावनीय**मिति समासादिकम् ।

अवसरः प्रस्तावः तं **प्राप्तः, अवसरो** वा **प्राप्तो** यस्येति विग्रहः [पृ०४४ पं०१२]। **निर्दिश्यत** इति । उदाहरणमिति शेषः ।

अथ यदि साधर्म्यदृष्टान्तोऽगमकः संजातस्तर्हि वैधर्म्यदृष्टान्तः 'नित्यत्वाभावे न भवत्येवामूर्तत्वम्, यथा घटे, न च तथा शब्दः, तस्मान्नित्यः' इति साध्यसिद्धये उपादीयतामन्वयव्यतिरेकयोरन्यतरेण साध्यसिद्धेरिति चेत्, आह - **एतदाभासाना**मिति [पृ०४५ पं०८] साधर्म्यदृष्टान्ताभासानामिति।

अथ यदि साधनधर्मासिद्धोऽयं तथाप्याभासता कथमस्येत्याह— **अयं चे**ति [पृ०४५ पं०८] साध्यसाधने च ते धर्मौ च ताभ्यामनुगतो युक्तः स तथा । **इह त्वि**ति [पृ०४५ पं०९] प्रस्तुतप्रयोगे । **अन्त्यं** पर्यन्तभूतं तच्च तत् **कारणं** च परमाण्वाख्य**मन्त्यकारणम्** [पृ०४५ पं०१०], तस्य भावस्तत्त्वं तेन । अयमत्र भावार्थः- कार्यं समवायिकारणपूर्वकं तत्कारणमप्यन्यसमवायिकारणपूर्वकमिति यावदाद्यं द्व्यणुकरूपं कार्यं तदपि समवायिकारणजन्यमिति तज्जनकं परमाण्वाख्यमेवान्त्यं कारणम् । तच्च नित्यम्, अन्यथा सर्वस्य कार्यस्य विनाशे समवायिकारणाभावात् पुनः कार्यस्योत्पत्तिर्न स्यादिति नित्यपरमाणुकारणैर्द्व्यणुकादिप्रक्रमेण कार्यमारभ्यते । तस्मादन्त्यकारणत्वेन नित्या अणव इति । अथ परमाणूनामयोगिभिः प्रत्यक्षेणाग्रहणात् कथं तन्मूर्तत्वं निश्चीयत इत्याह— **मूर्तत्वं चे**ति [पृ०४५ पं०११] । **मूर्तं यत्तत्कार्यं** परमाणुनिष्पन्न**घटादि** तस्यो**पलब्धे**र्दर्शनात्। तथा चोक्तं परमाणुलक्षणं यथा-

कारणमेव तदन्त्यं नित्यो मूर्तश्च भवति परमाणुः ।

एकरसवर्णगन्धो द्विस्पर्शः कार्यलिङ्गश्च ॥ [ ] इति । स्पर्शद्वयं चाविरुद्धमेवाणौ भवतीति ।

तदमूर्तत्वप्रतीतेरिति [पृ०४५ पं०१६] । तस्या बुद्धेरमूर्तत्वं तस्य प्रतीतेरवबोधात्। **विद्यमानोभयासिद्ध** इति [पृ०४५ पं०१८] । उभौ धर्मावसिद्धौ यत्र उभाभ्यां वा धर्माभ्यामसिद्धस्ततो विद्यमानश्चासावुभयासिद्धश्च स तथा । यद्वा दृष्टान्तधर्मिणि **विद्यमाने** वस्तुभूते सति **उभयमसिद्धं** यत्रेति बहुव्रीहिः । **तत्र घटव**दिति [पृ०४५ पं०१९] । **तत्रेति** सदसतोरुभयोर्मध्ये । अ**त्रेति** घटदृष्टान्ते [पृ०४५ पं०२०] । **अयमि**ति[1] [पृ०४६ पं०२] आकाशाख्यः । कथं पुनरसौ सांख्यस्य बौद्धं प्रत्युभयासिद्धः, तत्र ह्युभयधर्मसद्भावादित्याह–**सति हीति** । बौद्धस्यालोक-तमसी एवाकाशं नेतरत्, ततोऽन्यस्याकाशधर्मिणोऽभावात् किं नित्यत्वा-ऽमूर्तत्वधर्मचिन्तया कृत्यम् ? सति धर्मिणि धर्मचिन्तनं युक्तमिति मन्यते ।

अनन्वय इत्यादि [पृ०४६ पं०५] । यद्यपि [2]ग्रन्थान्तरे रागादिमानयं पुमान् वक्तृत्वादिष्टपुरुषवत् इत्ययं वक्तृत्व-रागादिमत्त्वयोः सत्त्वमात्रस्येष्टपुरुषे सिद्धत्वात् व्याप्त्यसिद्धेश्चानन्वयो दृष्टान्तदोष उक्तः, अनित्यः शब्दः कृतकत्वाद् घटवदित्येवंरूपश्च भिन्नो दृष्टान्तदोषोऽप्रदर्शितान्वय उक्तः, तथाप्यत्रानन्वयाप्रदर्शितान्वययोरैक्यं विवक्षितमिति लक्ष्यते। **अप्रदर्शितान्वय इत्यर्थ** इति [पृ०४६ पं०५] पर्यायप्रदानात् ।

न तु वीप्सयेति [पृ०४६ पं०८] । गुणेन कृतकत्वादिना व्याप्तिरिह वीप्सा तया। अथ च किल यद्यदिति वीप्सया यदित्थं तत् सर्वमित्येवं वा व्याप्तिः प्रत्याय्या, नान्यथा।

एवं सतीत्यादि [पृ०४६ पं०१०] । आश्रयो घटस्तत्राश्रयिणौ कृतकत्वानित्यात्वाख्यौ धर्मौ, तयोर्भावमात्रं सत्तामात्रम् । तस्याभिधानात् ।

अन्यत्रेति [पृ०४६ पं०११] प्रयोगान्तरे । तथाहि–कार्यहेतुप्रयोगे महानसे धूमवत्त्वमग्निमत्त्वं च दृष्टमित्येवमाश्रयाश्रयिभावमात्रप्रदर्शने व्यभिचारोऽपि संभवति । यतो महानसे कदाचिद् वह्नि-धूमयोरुभयोरपि सद्भावः । कदाचिद्धूमरहितवह्नेरेव । कदाचिदुभयोरभावोऽपि, ततो व्याप्तिप्रदर्शनमन्तरेण दृष्टान्ते साध्यहेत्वोः संभवमात्रे प्रदर्श्यमाने महानसे कदाचिदुभयाभावोऽपि दृश्यत इत्युभयविकलमहानसवत् साध्याभावमपि कदाचित् प्रतिपद्येतेति। अन्ये त्विदं दूषणं नानुमन्यन्ते, सर्वशास्त्रेष्वेवं प्रयोगदर्शनात् । न च प्रतिवादिवचः स्वातन्त्र्येण प्रमाणम् । किं तर्हि ? । प्रमाणान्तरानुगृहीतम् । ततश्च यदि प्रत्यक्षादिसिद्धाऽस्ति

---

१. **नन्वयमिति J. P.** ॥ २. "अनन्वयोऽप्रदर्शितान्वयश्चेति । यथा यो वक्ता स रागादिमानिष्टपुरुषवत्। अनित्यः शब्दः कृतकत्वाद् घटवदिति ।" इति **न्यायबिन्दौ** तृतीयपरिच्छेदे सू० १२७ ॥

व्याप्तिस्तदाऽनित्यः शब्दः कृतकत्वाद् घटवदित्येवमपि प्रतीयते । अथ न प्रत्यक्षादिसिद्धा तदा वीप्सा-सर्वग्रहणाभ्यामपि न प्रतीयते । सिद्धानुवादार्थं हि दृष्टान्तवचो न त्वसिद्ध-विधायकमिति ।

साधर्म्यप्रयोगे हि साधनधर्मपूर्वः साध्यधर्मो दर्शनीयः । इह तु साध्यधर्मपूर्वः साधनधर्मो दर्शितः । एतदेवाह–**प्रागि**त्यादि [पृ०४६ पं०१४] । **न्यायमुद्रे**ति [पृ०४६ पं०१५] न्यायमर्यादोल्लङ्घनमित्यर्थः। अनेन पदेनैतदाह– कृतकत्वं वस्तुनोऽनित्यत्वस्वभावत्वमित्येवं[१] येन नावगतं तं प्रति यदनित्यं तत् कृतकमित्येवं क्रियमाणेऽनित्यत्वानुवादेन कृतकत्वविधानात् कृतकत्वादनित्यत्वप्रतीतिर्न स्यादित्येवं दोषः प्रकृतेऽनुषज्यते । येन च कृतकत्वमनित्यत्वस्वभावमेवेति[२] विज्ञातं तं प्रति यद्यपि प्रकृते न्यायमुद्राव्यतिक्रमदोषादन्यो दोषो नोत्पद्यते तथाऽपि तं प्रत्यप्यन्यत्र व्यभिचारः स्यात् । एतदेवाह–**अन्यत्रे**त्यादि [पृ०४६ पं०१६] । विपरीतव्याप्तिकरणे हि विद्युदादिना व्यभिचारः प्रसज्यते । कथमित्याह–**अनित्यानामपी**त्यादि [पृ०४६ पं०१७]। एतदुक्तं भवति– इहान्वयप्रयोगे हेतुसत्त्वे साध्यसत्त्वोपदर्शने क्रियमाणे प्रयत्नानन्तरीयकमनित्यमेव भवतीत्ययोगव्यवच्छेदतयाऽवधारणार्थे गम्यमाने सति व्यभिचारो न स्यात् । साध्यसत्त्वे च हेतुसत्त्वे उपदर्श्यमानेऽन्ययोगव्यवच्छेदतयाऽवधारणार्थो गम्यते । यथा यदनित्यं तत् प्रयत्नानन्तरीयकमेवेति, अयं चार्थो व्यभिचार्येव । यतोऽनित्यं प्रयत्नानन्तरीयकं घटादि अप्रयत्नानन्तरीयकं विद्युदादि चेत्युभयस्वभावमप्यनित्यं भवति । तस्मादन्वयप्रयोगे हेतुसत्त्वे साध्यसत्त्वं दर्शनीयमिति ।

तत्रेति [पृ०४७ पं०६] पञ्चसु मध्ये । **आक्षेपे**त्यादि । बहुव्रीहौ[३] निष्ठान्तं पूर्वं निपततीत्यादिकौ । **एव**मिति [पृ०४७ पं०७] । उभाववयवौ साध्यसाधनरूपौ यस्य साध्यसाधनसमुदायस्यासावुभयः। साधनं च उभयश्च तौ साधनोभयौ तावव्यावृत्तौ यकाभ्यां तौ तथा, तयोः । यद्वा साधनाव्यावृत्तश्चोभयाव्यावृत्तश्चेति समस्याऽव्यावृत्तशब्दस्य लोपः । साधनमव्यावृत्तमस्मादित्यादिना समासकरणं वक्तव्यमित्यर्थः ।

अथ यदि वैधर्म्यदृष्टान्तोऽगमकस्तर्हि साधर्म्यदृष्टान्तेन यदमूर्तं तन्नित्यं दृष्टं यथाकाशमित्येवं साध्यसिद्धिः क्रियतामित्याह— **वैधर्म्ये**त्यादि [पृ०४८ पं०५]। अथात्राभासता कथम्? । यावता वैधर्म्यदृष्टान्तोऽपि साक्षात् किमिति नेष्यत इत्याह— **अयं चे**ति ।

---

१. °**नित्यत्वभावमि** J. ॥ २. °**नित्यत्वस्वभावत्वमि**° C. ॥ ३. दृश्यतां पृ०४४ पं०७ ॥

उभौ च तौ धर्मौ चोभयधर्मौ । साध्यं च साधनं च साध्यसाधने, ते च ते उभयधर्मौ च, ताभ्यां विकल: [पृ०४८ पं०७]। **यत उक्त**मित्यतोऽग्रे 'यत्र दृष्टान्ते' इति शेष:। **इत्यादि** इत्यतोऽग्रे 'स वैधर्म्यदृष्टान्त:' इति शेष: । अथायमपि साध्यसाधनधर्माविकल: स्यादित्याह- **न चाय**मिति [पृ०४८ पं०८]।

आहेत्यादि [पृ०४८ पं०११]। **किमर्थ**मित्यतोऽग्रे [पृ०४८ पं०१२] 'आदावुक्त:' इति शेष: । **तस्ये**ति साधर्म्यप्रयोगस्य। हेतुसत्त्वे साध्यसत्त्वमन्वय:, त**त्प्रधानत्वात्** । **अन्वयस्य चे**ति । साधनधर्म: पुर:सरो यत्र साध्यधर्मोच्चारणे तच्च तत् साध्यधर्मस्योच्चारणं च तदेव रूपं यस्यान्वयस्य स तथा, तस्य भावस्तत्त्वम्, तस्मात् । किमुक्तं भवति ? । साध्येन व्याप्तो हेतुर्दर्शनीय: साधर्म्यप्रयोगे अतो य: प्रागुच्चार्यते साधनधर्मस्तद्विकल एव दृष्टान्त: साधर्म्यदृष्टान्ताभासेष्वादौ वक्तुं युज्यते । वैधर्म्यप्रयोगे तु नायं न्याय इत्याह- **व्यतिरेके**त्यादि [पृ०४८ पं०१३]। **उभयो:** साध्यसाधनयो**र्व्यावृत्ती** रूपं यस्य स तथा । यद्यप्येवं वैधर्म्यप्रयोगस्तथाप्यत्र साधनाव्यावृत्तदृष्टान्त आदौ किमिति नोक्त इत्याह- **साध्याभावे चे**ति [पृ०४८ पं०१४] । अयमर्थ:- वैधर्म्यप्रयोगे साध्याभावे हेतोरभाव: क्रियते अतो दृष्टान्तोऽप्यत्र साध्याव्यावृत्त एवादौ वक्तुं युज्यते न साधनाव्यावृत्त इति ।

प्रयोग: पूर्ववदेवेति [पृ०४८ पं०१६] । नित्य: शब्दोऽमूर्तत्वादित्येवंरूपा साध्यसाधनयो: प्रयुक्तिरित्यर्थ:।

अथेह कर्म किं पुण्यपापरूपं गृह्यतेऽन्यद्वेत्याह-**तच्चे**ति [पृ०४८ पं०१७] ।

उभयेत्यादि [पृ०४९ पं०१] । आकाशवादिनं प्रति नित्य: शब्दोऽमूर्तत्वादाकाशवदिति साधर्म्यप्रयोग: सम्यगेव । यदा तु नित्यत्वाभावे न भवत्येवामूर्तत्वं यथाऽऽकाश इति तत्सत्त्ववाद्येव वदति तदोभयाव्यावृत्त इति । अथात्र यदमूर्तं तन्नित्यं दृष्टं यथा परमाण्वादीति साधर्म्यदृष्टान्तं प्रदर्श्य यन्नित्यं न भवति न तदमूर्तं यथाकाशमिति वैधर्म्यदृष्टान्तो वक्तुं युज्यत इति चेदाह- **नित्यत्वे**त्यादि [पृ०४९ पं०१] । अथ परमाणावमूर्तत्वस्याभावात् कथमिदं संगच्छत इति चेत्, उच्यते, न पारिभाषिकममूर्तत्वं ग्राह्यम्, किंतु लोकरूढ्याऽमूर्तत्वं चक्षुषाऽदृश्यत्वमाश्रित्योक्तमिदमिति संभाव्यते ।

अव्यतिरेक इत्यादि [पृ०४९ पं०५]। इहाप्य**निदर्शितव्यतिरेक इत्यर्थ** इति पर्यायप्रदानादप्रदर्शितव्यतिरेको यो ग्रन्थान्तरे[१] उक्तो यथा नित्य: शब्दोऽमूर्तत्वाद् घटवदिति

१. ''अप्रदर्शितव्यतिरेको यथा अनित्य: शब्द: कृतकत्वादाकाशवदिति'' इति **न्यायबिन्दौ** तृतीये परिच्छेदे सू० १३५ ॥

तस्यात्रैवान्तर्भावं मन्यत इति लक्ष्यते । **यत्र विने**ति [पृ०४९ पं०६] । यत्र प्रयोगे नित्यत्वादिसाधके नित्यः शब्दोऽमूर्तत्वादिति प्रभण्य यदनित्यं तन्मूर्तं दृष्टमित्येवं साध्यसाधननिवृत्तिमकृत्वैव घटेऽनित्यत्वं मूर्तत्वं च दृष्टमिति साध्यसाधनाभावमात्रं दर्शयति यदा तदाऽव्यतिरेक उच्यते ।

अथैवमपि भवतु को दोषः स्यादित्याह **इत्थं ही**ति [पृ०४९ पं०१०] । **एकत्रे**ति घटादौ । **अभिधेयमात्रं** साध्यसाधनयोरभावप्रदर्शनमात्रम्, तस्या**भिधानात्** प्रतिपादनात् । वैधर्म्यप्रतिपादनं च यदनित्यं तन्मूर्तं दृष्टमित्याद्यनुच्चारणेन कृत्वाऽ**र्थापत्त्यादिना गम्यत्वे** साध्यसाधननिवृत्तेरित्यर्थः । इह हि व्यतिरेकवाक्यमनुक्त्वैव वैधर्म्यदृष्टान्तोऽसादृश्यमात्रेण साधक उपन्यस्तो न च तथा गमको भवतीति इष्टार्थासाधकत्वमतः स्वयमदुष्टोऽपि वक्तुरपराधाद् दुष्टः । साधने च वक्तुरपि दोषाश्चिन्त्यन्ते । साध्याभावे साधनाभावोपदर्शनं व्यतिरेक उच्यते ।

प्रस्तुतप्रयोगे एवेति [पृ०४९ पं०१३] नित्यः शब्दोऽमूर्तत्वादिति प्रतिज्ञाहेतुस्वरूपे। तथाविधः साध्यसाधनानुगतो योऽसौ साधर्म्यदृष्टान्त आकाशादिकस्तेन युक्ते यदा **यन्मूर्तं तदनित्य**मिति [पृ०४९ पं०१५] साधनाभावे साध्याभावं दर्शयति तदा विपरीतव्यतिरेकः ।

इह वैधर्म्यप्रयोगे साध्याभावे साधनाभावोपदर्शने व्यभिचारो न भवति । साधनाभावे च साध्याभावोपदर्शने व्यभिचार एव । तथाहि— यन्मूर्तं तदनित्यमित्युक्ते परमाणुना व्यभिचारः। स हि मूर्तोऽथ च नित्य एवेति । तथाऽनित्यत्वसाधकवैधर्म्यप्रयोगेऽपि साधनाभावपूर्वके साध्याभावे प्रदर्श्यमाने व्यभिचार एवेति प्रश्नपूर्वकं वक्तुमाह— **आहे**त्यादि [पृ०४९ पं०१५]। **एवमपी**ति व्यतिरेकप्रयोगे साधनाभावे साध्याभावोपदर्शने क्रियमाणे इत्यर्थः। **विद्युदादौ व्यभिचार** [पृ०४९ पं०१७] इति विद्युदादीनामप्रयत्नानन्तरीयकाणामप्य-नित्यत्वादिति भावः। **आभासत्वादेवे**ति [पृ०५० पं०१] पक्षादिसादृश्यादेव । न तु सम्यक्पक्षादित्वेन । अयमर्थः- साध्यसिद्ध्यर्थमेते उपादीयन्ते । तदकरणाच्च तत्स्थानप्रयुक्तत्वात् पक्षादीनामाभासता । अत एव चैषां न साधनत्वमिति ।

यदि दूषणस्यावसरस्तर्ह्युच्यतामित्याह - **तच्चे**ति [पृ०५० पं०६] । दूषणातिक्रमेण च तदाभासस्याप्यतिक्रमो द्रष्टव्यः । [पृ०५० पं०७] **आत्मप्रत्यायनार्थ**मित्यात्मावबोधार्थम्। अथ **प्रत्यक्षानुमाने** इत्येवमेकविभक्तिनिर्देशोऽस्त्वित्याह— **असमासे**त्यादि [पृ०५० पं०८]। भिन्नश्चासौ विषयश्च तस्य ज्ञापनार्थम्। एतेन प्रत्यक्षानुमानविषये संख्या-लक्षण-गोचर-फलविषयायाश्चतुर्विधाया विप्रतिपत्तेर्मध्ये गोचरविप्रतिपत्तिं निराकरोति । गोचरश्च विषय

उच्यते । तथाहि— कैश्चिन्मीमांसकादिभिः प्रत्यक्षस्य सामान्यविशेषौ द्वावपि विषयौ कल्पितौ, अनुमानस्य सामान्यमेव विषयो न विशेषः। नैयायिक-वैशेषिकैस्तु परस्परविभक्तौ सामान्यविशेषौ द्वयोरपि । [1]सांख्यैस्तु द्वयोरपि सामान्यं विषय इष्टस्त्रैगुण्यरूपस्य सामान्यस्यास्याभ्युपगमात् । भूतचतुष्टयं प्रमाणभूमिरिति च चार्वाकैः। इत्येवंविधा विप्रतिपत्तिः प्रत्यक्षादिविषये, तन्निराकरणार्थमसमासकरणम् । भिन्नविषयत्वमेवाह— **स्वलक्षणे**त्यादि [पृ०५० पं०९]। लक्ष्यते तदन्यव्यपोहेनावधार्यते वस्त्वग्न्यादिकमनेनोष्णत्वादिनेति लक्षणं वस्तुनोऽसाधारणं रूपम् । ततः स्वं च तल्लक्षणं चेति स्वलक्षणम्। यद्वा स्वशब्देनेह वस्त्वभिधीयते, ततः स्वस्य वस्तुनो लक्षणं स्वलक्षणमिति। तद्विषयो गोचरो यस्य प्रत्यक्षस्य तत्तथा । तथा चोक्तम्—**तस्य विषयः स्वलक्षणम्, तदेव परमार्थसत्**[**न्यायबिन्दौ १/१२/१४**] इति। अयमत्र भावार्थः— वस्तुनः सामान्या-ऽसाधारणतया द्वैविध्यं संभवति । तत्र प्रथमाक्षसंनिपाते एकक्षणावस्थायि वस्त्वसाधारणरूपं सजातीयेतरव्यावृत्तं स्वलक्षणसंज्ञितं प्रत्यक्षस्य ग्राह्यम्। गृहीतसंतानश्च प्रत्यक्षपृष्ठभाविनो विकल्पस्याध्यवसेयः । प्रापणीयश्च प्रत्यक्षस्य संतान एव, क्षणस्य प्रापयितुमशक्यत्वात् । संतानशब्देन चाध्यक्षगृहीतवस्तुनः सदृशापरापरक्षणप्रबन्ध उच्यते ।

इतरच्च यत् सामान्यं साधारणं विकल्पविज्ञानावभासि वस्तुनो रूपं तदनुमानस्य विषयोऽत एवाह— **सामान्ये**त्यादि [पृ०५० पं०९]। सामान्यं साधारणं लक्षणं रूपं विषयो यस्य तत्तथा। तथाहि— लिङ्गदर्शनादनग्निव्यावृत्तमग्निमात्रमेव तार्णादिभेदरहितं सकलवह्निसाधारणं रूपं वह्निरत्रास्तीत्येवंरूपे ज्ञाने प्रमातुः प्रतिभासत इति सामान्यमेवानुमानस्य ग्राह्यम्। स्वसंवेदनप्रत्यक्षसिद्धमेव चानुमानज्ञानप्रतिभासिनोऽर्थस्य साधारणरूपत्वमिति । तथाऽनुमानस्याध्यवसेयः प्रापणीयश्च स्वलक्षणस्वरूप एवार्थः । तथाहि— लिङ्गदर्शनाद्यो मया वह्निर्गृहीतः स एवायं दृश्यत इति स्वलक्षणमेवाध्यवस्यति । तदेव च प्रथमाक्षसंनिपाते प्राप्नोतीति । एतेन च द्विविधो हि विषयः प्रमाणस्य ग्राह्यश्च यदाकारमुत्पद्यते, प्रापणीयश्च यमध्यवस्यति । अन्यो हि ग्राह्यो विषयोऽन्यश्चाध्यवसेय इत्याविर्भावितम् ।

संख्यानियममाहेति [पृ०५० पं०१०] एतेन संख्याविप्रतिपत्तिं निराकरोति । अस्ति चात्र संख्याविप्रतिपत्तिः ।तथाहि— मीमांसकाः प्रत्यक्षानुमानशाब्दोपमानार्थापत्त्यभावलक्षणानि षट् प्रमाणानि मन्यन्ते । नैयायिकाः प्रत्यक्षानुमानशाब्दोपमानलक्षणानि चत्वारि । प्रत्यक्षानुमानशाब्दलक्षणानि त्रीणि वैशेषिकाः । एतान्येव च सांख्याः । चार्वाकास्तु प्रत्यक्ष-मेवैकम् । इत्येतन्निरासेन प्राह— **द्वे एव प्रमाण** इति [पृ०५० पं०१०] ।**शेषप्रमाणाना**मिति शाब्दादीनाम्। **अत्रैवे**ति अनयोरेव मध्ये । अथ यद्यनयोर्मध्येऽन्तर्भावोऽन्येषां तर्हि स यथा

भवति तथा दर्श्यतामित्याह— **अन्तर्भावश्चे**ति । अयमर्थः— प्रत्यक्षानुमानव्यतिरिक्तप्रमाणानां यदि सत्यार्थप्रापकत्वं तदाऽनयोरेवान्तर्भावो विज्ञेयः । अथार्थाप्रापकाणि तदाऽप्रमाणान्येव तानि, सन्दर्शितार्थप्रापकं हि प्रमाणं स्यादिति भावः । प्रत्यक्षानुमाने च नियतार्थदर्शकत्वात् प्रमाणे एव । तथाहि— प्रत्यक्षं सजातीयेतरव्यावृत्तं संतानाख्यं नियतमर्थं दर्शयति । अनुमानं तु लिङ्गसम्बद्धं नियतमर्थं विजातीयव्यावृत्तं सजातीयानुगतं संतानाख्यं दर्शयति । शाब्दादिकं त्वनियतार्थदर्शकम्। 'नद्यास्तीरे गुडशकटं पर्यस्तं धावत धावत डिम्भकाः' इत्यादिविप्रतारकपुरुषवचनश्रवणात् प्रवृत्तानां मुग्धमतीनां डिम्भकानां कदाचिन्नियतार्थाप्राप्तेरिति । अत एते नियतार्थदर्शकत्वात् प्रमाणे, नैतद्व्यतिरिक्तं शाब्दादि नियतार्थानुपदर्शकत्वादित्यादिचर्चो ग्रन्थान्तराद्वेदितव्यः ।

नन्विह प्रत्यक्षमनुमानं चेति वचनादेव द्वित्वं लब्धं किं द्विग्रहणेन ? । उच्यते । द्विविधमेव प्रमाणमित्यवधारणार्थम् । तेनैकविधं चार्वाकाभिहितं त्रि-चतुष्प्रकारं च वैशेषिकाद्यभिहितं निरस्तं स्यात् । असति तु द्विग्रहणे एवकाराभावात् 'प्रत्यक्षानुमाने तावत् प्रमाणे, अन्यान्यपि प्रमाणानि भवन्ति' इति स्यादाशङ्का ।

तत्रेति निर्धारणार्थ इति [पृ०५० पं०१५] । तत्र तयोः प्रत्यक्षानुमानयोर्मध्ये प्रत्यक्षजात्या प्रत्यक्षं निर्धार्यते । प्रत्यक्षाणां च बहुत्वाज्जातित्वं विज्ञेयम् । अनेन च लक्ष्यलक्षणविभागेन लक्षणविप्रतिपत्तिं निराकरोति । अस्ति चात्र विप्रतिपत्तिः । तथाहि— मीमांसकादय एवमाहुः— निर्विकल्पकं यथा प्रत्यक्षं तथा जात्यादियोजनासहितमपि प्रत्यक्षम्, उपदर्शितार्थस्य प्रापकत्वात् । तथा चाहुः—

अस्ति[१] ह्यालोचनाज्ञानं प्रथमं निर्विकल्पकम् ।
बालमूकादिविज्ञानसदृशं शुद्धवस्तुजम् ॥ १ ॥

ततः परं पुनर्वस्तु धर्मैर्जात्यादिभिर्यया ।
बुद्ध्यावसीयते सापि प्रत्यक्षत्वेन संमता ॥ २ ॥ [मी०श्लो०वा०] इति ।

तत्र प्रथमाक्षसंनिपाते विकल्परहितमर्थदर्शनमालोचनाज्ञानमुच्यते । शुद्धवस्तुजं च तत्, जात्यादिधर्मयोजनारहितवस्तुन उत्पन्नत्वात् । तथा वैयाकरणा अप्याऽऽहुः— वाचक-संसृष्टं वाच्यमिन्द्रियज्ञाने प्रतिभासते तेन शब्दसंयोजना भवत्यत इन्द्रियविज्ञानं सविकल्पकम्। तथा नैयायिकादीनां सविकल्पकं प्रत्यक्षमिति कल्पनापोढग्रहणेन निराकरोति ।

---

१. ''इदानीं निर्विकल्पकमस्तित्वेन प्रमाणत्वेन च साधयितुमाह—**अस्ति हीति** । ननु सविकल्पकं विज्ञानमाक्षिप्तं तदेव च साध्यत्वेन प्रतिज्ञातम्; तदनन्तरं निर्विकल्पकज्ञानसाधनमसम्बन्धमुच्यते । अपिशब्दात् तस्यापि प्रतिज्ञानात् तेन च विना सविकल्पकस्यानुत्पत्तेः सद्भावादारभ्य विप्रतिपत्तेश्च नासम्बन्धत्वम् । तथाचाहुः—

अधुनाऽवयवव्याख्यामाह— **तत्रे**त्यादि [पृ०५० पं०१७] । **तत्रै**वं सति **प्रतिगत**माश्रित**मक्षं** प्रत्यक्षम्, अथाक्षमक्षं प्रति प्रत्यक्षमिति अव्ययीभावः कस्मान्न प्रदर्श्यते येनाऽयं समासः, उच्यते, स नंपुसकलिङ्गं स्यादिति नपुंसकलिङ्गता स्यात् प्रत्यक्षशब्दस्य । ततश्च प्रत्यक्षा बुद्धिः प्रत्यक्षो घट इति न स्यात्, **इदमेव** स्यात् 'प्रत्यक्षं ज्ञानं प्रत्यक्षं कुण्डं वा' इति, अतः **अत्यादयः क्रान्ताद्यर्थे द्वितीयया** [पा० वा० ७८०/१/४/७९॥] इति अत्यादिसमासे सर्वलिङ्गता भवत्यतोऽत्यादिसमासं तत्पुरुषाख्यं दर्शितवान् । अथ तत्पुरुषपक्षेऽप्यक्षशब्दस्य नपुंसकलिङ्गत्वात् [2]**परवल्लिङ्गं द्वन्द्वतत्पुरुषयोः**[पा०२/४/२६/८१२] इति परवल्लिङ्गतायां नपुंसकलिङ्गप्राप्तिरूपस्तदवस्थो दोषः स्यादिति चेत्, उच्यते, प्राप्ताऽऽपन्नाऽलंगतिसमासेषु परवल्लिङ्गताप्रतिषेधादभिधेयवल्लिङ्गतेति सर्वलिङ्गः प्रत्यक्षशब्दः सिद्धः ।

अथ कल्पनापोढमित्यत्रापोढकल्पनमिति बहुव्रीहौ स्यादित्याह— **समासाक्षेपे**त्यादि [पृ०५१ पं०२]। [3]बहुव्रीहौ निष्ठान्तं पूर्वं निपततीत्यादिकावित्यर्थः । अधुना तृतीयापञ्चमीतत्पुरुषं दर्शयति **कल्पनये**त्यादिना । अत्र तृतीयापक्षे कर्मणि निष्ठा । पञ्चमीपक्षे कर्तरीति बोद्धव्यम्।

''न सोऽस्ति प्रत्ययो लोके यः शब्दानुगामादृते । अनुविद्धमिव ज्ञानं सर्वं शब्देन गम्यते'' ॥ इति ।

तत्रास्तीत्यनेन संवेदनसद्भावे प्रमाणमाह; संवेद्यगतं हि शब्दसंजल्परहितमर्थसंवेदनम्। तथा चोक्तमन्यैरपि—

''संहृत्य सर्वतश्चिन्तां स्तिमितेनान्तरात्मना। स्थितोऽपि चक्षुषा रूपमीक्षते साक्षजा मतिः॥''[प्रमाणवा०२।१२४] इति।

आलोचनज्ञानमित्यनेन बोधकत्वं प्रमाण्ये हेतुमाह; । **प्रथम**मित्यनेनाप्यस्तित्वं निर्विकल्पकत्वं च युक्त्या साधयति। वाचकशब्दस्मरणसमनन्तरं हि सविकल्पकज्ञानमुत्पद्यते; प्रबुद्धश्च संस्कारः स्मृतिमुपजनयति; अर्थदर्शनं च संस्कारोद्बोधकमिष्यते । वाचकस्मरणाच्च पूर्वं यदर्थदर्शनम् , तदेव शब्दसञ्जल्परहितत्वान्निर्विकल्पकं शब्दसम्बन्धग्रहणाभावेन बालमूकयोरिव विज्ञानम्; **शुद्धवस्तुज**मितीदं च शब्दसंजल्पव्युदासेनेन्द्रियजत्वसिद्ध्यार्थसामर्थ्येनोत्पन्नतां दर्शयति ॥.....

एवं तावन्निर्विकल्पकस्यास्तित्वं प्रत्यक्षत्वं च सामान्यविशेषविषयत्वं च साधितम् । इदानीं सविकल्पकस्य यत् प्रत्यक्षत्वं प्रतिज्ञातम्, तत् साधयितुमाह—**ततः पर**मिति । तत्र ततः परमित्येतेन निर्विकल्पकादुत्पन्नतां सविकल्पकस्य दर्शयति। (पुनरिति) पारम्पर्येणाप्यक्षजत्वमस्तीत्येतत् प्रदर्शयितुं बौद्धपरिकल्पितमानसप्रत्यक्षवत् **वास्त्व**त्यनेनार्थसामर्थ्योत्पन्नतां निर्विकल्पकवद् दर्शयति । **धर्मै**रित्यनेनार्थान्तरन्यासं निराकरोति । **जात्यादिभि**रित्यनेनापि शब्दाध्यासः। एतदुक्तं भवति— जात्यादिभिर्धर्मभूतैर्विशिष्टोऽर्थो ययावसीयते, न शब्दविशिष्टो नाप्यर्थान्तररूपेण। **बुद्ध्यावसीयते** इत्यनेन बोधकत्वं प्रामाण्ये हेतुमाह । **सापि प्रत्यक्षत्वेन संमते**त्यनेनापि तद्भावभावित्वेनाक्षजत्वं दर्शयति ॥'' इत **भट्टोम्बेक**विरचितायां **मीमांसाश्लोकवार्तिकटीकायाम्** १।१।४॥

२. ''**परवल्लिङ्गं द्वन्द्वतत्पुरुषयोः** [पा० २।४।२६। ८१२] एतयोः परपदस्येव लिङ्गं स्यात् । कुक्कुटमयूर्याविमे । मयूरीकुक्कुटाविमौ । अर्धपिप्पली । **द्विगुप्राप्तापन्नालंपूर्वगतिसमासेषु प्रतिषेधो वाच्यः** [पा०वा०] पञ्चसु कपालेषु संस्कृतः पञ्चकपालः पुरोडाशः। प्राप्तो जीविका प्राप्तजीविकः । आपन्नजीविकः। अलं कुमार्यै अलंकुमारिः। अत एव ज्ञापकात् समासः। निष्कौशाम्बिः।''-पा० सिद्धान्तकौमुदी ॥

''प्रत्यक्षमिति प्रतिगतमाश्रितमक्षम्। **अत्यादयः क्रान्ताद्यर्थे द्वितीयया** [पा०वा० २।२।१८] इति समासः। प्राप्तापन्नालंगतिपूर्वसमासेषु परवल्लिङ्गताप्रतिषेधात् अभिधेयवल्लिङ्गे सति सर्वलिङ्गः प्रत्यक्षशब्दः सिद्धः'' इति **धर्मोत्तर**विरचितायां **न्यायबिन्दुटीकायाम्** १।३। ३. दृश्यतां पृ० ४४ पं०७ ॥

तस्यैव कल्पनारहितस्य वस्तुनः स्वरूपनिर्देशो **यच्छ**ब्देनोच्यते । **एवंभूतं चे**ति [पृ०५१ पं०३] कल्पनारहितम् । अर्थ एव स्वलक्षणम् **अर्थस्वलक्षणम्,** तदपि अर्थस्वरूपमपीत्यर्थः । नहि ज्ञानक्षणगृहीतस्य स्वलक्षणस्यापि काचित् कल्पनास्तीति मन्यते। **निर्विषयमपी**ति [पृ०५१ पं०४] स्वप्नादौ निर्गोचरमपीत्यर्थः । **स चे**त्यर्थः[पृ०५१ पं०५]।

रूपादाविति [पृ०५१ पं०५] । रूप्यत इति रूपं दृश्यं घटादि वस्तु, तदेवादिर्यस्य गन्धादेस्तत्तथा, तस्मिन् । इह स्पर्शन-रसन-घ्राण-चक्षुः-श्रोत्रेन्द्रियपञ्चकभेदात् पञ्चधा प्रत्यक्षं समुत्पद्यते । तत्र रूपग्रहणेन सर्वजनप्रसिद्धं चाक्षुषं प्रत्यक्षमाह । **आदि**ग्रहणेन शेषेन्द्रियप्रत्यक्षाण्यपीति भावः। **नामजात्यादी**त्यादि [पृ०५१ पं०७] । पञ्चस्वपि कल्पनासु द्रव्ये सत्यपि यद्यत्राधिक्येन प्रसिद्धं तत्तेनैव जात्यादिना व्यपदेशमर्हति तत्र तस्यैवाधिक्यात् द्रव्यस्य च गौणत्वादिति ।

कुतः कारणात् पुनर्नामादिकल्पनारहितं ज्ञानं प्रत्यक्षमिष्यते इत्याह— **शब्दरहिते**त्यादि [पृ०५१ पं०१०]। शब्देन नामजात्यादिमतो वाचकेन डित्थादिना रहितं स्वलक्षणं पुरुष-गवादिकं हेतुर्यस्य प्रत्यक्षस्य तत्तथा, तस्य भावस्तत्त्वम्, तस्मात् ।

अथ शब्दरहितस्वलक्षणहेतुकं प्रत्यक्षं कुतः सिद्धमित्याह- **उक्तं चे**त्यादि [पृ०५१ पं०१०] । यथा हि वह्नौ धूमो जन्यजनकसंबन्धसंबद्ध उत्तरभावेन भवति एवं नार्थे जन्यजनकसंबंधसंबद्धाः शब्दा उत्तरभावेन सन्ति । एतेन तदुत्पत्तिसंबन्धः शब्दार्थयोर्नास्तीत्याचष्टे । स एवार्थ आत्मा येषां शब्दानां ते **तदात्मानः**, अनेन तु तादात्म्यसंबन्धोऽपि नास्तीत्याह । **तस्मिन्नि**ति अर्थे **प्रतिभासमाने** प्रत्यक्षेण परिच्छिद्यमाने **प्रतिभासेरन्** प्रदीप्येरन् शब्दा इति । अयमभिप्रायः- द्विविधो हि संबन्धः सौगतानां तादात्म्यलक्षणस्तदुत्पत्तिलक्षणश्च । तत्र तादात्म्यलक्षणो वृक्षत्व-शिंशपात्वयोरिव । तदुत्पत्तिलक्षणस्त्वग्नि–धूमयोरिव । शब्दार्थयोश्च द्विविधोऽपि संबन्धो न घटते । तथाहि– न तावत्तादात्म्यलक्षणः । तादात्म्ये हि शब्दार्थयोः शब्दो वा स्यादर्थो वा, न द्वयम्, तथा शब्दार्थयोस्तादात्म्ये क्षुरिका–मोदकादिशब्दोच्चारणे मुखपाटन–पूरणादिप्रसंगः न च दृश्यते । तदुत्पत्तिलक्षणोऽपि न घटते । यतः केयं तदुत्पत्तिर्नाम ? । किं शब्दादर्थोत्पत्तिरर्थाद्वा शब्दोत्पत्तिः ? । यदि शब्दादर्थोत्पत्तिः स्यात्तदा विश्वमदरिद्रं स्याद्धिरण्यादिशब्दोच्चारणादेव तदुत्पत्तेः । नाप्यर्थाच्छब्दोत्पत्तिस्ताल्वादिकारणकलापात्तदुत्पत्तेर्दर्शनात् । किंच, ये किलातीता राम-रावणादयोऽर्थास्तेषामिदानीमभावात् कथं राम-रावणादिकः शब्दोऽर्थमन्तरेण प्रवर्तितुमर्हति। तस्मादर्थे शब्दस्य न कथंचनापि संबन्धोऽस्तीति न शब्दाकारो विज्ञाने प्रतिभासते । तथा

योऽपि च 'अर्थेन विवक्षा जन्यते विवक्षया च शब्दः' इति विवक्षया कार्यकारणभावः शब्दार्थयोरभ्युपगतः सोऽपि संव्यवहारार्थम्, न तु तत्त्वतः । ततः शब्दार्थयोः संबन्धाभावाज्ज्ञानेन गृह्यमाणेऽर्थे शब्दाकारस्य ज्ञानेऽप्रतिभासनान्निर्विकल्पकमेव प्रत्यक्षं प्रमाणम्। प्रत्यक्षपृष्ठभावी तु विकल्पो गृहीतग्राहित्वादप्रमाणः । तथाहि- प्रत्यक्षपरिच्छिन्न एवार्थो विकल्पेन विकल्प्यतेऽतो गृहीतग्राही। परं यत्रार्थे प्रत्यक्षपृष्ठभावी विकल्प उत्पद्यते तत्रैव प्रत्यक्षस्य प्रामाण्यमिति विज्ञेयम् । तत्त्ववृत्तिरियम् । व्यवहारस्त्वेवम् । यथा रूपमात्रग्राहीन्द्रियज्ञानमुत्पद्यते । तेन च रूपसंतानमात्रं प्रवृत्तिविषयीक्रियते । तेन तेषु रूपक्षणेषु द्वितीयादिषु संव्यवहार इति ।

तदित्यनेनेत्यादि [पृ०५१ पं०१२] । **यदा** यच्छब्देन **निर्दिष्टं यन्निर्दिष्टं** तस्य **परामर्शः** संस्पर्शः प्रत्यक्षमित्यत्र ।

तत्पुरुषस्तावददुष्टोऽतः स संप्रदर्शितो **वृत्तिकृता** । अव्ययीभावोऽप्यदुष्ट एवातस्तं सूत्रकार उपदर्शयति- **अक्षमक्षं प्रती**त्यादिना [पृ०५० पं०१४] । नन्वेवं सति प्रत्यक्षो घटः प्रत्यक्षा शाटिकेति न स्यात् । उच्यते । प्रत्यक्षज्ञानहेतुत्वात् सोऽपि साऽपि वा प्रत्यक्षः प्रत्यक्षा इत्युपचारात् पुंस्त्वं स्त्रीत्वं वा स्यात् प्रत्यक्षशब्दस्य ।

आहेत्यादि [पृ०५१ पं०१३] । **विषयसामर्थ्यादपी**ति न केवलं स्वप्नादौ निर्गोचरमप्युत्पद्यत इत्यर्थः। तदिहार्थस्यापि ज्ञानकारणत्वाद्यथा ज्ञानं प्रत्यक्षमित्युक्तं तथा प्रत्यर्थं चेत्यपि वक्तुं युक्तमिति प्रेर्यार्थः ।

उभयोरपि साधारणासाधारणत्वं भावयति-**तथाही**त्यादिना [पृ०५१ पं०१५] । अथ किमर्थ इन्द्रियविज्ञानस्य हेतुर्न भवतीत्याह-**अर्थस्त्व**ति । **मनोविज्ञानस्यापी**ति [पृ०५१ पं०१६] संकल्पजहृदयज्ञानस्य तथा मानसप्रत्यक्षस्यापि चेत्यर्थः । अथ यद्यसाधारणमिन्द्रियमर्थस्तु साधारणस्तथाऽपि किमित्यसाधारणेनैव व्यपदेशः कृतो न साधारणेनेत्याह- **असाधारणेन चे**ति [पृ०५१ पं०१६] । **व्यपदेशस्य** भणनस्य **वृत्तिः** प्रवृत्तिः । क्व ? **यथे**त्याह [पृ०५१ पं०१७] । **भेरी**त्यादि । भेरीशब्दोत्पत्तौ भेर्यसाधारणं कारणम् । तत्र हि पुरुषप्रयत्ननिर्वर्त्यो वादनादिको व्यापारोऽस्ति । न हि तया केवलया शब्दो जन्यते । तथा क्षिति-सलिल-पवनादीन्यपि कारणानि सन्ति यवाङ्कुरोत्पत्तौ । किंतु न तेषां व्यपदेशः साधारणत्वादन्यस्यापि युगन्धर्याद्यङ्कुरस्य निष्पादने समर्थत्वात्तेषाम्, यव इति चासाधारणम् । अतस्तेनैव व्यपदेशः। **तद् व्यपदिश्यत** इति **तत्** प्रत्यक्षं ज्ञानम् ।

आहेत्यादि [पृ०५१ पं०१८] । **तदि**ति मनोविज्ञानादि । **अनेने**ति प्रोच्यमानेन प्रत्यक्षलक्षणेन । कुतो **न संगृहीत**मिति चेत्, उच्यते, अक्षैर्व्यपदेशादक्षाश्रितस्यैव ग्रहणात् ततश्चाक्षाश्रितस्यैवेन्द्रियविज्ञानस्य प्रत्यक्षशब्दवाच्यता स्यात्, न मनोविज्ञान-स्वसंवेदन-योगिज्ञानानाम् । तेषामक्षानाश्रयत्वात् । तेषां चाग्रहणेऽव्यापि लक्षणं स्यात् । अत एवाह- **इति कथ**मिति [पृ०५१ पं०१९] । व्याप्नोतीत्येवं शीलं व्यापि । णिन् । तस्य भावो व्यापिता । व्यापकत्वमित्यर्थः । अव्याप्तिरपि लक्षणदोष एवोक्त इति प्रेर्यार्थः ।

उच्यत इत्यादि [पृ०५२ पं०१] । अर्थपरिच्छेदकत्वेन साक्षात्करोति यज्ज्ञानं तदर्थसाक्षात्कारि । तस्य ग्रहणात् । अथार्थसाक्षात्कारिग्रहणे मनोविज्ञानादेः किमायातमित्याह- **मनोविज्ञानादेरपि** इति । न केवलमिन्द्रियविज्ञानस्येत्यपेरर्थः । **तदव्यभिचाराद**-र्थसाक्षात्कारित्वाव्यभिचारात् । **तदि**ति [पृ०५२ पं०२] मनोविज्ञानादि ।

नन्वेवमर्थसाक्षात्कारि विज्ञानं प्रत्यक्षमित्यायातम् । **अक्षमक्षं प्रति वर्तत** [पृ०५० पं०१४] इति समासश्च सूत्रकृत्प्रदर्शित इन्द्रियजमेव ज्ञानं विषयीकरोति ततः कथमर्थसाक्षात्कारिविज्ञानग्रहणेऽपि मनोविज्ञानादेः संग्रहः स्यादित्याह- **लौकिकं त्वि**त्यादि [पृ०५२ पं०२]। इन्द्रियाश्रितमेव ज्ञानं लोके रूढं न मनोविज्ञानादि । अतस्तदेवाश्रित्याव्ययीभावः प्रदर्शितः । तर्हि मनोविज्ञानादेः स्वरूपं प्रदर्श्यताम् । नैवम्। अन्यतोऽवसेयमत एवाह- **कृतं प्रसङ्गेने**[1]ति [पृ०५२ पं०३]।

अधुनाऽनुमानावसरः । तत्र यद्यपि द्विविधमनुमानं स्वार्थपरार्थभेदेन तथापि साधनाभिधानेन परार्थानुमानं प्रागुक्तम् । इदानीं स्वार्थानुमानमुच्यते । तत्र शब्दात्मकत्वात् परप्रत्तिपत्तिनिबन्धनं परार्थमुच्यते । स्वप्रतिपत्तिनिबन्धनं तु ज्ञानात्मकं स्वार्थमिति । ननु तर्हि यः शब्दोच्चारणं विनाऽर्थं न प्रतिपद्यते तस्य शब्दात्मकमप्यनुमानं स्वार्थं प्राप्नोत्यात्मप्रतीत्यर्थं शब्दस्योच्चारणात्। उच्यते । आत्मप्रतिपत्तये सर्वदैव यदुपयुज्यते तत् स्वार्थमुच्यते । शब्दात्मकं त्वात्मप्रतीतये न सर्वदोपयुज्यते । किंतु परार्थमपि तदुच्चार्यते । अतः परार्थं शब्दात्मकम्। स्वार्थं तु ज्ञानात्मकमिति । अनुमितिरनुमानमित्यनेनाग्न्याद्यवबोधाख्यं फलमनुमानशब्दवाच्यमुक्तं तत् किमित्याह- **तच्च लिङ्गादर्थदर्शन**मिति [पृ०५२ पं०८] । तत्र लिङ्ग्यते गम्यतेऽनेनार्थ इति लिङ्गम्, लीनमर्थं गमयतीति वा लिङ्गम्, पृषोदरादित्वान्निपात्यते लिङ्गशब्दः, तस्मात्, अर्थ्यत इत्यर्थो वह्न्यादिः, तस्मिन् दृष्टिर्दर्शनं

---

१. प्रसंगेनेत्यादि J. P. ॥

ज्ञानम**र्थदर्शनम्** । किंलक्षणं पुनर्लिङ्गमुक्तमित्याह- **लिङ्गं पुनस्त्रिरूप**मिति [पृ०५२ पं०९]। **रूप**शब्दो लक्षणवाची । तत**स्त्रिरूपं** त्रिलक्षणमित्यर्थः । तदयं भावार्थः- साध्याविनाभाविनः पक्षधर्मत्वादित्रिरूपयुक्तात् कार्य-स्वभावाख्यलिङ्गाद्यदर्थे सामान्ये सजातीयानुगते विजातीयव्यावृत्ते वह्न्यादौ ज्ञानमग्निरत्रेत्यादिरूपमुत्पद्यते तज्ज्ञानमनुमानज्ञानम्। तत्रापि प्रथमं लिङ्गज्ञानं भवति तदुत्तरं च लिङ्गाल्लिङ्गिनि ज्ञानं स्यादिति विज्ञेयम् । तत्र सामान्येन साध्याविनाभावित्वस्मरणज्ञानं यत्तल्लिङ्गज्ञानम्, यथा धूमं प्रत्यक्षेण गृहीत्वा सर्वत्रायं वह्निज इति स्मरणम् । विशिष्टदेशादिसंबन्धेन यदुदेति यथाऽत्रायं धूमो वह्निज इति वह्निरत्रास्तीति वह्निविशेषज्ञानं तल्लिङ्गिज्ञानम् । तथा स्वभावहेतावपि प्रथमं साध्यनान्तरीयकं साधनं स्मर्तव्यम्। यथा कृतकत्वं नामानित्यत्वस्वभावमिति, तदेतत् सामान्यस्मरणं लिङ्गज्ञानम्, सामान्येन स्मृतमर्थं पुनर्विशेषे यदा योजयति यथेदमपि कृतकत्वं शब्दे वर्तमानमनित्यस्वभावमेवेति तदा विशिष्टस्य शब्दगतकृतकत्वस्यानित्यत्वस्वभाव-स्मरणमनुमानज्ञानम्।

नन्वनुमानलक्षणमेकेनैवोदाहरणेन चरितार्थं स्यात् किमित्युदाहरणद्वयं दत्तमित्याह— **उदाहरणे**त्यादि [पृ०५२ पं०११] । **वस्तुनः** सत्ताया विधेरिति यावत् । **साधनं** सिद्धिर्निश्चयो भवति यकाभ्यां तौ **वस्तुसाधनौ** वस्तुगमकौ, कार्य-स्वभावावाख्या ययोः, तौ तथा । तौ च तौ हेतू च । ततो वस्तुसाधनौ च तौ तौ च, तयोर्द्वयम्, तस्य **ख्यापनार्थं** द्वावेव वस्तुसाधनौ हेतू अन्यस्त्वनुपालम्भाख्यो यो [१]ग्रन्थान्तरेषूक्तः स प्रतिषेधहेतुरेवेति कथनार्थम्। ननु सोऽपीह किमिति नोक्तो यावता हेतुद्वयस्यैवेह चर्च्चा कृता । सत्यम् । एवं मन्यते । स्वभावहेतोरनुपलब्धेः पृथक्करणं कृतं ग्रन्थान्तरेष्वपि यत्तत् प्रतिपत्त्रभिप्रायवशात् । प्रतिपत्ता हि स्वभावहेतौ वस्तुप्रतिपत्त्यध्यवसायी । अनुपलब्धौ त्वभावप्रतिपत्त्यध्यवसायीति । परमार्थतस्तु प्रतिषेध्यस्याभावव्यवहारयोग्यता वस्तुभूतैव प्रदेशस्य साध्या । यतः केवलं भूतलं तज्ज्ञानं च घटाभावस्य स्वरूपं नापरोऽभावः कश्चिदित्यतः स्वभावहेतुरेवेयम् इति । अत इहानेनांशेन स्वभावहेतावन्तर्भावं कृत्वा हेतुद्वयस्य कार्य-स्वभावाख्यस्य चर्चनं कृतमिति।

त्रिविधां विप्रतिपत्तिं निराकृत्याधुना फलविषयां विप्रतिपत्तिं निराकुर्वन्नाह- **उभयत्रे**त्यादि [पृ०५२ पं०१२]। कथं पुनः प्रमाणस्य फले विप्रतिपत्तिरिति चेत्, उच्यते । प्रमाणं करणं प्रमितिक्रियां विना न भवति, यथा छेदनक्रियां विना न परशुः करणं स्यात्।

---

१. **न्यायबिन्द्वादिषु** । दृश्यतां पृ०७० टि०३ ॥

ततश्च प्रमाणात् प्रमेये रूपादौ परिच्छित्त्यादिलक्षणेन फलेन पृथग् भवितव्यम् । यथा परशोर्वृक्षादौ छेद्ये द्वैधीभावादिकं फलं पृथगित्यतो मीमांसकेनेन्द्रियं प्रमाणं तस्य चार्थेन संगतिर्मनसो वेन्द्रियैर्योग इत्यादि प्रमाणमिष्यते। अर्थावबोधश्च फलं हानोपादानादिकं चेति। तेन पूर्वं पूर्वं प्रमाणमुत्तरम् उत्तरं फलमिति संपद्यते । तथा नैयायिकादयोऽप्येवंभूतमेव प्रमाणफलमिच्छन्ति । तदेषा प्रत्यक्षविषये फलविप्रतिपत्तिः । अनुमाने तु विप्रतिपत्तिर्यथा लिङ्गं प्रमाणं ज्ञानं फलम् । ज्ञानं प्रमाणं हानोपादानं फलमिति । तां निराकरोति- [पृ०५२ पं०१४] **कुत** इति, वितर्कस्यायमर्थः- प्रत्यक्षमनुमानं च ज्ञानं प्रमाणम् । तच्च साधकतमत्वात् करणरूपम् । फलं च परिच्छित्त्यादिकं तत्साध्यत्वात् कर्मभूतम्, अनयोश्चान्यत्वं सुप्रसिद्धमिति **कुतः** कस्मात्तदेव ज्ञानं फलं नार्थपरिच्छित्ति-हानादिकमित्याचार्य आह- **अधिगमरूपत्वात्** [पृ०५२ पं०१४]। अर्थपरिच्छित्तिस्वरूपत्वात् प्रत्यक्षानुमानलक्षणस्य ज्ञानस्य । अतस्तदेव ज्ञानमर्थपरिच्छित्तिरूपं प्रमाणफलम्, एतदेव भावयति **तथाही**त्यादिना [पृ०५२ पं०१४] । **परिच्छेदरूपमेवा**र्थप्रतीतिं जनयदेव सद् ज्ञानमुत्पद्यते । न चार्थपरिच्छित्तिरूपाज्ज्ञानात् फलं पृथक् किंचिदस्ति । अत एवाह— **न चे**त्यादि [पृ०५२ पं०१५] । अर्थपरिच्छेदं विनाऽन्यद्भिन्नं ज्ञानस्यार्थपरिच्छित्तिरूपस्य फलमित्येवं न, किंतु तदेव परिच्छित्तिरूपं ज्ञानं फलम्, कुत इत्याह— **भिन्नाधिकरणत्वा**दिति [पृ०५२ पं०१६] । भिन्नमधिकरणमाश्रयो यस्य फलस्य तत्तथा । तस्य भावस्तत्त्वम्, तस्मात् । अयमर्थः— ज्ञानाद् व्यतिरिक्तं यद्युच्यते फलं हानोपादानादिकं तदा तत् फलं प्रमातुरेव स्यान्न ज्ञानस्य । तथाहि— ज्ञानेन प्रदर्शितेऽर्थे हानादिकं तद्विषये पुरुषस्यैवोपजायते । अतो हानादिकस्य भिन्नाश्रयत्वान्न फलत्वं मन्तव्यमित्यादि बहु वक्तव्यम्। अत एवाऽऽह- **अत्रे**त्यादि [पृ०५२ पं०१६] । अथ किमिहैतावता तात्पर्यं स्थितमित्याह- **सर्वथे**त्यादि [पृ०५२ पं०१६] । अपि तु ते एव फले । एवं मन्यते-अर्थपरिच्छेदकत्वेन विज्ञाने उत्पन्ने स्वविषयनिश्चयजनकत्वे सति समाप्तः प्रमाणव्यापार इत्यर्थपरिच्छित्तिरेव फलं न हानादिकमिति ।

आहेत्यादि [पृ०५२ पं०१७] । **तद्भावाभिमतयो**रिति प्रमाणभावेनाभिमतयोरित्यर्थः। यदि प्रमाणाभावः स्यात्तदानीं भवतु, चेत् प्रमाणफलसद्भावः स्थितः किमपरेण कार्यमित्याह- **प्रमाणाभावे चे**ति ।

अत्रेति [पृ०५२ पं०१८] प्रेर्ये । **सव्यापारे**त्यादि [पृ०५३ पं०१] । व्यापारो नाम प्रमाणस्य नीलादिवस्तुग्राहकत्वम् । ततो व्यापारयुक्तस्य प्रमाणस्य यका **ख्यातिः** प्रतीतिरर्थसादृश्यं ज्ञानस्याऽर्थाकारता तस्याः **प्रमाणत्व**मिति ।

विषयस्येवाकारो यस्य ज्ञानस्य तत्तथा [पृ०५३ पं०५] । **ग्राहकाकारस्ये**ति [पं०५३ पृ०६]। अर्थं गृह्णातीति ग्राहकं प्रत्यक्षादिज्ञानम्, तस्याऽऽकार: सादृश्यमर्थेन सह तस्य, कोऽर्थ: अर्थेन सह यत् ग्राहकसादृश्यं तस्य प्रमाणता । तथाहि- यस्माद्विषयाद्विज्ञानमुदेति तद्विषयसदृशमेव भवति । यथा नीलादुत्पद्यमानं नीलसदृशमित्यतोऽर्थसारूप्यमस्य प्रमाणमर्थपरिच्छित्तिश्च फलमिति ।

अन्ये त्वित्यादि [पृ०५३ पं०६] । **संश्चासौ** शोभनश्चासौ इत्यर्थ:, प्रमाणफलयोर्मध्ये प्रमाणं प्रति या व्यवस्था नैयत्यं तत्कारित्वाद् व्यापारस्य पूर्वोपवर्णितरूपस्य शोभनत्वम् । तस्मादिदमत्रैदंपर्यम्- यथा प्रत्यक्षस्यार्थप्रमिति: फलं न हानोपादानादिकमर्थाकारश्च प्रमाणं नेन्द्रियादिकम् । अनुमानस्यापि प्रमिति: फलमर्थाकारश्च प्रमाणमिति ।

अधुनेत्यादि [पृ०५३ पं०१२] । **अर्थान्तरे** इति । अन्तरं व्यवधानं विशेषश्चोच्यते। अत्र च विशेषार्थोऽन्तरशब्दो ग्राह्य: । **ग्रहणकवाक्य**मिति [पृ०५३ पं०१३] । गृह्यते संगृह्यतेऽर्थोऽनेनेति **ग्रहणम्** । करणे ल्युट्, स्वार्थे च कन् । तच्च तद्वाक्यं च **ग्रहणकवाक्यम्**। संपिण्डितार्थग्राहकवाक्यमित्यर्थ: । **शब्दारूषित**मिति [पृ०५३ पं०१४] । **शब्देन** घटोऽयं जलाहरणक्षमोऽयमित्याद्यन्तर्जल्परूपेण **आरूषितम्** संश्लिष्टं संयुक्तम् **शब्दारूषितम्। तदर्थ-स्वलक्षणाविषयत्वा**दिति । **तदि**ति ज्ञानम्, अर्थ एव स्वलक्षणं सजातीयेतरव्यावृत्तं वस्त्वर्थस्वलक्षणम्, तस्मिन्नविषयो यस्य ज्ञानस्य तत्तथा, तस्य भावस्तत्त्वम्, तस्मात् । अनेन च प्रत्यक्षपृष्ठभावी विकल्पो गृहीतग्राहित्वान्न प्रमाणमित्यावेदयति। अनुमानविकल्पस्तु प्रमाणं विज्ञेयो यतो यत् सामान्यमनुमानविकल्पप्रतिभासिकारणव्यापकसंबद्धलिङ्गनिश्चय-द्वाराऽऽयातं तत्तद्देशसंबन्धितयानधिगतमेव गृह्यत इति गृहीतग्राहित्वाभावात्तद्विषयो विकल्प: प्रमाणम् ।

स्वार्थानुमानज्ञानं हेतुपूर्वकमेव भवति । अतस्तद्विपक्षत्वात्तदाभासमपि हेत्वाभास-पूर्वकमेव युज्यते । अतो दृष्टान्ताभासपदपरिहारेणानुमानाभासलक्षणमाह— **हेत्वाभास-पूर्वक**मिति [पृ०५३ पं०१६] । **पूर्व**शब्द: कारणपर्याय: । ततो हेत्वाभास: पूर्वं कारणं यस्य ज्ञानस्य तत्तथा ।

असिद्धादीनां स्वरूपम्, तस्मि**न्ननभिज्ञो** य: प्रमाता तस्य [पृ०५४ पं०४], अयमर्थ:- अव्युत्पन्नस्य हेत्वाभासश्रवणसंदर्शनानन्तरमनुमेये यज्ज्ञानमुत्पद्यते तदनुमानाभासमिति ।

उक्तानां न्यस्तानां **शेष**मुद्वरित**मुक्तशेषम्** [पृ०५४ पं०१०], इह दूषणस्य प्राक् साधनाभासे साधनशब्दमुपचर्य साधनाभासं वृत्तिकृता विषय उक्तः, सम्यक् साधनस्य दूषयितुमशक्यत्वात् ।ततश्च दूषणलक्षणे सर्वत्र साधनशब्देन साधनाभासमेव वाच्यम् । प्रमीयते साध्यते प्रमेयमनेन हेत्वादिनेति **प्रमाणं** हेत्वादिवचनम्, तस्य **दोषप्रकाशकानी**त्यर्थः।

अथ **दूषणानी**ति [पृ०५४ पं०११] बहुवचनं किमर्थम् ?। एकवचनमेव निर्दिश्यतामित्याह- **बहुवचने**त्यादि [पृ०५४ पं०११]। एकमेकं प्रति **प्रत्येकम्** । न केवलं सामान्येनाशुद्धः प्रयोग एकमेव दूषणं भवति ।किंतु प्रयोगेऽशुद्धे यावन्तः प्रतिज्ञादयो दोषदुष्टास्तावन्त्येव तद्दोषोद्भावनानि पृथक् पृथग् दूषणानीति बहुवचनेन प्रतिपाद्यते । **साधनदोषो न्यूनत्वं सामान्येने**ति । न्यूनत्वं पक्षाद्यवयवानां यथोक्तलक्षणरहितत्वं प्रमाणबाधितत्वमिति यावत् । अयमर्थः- साधनवाक्येऽवयवापेक्षया न्यूनताया अतिरिक्ततायाश्च सभासदः पुरतोऽभिधानं यत्तत् सामान्येन दूषणम् । विशेषतस्तु पक्षदोषोद्भावनमसिद्ध-विरुद्धा-ऽनैकान्तिकदोषोद्भावनं दृष्टान्तदोषोद्भावनं वा दूषणमिति, एतदेवाऽऽह- **पक्षदोषः प्रत्यक्षादिविरुद्धत्व**मित्यादि [पृ०५४ पं०१३]। **प्रकाशन**मिति [पृ०५४ पं०१६]। प्रकाशयतीति **प्रकाशनम्** । कोऽर्थः ?**प्राश्निकप्रत्यायन**मिति [पृ०५४ पं०१६] । प्राश्निकाः प्रत्याय्यन्तेऽवबोध्यन्ते प्रत्यक्षविरुद्धत्वादिकं वाद्युपन्यस्तमर्थं येन वचनजातेन प्रतिवाद्युपन्यस्तेन तत् प्राश्निकप्रत्यायनं वचनजातमिदं दूषणमिति योगः ।

अथ किमिति प्रत्यक्षविरुद्धत्वा-ऽसिद्धत्वादिकस्य पक्ष-हेत्वादिदोषस्योद्भावनं प्राश्निकप्रत्यायनमेव दूषणमुच्यते ? [ग्रंथ १५००] यावतोद्भावनमात्रमेव किमिति न भवति दूषणमित्याह- **न तूद्भावनमात्रमेवे**ति [पृ०५४ पं०१६] । न तु वचनमात्रं निर्युक्तिकं दूषणम्। किन्त्वशुद्धसाधने वादिनाऽभिहिते प्रत्यक्षविरुद्धत्वादिकं साधनाभासदोषं युक्तिकलापेन कृत्वा प्राश्निकान् यदा प्रत्याययति तदेदमुद्भावनं दूषणं स्यादित्यर्थः । अथ **प्राश्निकप्रत्यायनं दूषणमित्य**त्रापि प्राश्निकप्रत्यायनवचनानां बहुत्वाद् दूषणानामपि बहुत्वप्रसंगः । तत उभयत्रापि बहुवचनं वक्तुं युज्यते इत्याह— **सामान्येने**त्यादि [पृ०५४ पं०१७] । **दूषणजातेरनतिक्रमस्त-स्माज्जातावेकवचनं** संवृत्तमित्यर्थः।

जातित्वादिति [पृ०५५ पं०६]। **जाति**शब्दः सादृश्यवचनस्ततो दूषणसादृश्यात् सम्यक्साधनेऽविद्यमाना-सिद्धतादिदोषोद्भावनानि वचनानि **दूषणाभासानि** । यथा बौद्धेनोक्तम्— यत् कृतकं तदनित्यं यथा घटस्तथा च शब्द इति । अत्र भट्टः प्राह- किं शब्दगतं कृतकत्वमुपन्यस्तं हेतुत्वेन ? उत घटगतम्? उभयगतं वा ? । यद्याद्यः पक्षस्तदयुक्तम्, शब्दगतस्यानित्यत्वेन व्याप्तेरनुपलम्भादसाधारणानैकान्तिको हेतुरिति । अथ घटगतं तदा तच्छब्दे नास्तीत्यसिद्धता हेतोः। अथोभयगतं तदसत्, मूर्तामूर्तयोरेकधर्मताऽयोगात्। एतत् सर्वं दूषणाभासम् । कथमिति चेद्धूमादिष्वप्येवं वक्तुं शक्यत्वात्। अतोऽनुमानाभाव एव स्यात्। तथाहि- अग्निरत्र धूमाद्यथा महानस इत्यत्र विकल्प्यते— किम् **अत्रे**तिशब्दनिर्दिष्टपर्वतैकप्रदेशादिगतधूमोऽग्निसाधनायोपादीयते उत महानसगतः । यदि पर्वतादिगतः सोऽग्निना न व्याप्तः सिद्ध इत्यसाधारणानैकान्तिको हेतुः । अथ महानसगतस्तदा नासौ पर्वतैकदेशे वर्तते । न ह्यन्यधर्मोऽन्यत्र वर्ततेऽतिप्रसंगादित्यसिद्धो हेतुरित्येवं सम्यक्साधनेऽभूतदोषोद्भावनं दूषणाभासमेवात एवाऽऽह- **संपूर्णसाधने न्यूनत्ववचनमि**[1]त्यादि [पृ०५४ पं०१९] । किमित्येतानि दूषणाभासानि यावता सम्यग्दूषणान्यपि किमिति न भवन्तीत्याह- **न ह्येभि**रिति [पृ०५५ पं०२] । **न** नैव **हिः** यस्मादेभिरशुद्धपक्षादिवचनैः कृत्वा **परपक्षः** पराभ्युपगमः शुद्धपक्षादिस्वरूपो **दूष्यते** दुष्टः कर्तुं शक्यते वादिना, निर्दोषत्वात् पराभ्युपगमस्य । **उपरम्यते** [पृ०५५ पं०३] स्थीयते ।

तत्स्वरूपेति [पृ०५५ पं०१४] । तस्य शास्त्रस्य स्वरूपं स्वभावस्तत्स्वरूपम्, तस्य **प्रतिपादनाये**ति। **अन्वयव्यतिरेकलक्षणे**ति [पृ०५५ पं०१६]। साधर्म्य-वैधर्म्यवच्छुद्ध-साधनप्रयोगस्य लक्षणाभिधायिकेत्यर्थः।

इदानीं शास्त्रमुपसंहरन्नाशीर्वादमाह - **न्याये**त्यादि [पृ०५५ पं०१९] । **इह** जगति **न्यायप्रवेशकं व्याख्याय मया यत् पुण्यमाप्तं प्राप्तम्,** तत्र पुं[2]णति शुभीकरोति पुनाति वा पवित्रीकरोति आत्मानमिति पुण्यं शुभकर्म, **तेन** पुण्येन, किमित्याह **न्यायस्याधिगमः** परिज्ञानम्, तेन यत् **सुखं** तस्य **रसः** प्रकर्षावस्था तं **लभतां** प्राप्नुयात् । **भव्यो** मुक्तिगमनयोग्यो **जनो** [पृ०५५ पं०२०] लोक इति । इति **न्यायप्रवेशपञ्जिका** समाप्तेति ॥

---

१. °**मित्याह** J.। अस्मिन् पाठभेदे °**मिति। आह**- इति पदयोजना कार्या॥ २. पुण कर्मणि शुभे पा० धा०१३३४। पूञ् पवने पा० धा० १४८३ ॥

न्यायप्रवेशशास्त्रस्य सद्वृत्तेरिह **पञ्जिका** ।
स्वपरार्थं दृब्धा स्पष्टा **पार्श्वदेवगणि**नाम्ना ॥१॥[१]

ग्रहरसरुद्रैर्युक्ते विक्रमसंवत्सरेऽनुराधायाम् ।
कृष्णायां च नवम्यां फाल्गुनमासस्य निष्पन्ना ॥२॥

न्यायप्रवेशविवृतेः कृत्वेमां **पञ्जिकां** यन्मयाऽऽप्तम् ।
कुशलमिह तेन लोको लभतामवबोधफलमतुलम् ॥३॥

यावल्लवणोदन्वान् यावन्नक्षत्रमण्डितो मेरुः ।
खे यावच्चन्द्रार्कौ तावदियं **पञ्जिका** जयतु ॥४॥[२]

---

१. एतत्पर्यन्त एव J मध्ये पाठः । **ग्रहरस**° इत्यादि पाठः C मध्येऽस्ति, Oriental Institute, Baroda तः 1930 A. D. वर्षे प्रकाशितायां **न्यायप्रवेशकवृत्तेः पञ्जिका**यामप्यस्ति॥ २ इतः परं C मध्ये ईदृशः पाठः- **छ॥६०३॥छ॥ संवत् १३१८ वर्षे माघ शुदि १२वौ अद्येह श्रीमत्पत्तने लिखितेति॥** C. ॥

इतः परं Baroda तः प्रकाशिते P ग्रन्थे ईदृशः पाठः-

शुभमस्तु सर्वजगतः परहितनिरता भवन्तु भूतगणाः ।
दोषाः प्रयान्तु नाशं सर्वत्र सुखी भवतु लोकः ॥५॥

इति श्रीशीलभद्रसूरिशिष्यसुगृहीतनामधेयश्रीमद्धनेश्वरसूरिशिष्यैः सामान्यावस्थाप्रसिद्धपण्डित-पार्श्वदेवगण्यभिधानैर्विशेषावस्थावाप्तश्रीचन्द्रसूरिनामभिः स्वपरोपकार्थं दृब्धा विषमपदभञ्जिका न्यायप्रवेशकवृत्तेः पञ्जिका परिसमाप्तेति ॥

प्रथमं परिशिष्टम् (१)

R. मध्ये विद्यमानाः विशिष्टाः न्यायप्रवेशकटीकापाठभेदाः

पृ०	पं०	मुद्रितः पाठः	R मध्ये पाठः
१४	३	०प्रदर्शनेन	०प्रदर्शनं
१४	५	०मिदं	०मिदं शास्त्रं
१४	७	०पिण्डः	०पिण्डः त्वर कीटिका
१५	३	इति पदानि	×
१५	१५	पक्षाभासः	साभासः
१६	१६	०मानं पुनरिदं	०मानमिदं पुनः
२२	१२	सन्नाहाचार्यः	सन्नाचार्यः प्राह
२२	२०	ऽपि	ऽपि च
२८	२	०न्यायात्	न्यायवत्
३३	५	०सिद्धः । यथा–अनित्यः शब्दोऽनित्यत्वात् । अव्यापकासिद्धश्चेति । यथा–सचेतना स्तरवः स्वापात् ।	०सिद्धोऽव्यापकासिद्धश्चेति । तत्र प्रतिज्ञार्थैकदेशासिद्धो यथा अनित्यः शब्दोऽनित्यत्वात् । अव्यापकासिद्धो यथा चेतना-स्तरवः स्वापात् ।
३६	५	०नित्येन वा, नान्यथा,	०नित्येन वा भवितव्यं नान्यथा,
३६	६	०मित्याह	०मित्यत्राह
३६	८	यदि तद०	यद्येतद०
३६	८	०लेनेतरत्रापि	०लेन तत्रापि
३६	१७	०दादौ विद्यते	०दादौ वर्तते
३७	१०	०र्थसाधको	०र्थप्रतिपादको
३७	११	विरुद्धं	विरुद्धत्वं

पृ०	पं०	मुद्रितः पाठः	R मध्ये पाठः
३७	१२	०तीति भावः ।	०तीति विरुद्धाऽव्यभिचारीति भावः
३७	१३	च विरुद्धाव्यभिचारीति	चेति
३७	१५	०सक आह	०सकः प्राह
३८	६	यतो भिद्यत एव ।	यतो भिन्न एव ।
३९	८	०नासिद्धः ।	०नाऽविरुद्धः ।
४०	१३	शयनासनाद्यङ्ग०	शयनाद्यङ्ग
४०	१९	बौद्धान् प्रति	बौद्धादीन् प्रति
४१	५	संस्कारः स्नेहो	संस्कारस्नेहौ
४१	८	द्रव्यत्वादि	द्रव्यादि
४१	१०	०दित्यादि	०दिति
४१	१४	०नाद्यर्थः इति	०नाद्यर्थमिति
४२	८	यदि च भावः	यदि भावः
४२	१०	०णोक्ते बौद्धः	०णोक्ते सति बौद्धः
४२	१६	न भवति	न भवतीति
४३	३	०विरुद्धभावा०	विरुद्धाभावा०
४३	५	विरुद्धनोद०	विरुद्धचोद०
४३	११	०लक्षणे	०लक्षणो
४३	१८	तत्र यथा दृष्टा०	तत्र दृष्टा०
४४	८	न वाऽऽहि०	नैवमाहि०
४६	२	०दिति । अय०	०दिति । ननु अय०
४६	९	०नित्यं	०नित्यत्वं

पृ०	पं०	मुद्रितः पाठः	R मध्ये पाठः
४६	१८	०र्म्येण दृष्टान्ता-भासवर्ग इति ।	०र्म्यदृष्टान्ताभासवर्गः समासः ।
४७	८	०प्राप्त एव ।	०प्राप्त एवं ।
४८	१७	तच्च उत्क्षेप०	तदुत्क्षेप०
४९	१४	०यन् यद०	०यन्नाह यद०
४९	१५	०नित्यं दृष्टमिति	०नित्यमिति
५०	१	यथोक्तरूपाणां	यथोक्तस्वरूपाणां
५०	८	०विषयज्ञाप०	०विषयत्वज्ञाप०
५१	९	०कल्पना पाचक	०कल्पना यथा पाचक
५१	९	०कल्पना दण्डीति	०कल्पना यथा दण्डीति
५१	१९	व्यापिता लक्षणस्य	लक्षणस्य व्यापिता
५२	१५	न च	न तु
५४	१२	दोषानेव	एतान्येव
५५	१४	०मात्रमिति	०मात्रमेतत्
५५	१५	०दिभेदा ।	०दिभेदभिन्ना ।

द्वितीयं परिशिष्टम् (२)

[सङ्केतविवरणम्- **पा०म०भा०**= पाणिनीव्याकरणस्य पातञ्जलमहाभाष्यम्, **परि०**= परिच्छेदः **वैशे०**= वैशेषिकसूत्रम्, **योग० व्यासभाष्यम्**= पातञ्जलयोगदर्शनस्य व्यासभाष्यम्, **पा०**= पाणिनीयव्याकरणम्, **प्रमाणसमु०**=प्रमाणसमुच्चयः, **मी० श्लो० वा०**= मीमांसाश्लोकवार्तिकम्, **प्रमाणवा०** = प्रमाणवार्तिकम्, **सांख्यका०**= सांख्यकारिका, **पा०वा०**= पाणिनीयव्याकरणस्य वार्तिकम्, **श्लो०**= श्लोक :, **पृ०**= पृष्ठम्, **पं०**= पङ्क्तिः]

आचार्यश्री हरिभद्रसूरिविरचितायां न्यायप्रवेशकटीकायां विद्यमानाः साक्षिपाठाः ।

		पृ०
दश दाडिमानि...	[पा० म० भा० १।१।३]	१४
शास्त्र-प्रकरणादीनां...	[ ]	१४
त्रिरूपाल्लिङ्गाल्लिङ्गिनि...	[ ]	१६
सम्यग्न्यायपरिज्ञानाद्...	[ ]	१७
साधुन्यायोपदेशेन	[ ]	१७
पच व्यक्तीकरणे	[पा० धा० १७४]	१८
साधनमिति चैकवचननिर्देशः	[ ]	१९
हि गतौ	[पा० धा०१२५८]	१९
स्वसमयपरसमयज्ञाः ...	[ ]	१९
कारकाणामविवक्षा शेषः	[ ]	२०
एतेन यद्यपि क्वचिच्छास्त्रे...	[न्यायबिन्दौ परि०३]	२१
अन्वयव्यतिरेकयोरेकमपि...	[ ]	२४
साधनमवयवाः ।	[ ]	२६
बुद्धिपूर्वा वाक्यकृतिर्वेदे	[वैशे० ६।१।१]	२८
तद्वचनादाम्नायप्रामाण्यम्	[वैशे० १०।२।९]	२८
तदेतत् त्रैलोक्यं...	[योग० व्यासभाष्ये ३।१३]	२९
सर्वे धर्मा निरात्मानः	[ ]	३०
असिद्धभेदौ द्वावेव...	[ ]	३३
अनैकान्तिकभेदाश्च...	[ ]	३५
समानाधिकरणो बहुव्रीहिः ...	[ ]	४१
सदिति यतो द्रव्य...	[वैशे० १।२।७-८]	४३
वाऽऽहिताग्न्यादिषु	[पा० २।२।३७]	४४
न ह्यर्थे शब्दाः सन्ति..	[ ]	५१
असाधारणहेतुत्वादक्षैस्तद्...	[प्रमाणसमु० १।४]	५१

तृतीयं परिशिष्टम् (३)

श्रीपार्श्वदेवगणिविरचितायां न्यायप्रवेशकपञ्जिकायां विद्यमानाः साक्षिपाठाः

		पृ०
परिन्योर्नीणोर्द्यूताभ्रेषयोः	[पा० ३ । ३ । ३७]	५७
सर्वस्यैव हि शास्त्रस्य	[मी० श्लो० वा० १२]	५८
सिद्धार्थं सिद्धसंबन्धम्	[मी० श्लो० वा० १७]	५८
सुप्तिङन्तं पदम्	[पा० ९ । ८ । १८ । १९]	६०
अव्ययं विभक्ति......	[पा० २ । १ । ६]	६१
त्रिरूपा	[ ]	६१
अव्ययीभावात्	[पा० २ । ४ । ८३]	६१
प्रत्यक्षं ज्येष्ठं...	[ ]	६२
विदुषां वाच्यो हेतुरेव...	[प्रमाणवा० ३ ।२७]	६६
ज्ञातव्ये पक्षधर्मत्वे	[ ]	७३
समुदायस्य साध्यत्वाद्...	[ ]	७४
त एव विधयः ...	[ ]	७५
वाग् वचनमुच्चारयति...	[ ]	८०
चैतन्यं पुरुषस्य	[ ]	८०
प्रकृतेर्महांस्ततो...	[सांख्यका० २२]	८०
हेतुमदनित्यमव्यापि	[सांख्यका० १०]	८०
यदा वादी सम्यग्घेतुत्वं...	[ ]	८६
अर्थक्रियाऽसमर्थस्य	[प्रमाणवा० ३ ।२११]	८७
एकत्र धर्मिणि तुल्यलक्षणयोः	[ ]	९२
कृतकत्वं त्वनित्यत्वे	[ ]	९४
तेन तुल्यं क्रिया चेद्वतिः	[पा० ५-१-११५]	१०४

		पृ०
पञ्चानामपि निर्गुणत्व...	[प्रशस्तपाद०]	१०४
उभ: स्वद्विवचने	[ ]	११०
कारणमेव तदन्त्यं...	[ ]	११०
तस्य विषय: स्वलक्षणम्...	[न्यायबिन्दौ १।१२।१४]	११५
अस्ति ह्यालोचनाज्ञानं...	[मी० श्लो० वा०]	११६
तत: परं पुनर्वस्तु	[मी० श्लो० वा०]	११६
अत्यादय: क्रान्ताद्यर्थे	[पा० वा० ७८०। १। ४। ७९]	११७
परवल्लिङ्गं द्वन्द्वतत्पुरुषयो:	[पा० २। ४। २६। ८१२]	११७

चतुर्थं परिशिष्टम् (४)

न्यायप्रवेशकवृत्तिपञ्जिकायां निर्दिष्टानि ग्रन्थ-ग्रन्थकृतां नामानि

	पृ०
हरिभद्रसूरि	५६
धर्मोत्तर	५८, ६१
अर्चट	५८
धर्मकीर्ति	६८
धर्मोत्तरटिप्पनक	७७
आत्रेयादिशास्त्र	१०२
व्योमटीका	१०९

PREFACE FOR NARTHANG EDITION*

Professor Sylvain Le'vi will ever be remembered in the annals of the Visvabharati not only as its first Visting Professor, but also as one who first introduced here the Tibetan and Chinese studies. And when Principal A. B. Dhruva of the Benares Hindu University who himself had undertaken to edit the Nyāyapraveśaka together with the Vṛtti and Pañjikā on the work by Haribhadra Sūri and Pārśvadevagaṇin respectively, requested me to read for him the Tibetan versions of the work, it was Professor Sylvain Le'vi who induced me to undertake the task.

There are two Tibetan translations of the work, one direct from Sanskrit (T^1) and the other from a chinese translation made from Sanskrit (T^2). These are described in the Introduction which follows.

These two Tibetan translations are to be found in Tanjur, Mdo, Ce, fols. 180^b-$184,^b$ and 184^b- 189^a respectively. Principal Dhruva secured through Prof. Le'vi from Mr. Johan Van Manen, the present Secretary to the Asiatic Society of Bengal, the transcriptions (MS), of the two Tibetan texts and kindly placed them at my disposal. In the transcriptions there are some corrections in red ink made after comparing them with the Xylograph belonging to that society (A). I have also made use of the Xylographs of the Calcutta University (C) and the Visvabharati (V). All these Xylographs including that from which Mr. Johan Van Manen had those two transcriptions (T^1 and T^2) prepared are of the Narthang edition.

Principal Dhruva sent me also a transcription of the original Sanskrit of the Nyāyapraveśaka (Skt.).

The Tibetan text given here is of T^1.

In preparing the edition of T^1 I have compared it with the original Sanskrit and T^2. I have also made an attempt to compare it with the Chinese version made by Hiuen-tsang (Ch), so far as my meagre knowledge of the language has permitted......

The variations as found by the comparison of these three texts. Sanskrit, Tibetan, and Chinese, are embodied in the Comparative Notes (pp. 11-29) and are further discussed in the Introduction.

Some important questions regarding the book have been discussed in the Introduction which contains also an analysis of the subject........

---

* **पञ्चमं परिशिष्टम् (५)**

Central Library, BARODA तः 1927 A.D. वर्षे Gaekwad's Oriental Series मध्ये No xxxlxरूपेण प्रकाशिते न्यायप्रवेशके तत्सम्पादकैः विधुशेखरभट्टाचार्यैः (Roman Script) रोमनलिप्यां न्यायप्रवेशकस्य भोटभाषानुवादः (Tibetan Translation) प्रकाशितः। स एवात्र भोटलिप्यां (In Tibetan Script) तदनुसारिभिः कतिपयटिप्पनैः सहास्मिन् परिशिष्टे प्रकाश्यते । तत्र च विधुशेखरभट्टाचार्यसम्पादिते ग्रन्थे Preface, Introduction, Comparative notes प्रभृति बहुतरं वर्तते । विधुशेखरभट्टाचार्यैर्ग्रन्थकर्त्रादिविषयेऽपि बहुतरं चर्चितमस्ति। जिज्ञासुभिः तदेव विलोकनीयम् । अस्माभिस्तु ततः स्वल्पीयानेवांशः (Preface only) अत्र उद्धृतोऽस्ति।

At the end of the book there are three indexes, viz, (1) Index of Proper Names, (2) Index of Verses, and (c) Index of Words and Phrases. They are divided into two parts, (a) Sanskrit-Tibetan and (b) Tibetan-Sanskrit. The last index contains all the words and important phrases in the work both in its Sanskrit and Tibetan versions.

As the Chinese words or sentences referred to in the Comparative Notes could not be printed in their proper places owing to the want of Chinese types in the press in which the main work is printed, they are given as an Appendix printed in a different press (Baptist Mission Press, Calcutta).

I am thankful to Principal Dhruva for the opportunity of editing this work and to my pupils for the help they have kindly rendered. Among my pupils I would specially mention the name of Mr. V.V. Gokhale. My thanks are also due to Babu Dhirendrakrishna Devavarman of Our Kalâbhavana who has kindly reproduced for me the portrait of Diṅnāga from the Tanjur, Mdo, Ce, fol. 1. .....

In conclusion I have to say only :

"कः शोधयेद्
अत्राशुद्धमहो महत्सु विधिना भारोऽयमारोपितः ॥"

Viśvabharati,
Santiniketan.
Janurary, 1927.

VIDHUSHEKHARA BHATTACHARYA,

ABBREVIATIONS.

A = The Xylograph in the Asiatic Society of Bengal.

C = The Xylograph in the Calcutta University Library.

Ch = The chinese Version of the Nyāya praveśa.

MS = Manuscript, i. e. the transcriptions of T1 and T2, supplied by Mr. Johan Van Manen.

NB = The Nyāyabindu of Bibliotheca Indica or Bibliotheca Buddhica edition, both Sanskrit and Tibetan Versions.

NP = The Nyāyapraveśa.

PNT = The Pramāṇanayatattvālokālaṅkāra, Yaśovijaya-Granthāmālā, 22, Vira Era 2487.

PS = The Pramāṇasamuccaya (Tebetan Version).

Skt. = The Sanskrit Version of the Nyāyapraveśa, or Sanskrit in general.

T1 = The Tibetan Translation direct from Sanskrit.

T2 = The Tibetan Translation from Chinese which in its turn was made from Sanskrit.

Tib. = Tibetan.

V = The Xylograph of Nyāyapraveśa in the Visvabharati Library.

बौद्धाचार्यदिङ्नागप्रणीतं

न्यायप्रवेशकशास्त्रम्।

(भोटभाषानुवादः Narthang Edition)

རྒྱ་གར་སྐད་དུ། न्या. य. प्र. वे. श. क. ना म. प्र. मा. ण. प्रकरण। བོད་སྐད་དུ། ཚད་མ་ རིགས་པར་འཇུག་པའི་སྒོ་ཞེས་བྱ་བའི་རབ་ཏུ་བྱེད་པ།།

འཇམ་དཔལ་གཞོན་ནུར་གྱུར་པ་ལ་ཕྱག་འཚལ་ལོ།།

1 སྒྲུབ་པ་དང་ནི་སུན་འབྱིན་ཉིད།
ལྟར་སྣང་བཅས་པ་གཞན་རྟོགས་ཕྱིར།
མངོན་སུམ་དང་ནི་རྗེས་སུ་དཔག།
ལྟར་སྣང་བཅས་པ་བདག་རིག་ཕྱིར།།

ཅེས་པ་བསྟན་བཅོས་བསྡུས་པའོ།།

2 དེ་ལ་ཕྱོགས་ལ་སོགས་པ་བརྗོད་པ་རྣམས་སྒྲུབ་པར་བྱེད་པ་སྟེ། ཕྱོགས་དང་གཏན་ཚིགས་དང་དཔེ་ བརྗོད་པ་རྣམས་ནི་ཕྱིར་རྒོལ་རྣམས་ཀྱིས་མ་རྟོགས་པའི་དོན་རབ་ཏུ་རྟོགས་པར་བྱེད་པའི་ཕྱིར་རོ་ཞེས་པའོ།།

3 དེ་ལ་ཕྱོགས་ནི་རབ་ཏུ་གྲགས་པའི་ཆོས་ཅན་རབ་ཏུ་གྲགས་པའི་ཁྱད་པར་གྱིས་ཁྱད་པར་དུ་བྱས་པ་རང་གིས་སྒྲུབ་ བྱ་པོ་ནར་འདོད་པ་མངོན་སུམ་ལ་སོགས་པས་གནོད་པ་མེད་པ་ཅན་འདི་ལྟ་སྟེ། སྒྲ་མི་རྟག་ཅེས་པ་ལྟ་བུའོ།།

4 གཏན་ཚིགས་ནི་ཚུལ་གསུམ་མོ། ཚུལ་གསུམ་པོ་དེ་ཡང་གང་ཞེ་ན།། ཕྱོགས་ཀྱི་ཆོས་ཉིད་དང་།མཐུན་པའི་ཕྱོགས་ཉིད་ལ་ཡོད་པར་ངེས་པ་དང་།མི་མཐུན་པའི་ཕྱོགས་ལ་མེད་པ་ཉིད་དུ་ངེས་པ་ཡང་ངོ་།།

5 མཐུན་པའི་ཕྱོགས་དེ་ཡང་གང་། མི་མཐུན་པའི་ཕྱོགས་དེ་གང་ཞེ་ན། བསྒྲུབ་པར་བྱ་བའི་ཆོས་ཀྱི་ སྤྱིས་དོན་མཚུངས་པ་ཉིད་མཐུན་པའི་ཕྱོགས་ཏེ་འདི་ལྟར་སྒྲ་མི་རྟག་པར་བསྒྲུབ་པ་ལ་བུམ་པ་ལ་སོགས་པ་ཡང་མི་རྟག་པ་ཡིན་པས་མཐུན་ཕྱོགས་སོ།།

6 མི་མཐུན་པའི་ཕྱོགས་ནི་གང་ལ་བསྒྲུབ་པར་བྱ་བ་མེད་པ་སྟེ། གང་རྟག་པ་ཡིན་པ་དེ་བྱས་པ་མ་ཡིན་ པར་མཐོང་སྟེ། དཔེར་ན་ནམ་མཁའ་བཞིན་ཞེས་པའོ།། དེ་ལ་བྱས་པ་ཉིད་དམ། བརྩལ་མ་ཐག་ཏུ་བྱུང་བ་ཕྱོགས་ཀྱི་ཆོས་ཉིད་དང་བསྒྲུབ་པར་བྱ་བ་མེད་པ་ཉིད་དུ་ངེས་པ་ཞེས་པ་མི་རྟག་པ་ལ་གཏན་ཚིགས་སོ།

7 དཔེ་ནི་གཉིས་སུ་དབྱེ་སྟེ། ཆོས་མཐུན་པ་དང་། ཆོས་མི་མཐུན་པ་ཡང་ངོ་།།

8 དེ་ལ་ཆོས་མཐུན་པ་ནི་གང་ལ་གཏན་ཚིགས་ཀྱི་མཐུན་པའི་ཕྱོགས་ཉིད་ལ་ཡོད་པ་སྟོན་པ་སྟེ། གང་བྱས་པ་དེ་མི་རྟག་པར་མཐོང་སྟེ། དཔེར་ན་བུམ་པ་ལ་སོགས་པ་བཞིན་ཞེས་པའོ།།

9 ཆོས་མི་མཐུན་པ་ཡང་། གང་ལ་བསྒྲུབ་པར་བྱ་བ་མེད་པ་ལ་རྟགས་མེད་པ་ཉིད་དུ་སྟོན་པ་སྟེ། གང་རྟག་པ་དེ་བྱས་པ་མ་ཡིན་ཏེ། དཔེར་ན་ནམ་མཁའ་བཞིན་ཞེས་པའོ།རྟག་པའི་སྒྲས་ནི་འདིར་མི་རྟག་པ་ཉིད་མེད་པར་བརྗོད་པ་ཡིན་ལ། བྱས་པ་མ་ཡིན་པའི་སྒྲས་ཀྱང་བྱས་པ་མེད་པར་རོ། ཇི་ལྟར་ཡོད་དང་མེད་དག་ཡོད་ཅེས་སྨྲས་པ་ཕྱོགས་ལ་སོགས་པ་རྣམས་སོ།།

10 འདི་རྣམས་ཀྱི་བརྗོད་པ་རྣམས་ནི་གཞན་གྱིས་རབ་ཏུ་རྟོགས་པའི་དུས་ན་སྒྲུབ་པར་བྱེད་པ་སྟེ། འདི་ལྟར་སྒྲ་མི་རྟག་ཅེས་པ་ནི་ཕྱོགས་བརྗོད་པའོ། བྱས་པའི་ཕྱིར་ཞེས་པ་ཕྱོགས་ཀྱི་ཆོས་བརྗོད་པ་ཉིད་དོ། གང་བྱས་པ་དེ་མི་རྟག་པར་མཐོང་སྟེ། དཔེར་ན་བུམ་པ་བཞིན་ཞེས་པ་མཐུན་ཕྱོགས་ལ་རྗེས་སུ་འགྲོ་བར་བརྗོད་དོ། གང་རྟག་པ་ཡིན་པ་དེ་བྱས་པ་མ་ཡིན་པར་མཐོང་སྟེ། དཔེར་ན་ནམ་མཁའ་ལ་སོགས་པ་བཞིན་ཞེས་པ་བཟློག་པ་བརྗོད་པའོ།། འདི་རྣམས་ཉིད་གསུམ་ཡང་ལག་ཅེས་བརྗོད་དོ།།

11 བསྒྲུབ་པར་བྱ་བར་འདོད་པ་ལ་ཡང་མངོན་སུམ་ལ་སོགས་པས་བསལ་བ་རྣམས་ཕྱོགས་ལྟར་སྣང་བ་སྟེ། འདི་ལྟར་མངོན་སུམ་གྱིས་བསལ་བ་དང་། རྗེས་སུ་དཔག་པས་བསལ་བ་དང་། འཇིག་ རྟེན་པས་བསལ་བ་དང་།ཡིད་ཞེས་པས་བསལ་བ་དང་། རང་གི་ཚིག་གིས་བསལ་བ་དང་། ཁྱད་པར་རབ་ཏུ་གྲགས་པ་མ་ཡིན་པ་དང་། ཁྱད་པར་ཅན་རབ་ཏུ་གྲགས་པ་མ་ཡིན་པ་དང་། གཉིས་ཀ་རབ་ཏུ་གྲགས་པ་མ་ཡིན་པ་དང༌། གྲགས་པས་[1]བསལ་བ་ཡང་སྟེ་ཞེས་སོ།།

12 དེ་ལ་མངོན་སུམ་གྱིས་གནོད་པ་ནི་དཔེར་ན་སྒྲ་མཉན་བྱ་བ་མ་ཡིན་ཞེས་···ལ་བུའོ།།

13 རྗེས་སུ་དཔག་པས་གནོད་པ་ནི་དཔེར་ན་བུམ་པ་རྟག་ཅེས་པ་ལྟ་བུའོ།།

14 འཇིག་རྟེན་གྱིས་གནོད་པ་ནི་དཔེར་ན་མིའི་མགོ་ཐོད་གཙང་སྟེ། སེམས་ཅན་གྱི་ཡན་ལག་ཡིན་པའི་ཕྱིར། དུང་དང་ཉ་ཕྱིས་ཤེས་པ་བཞིན་ཞེས་པ་ལྟ་བུའོ།།

15 ཡིད་ཆེས་པས་གནོད་པ་ནི་དཔེར་ན་བྱེ་བྲག་པས་སྒྲ་རྟག་ཅེས་བསྒྲུབ་པ་ལྟ་བུའོ།།

---

1. Here འབྲེལ་བ་ is correct.

16 རང་གི་ཚིག་གིས་གནོད་པ་ནི་དཔེར་ན་ངའི་མ་མོ་གཤམ་ཞེས་པ་ལྟ་བུའོ།།

17 ཁྱད་པར་རབ་ཏུ་གྲགས་པ་མ་ཡིན་པ་ནི་དཔེར་ན་སངས་རྒྱས་པས་གྲངས་ཅན་པ་
ལ་སྒྲ་འཇིག་ཅེས་པ་ལྟ་བུའོ།།

18 ཁྱད་པར་ཅན་རབ་ཏུ་གྲགས་པ་མ་ཡིན་པ་ནི་དཔེར་ན་གྲངས་ཅན་པས་སངས་རྒྱས་
པ་ལ་བདག་ནི་སེམས་དཔའ་ཅན་ཞེས་པ་ལྟ་བུའོ།།

19 གཉིས་ཀ་རབ་ཏུ་གྲགས་པ་མ་ཡིན་པ་ནི་དཔེར་ན་བྱེ་བྲག་པས་སངས་རྒྱས་པ་ལ་
བདག་ནི་བདེ་བ་ལ་སོགས་པ་འདུ་བར་བྱེད་པ་ཅན་ཞེས་པ་ལྟ་བུའོ།།

20 རབ་ཏུ་གྲགས་པ་ཡང་འབྲེལ་ཏེ། དཔེར་ན་མེ་དྲོ་བ་མེད་ཅེས་པ་ལྟ་བུའོ།།

21 འདི་རྣམས་ཀྱི་བརྗོད་པ་ནི་ཆོས་ཀྱི་རང་བཞིན་འགོག་པར་བྱེད་པའི་སྒོ་སྟེ། ཡང་
དག་པར་རབ་ཏུ་རྟོགས་པ་མེད་པ་དང་། སྒྲུབ་པར་བྱེད་པ་འབྲས་བུ་མེད་པའི་ཕྱིར་དམ་
བཅའ་བའི་སྐྱོན་རྣམས་སོ།།

22 མ་གྲུབ་པ་དང་། མ་ངེས་པ་དང་། འགལ་བ་སྟེ། གསུམ་པ་རྣམས་ནི་གཏན་
ཚིགས་ལྟར་སྣང་བ་རྣམས་སོ།།

23 དེ་ལ་མ་གྲུབ་པའི་དབྱེ་བ་བཞི་སྟེ། གཉིས་ཀ་ལ་མ་གྲུབ་པ་དང་། གང་ཡང་
རུང་བ་ལ་མ་གྲུབ་པ་དང་། ཐེ་ཚོམ་ཟ་ནས་མ་གྲུབ་པ་དང་། གཞི་མ་གྲུབ་པ་ཡང་ངོ་
ཞེས་པའོ།།

24 དེ་ལ་སྒྲ་མི་རྟག་ཉིད་སྒྲུབ་པ་ལ་མིག་གིས་གཟུང་བར་བྱ་བ་ཉིད་ཀྱི་ཕྱིར་ཞེས་པ་
གཉིས་ཀ་ལ་མ་གྲུབ་པའོ།།

25 སྒྲ་མངོན་པར་གསལ་བར་སྨྲ་བ་ལ་བྱས་པ་ཉིད་ཀྱི་ཕྱིར་ཞེས་པ་གང་རུང་ལ་མ་གྲུབ་པའོ།།

26 མི་སྒྲུབ་པ་ལ་ཀླངས་པ་ལ་སོགས་པའི་དངོས་པོར་ཐེ་ཚོམ་ཟ་བའི་འབྱུང་བ་འདུས་པ་བརྗོད་པ་ལྟ་བུ་ཐེ་ཚོམ་ཟ་ནས་མ་གྲུབ་པའོ།།

27 ནམ་མཁའ་རྫས་སུ་ཡོད་དེ། ཡོན་ཏན་གྱི་གཞི་ཉིད་ཀྱི་ཕྱིར་ཞེས་པ་ནམ་མཁའི་ཡོད་[1]པ་ཉིད་དུ་བརྗོད་པ་ལ་གཞི་མ་གྲུབ་པའོ།།

28 མ་ངེས་པ་ནི་དྲུག་དུ་དབྱེ་སྟེ། ཐུན་མོང་དང་། ཐུན་མོང་མ་ཡིན་པ་དང་། མཐུན་ཕྱོགས་ཀྱི་ཕྱོགས་གཅིག[2]་ལ་ཡོད་ལ་མི་མཐུན་ཕྱོགས་ལ་ཁྱབ་པ་དང་། མི་མཐུན་ཕྱོགས་ཀྱི་ཕྱོགས་གཅིག་གི་ཡུལ་ལ་ཡོད་ལ་མཐུན་ཕྱོགས་ལ་ཁྱབ་པ་དང་། གཉིས་ཀའི་ཕྱོགས་ཅིག་གི་ཡུལ་ལ་ཡོད་པ་དང་། འགལ་བ་ལ་མི་འཁྲུལ་བ་ཡང་ཞེས་པའོ།།

29 དེ་ལ་ཐུན་མོང་བ་འདི་ལྟར་གཞལ་བྱ་ཉིད་ཀྱི་ཕྱིར་སྒྲ་རྟག་ཅེས་པའོ།། དེ་ནི་རྟག་མི་རྟག་གི་ཕྱོགས་དག་ལ་ཐུན་མོང་བ་ཉིད་ཀྱི་ཕྱིར་མ་ངེས་པ་སྟེ། ཇི་ལྟར་བུམ་པ་ལ་སོགས་པ་བཞིན་གཞལ་བྱ་ཉིད་ཀྱི་ཕྱིར་རྟག་ཅེས་པ་ལྟ་བུའོ།།[3]

30 ཐུན་མོང་མ་ཡིན་པ་ནི་མཉན་བྱ་ཉིད་ཀྱི་ཕྱིར་སྒྲ་རྟག་ཅེས་པའོ། དེ་ནི་རྟག་མི་རྟག་གི་ཕྱོགས་དག་ལས་ལྡོག་པ་ཉིད་ཀྱི་ཕྱིར་དང་། རྟག་མི་རྟག་གི་རྣམ་པར་ངེས་པ་སྤངས་

---

1. This must be read མེད་པ as in T^2. 2. Here གཅིག་ གི་ ཡུལ་ ལ་ may be better.

3. Evidently the reading here is defective It omits the translation of some Skt words.

པའི་གཞན་ཡང་མེད་པའི་ཕྱིར། མཉན་བྱ་ཉིད་འདི་ཇི་ལྟར་ན་ཐེ་ཚོམ་གྱི་རྒྱུ་ཉིད་དོ་ཞེས་པའོ།།

31 མཐུན་ཕྱོགས་ཀྱི་ཕྱོགས་ཅིག་གི་ཡུལ་ལ་ཡོད་ལ་མི་མཐུན་ཕྱོགས་ལ་ཁྱབ་པ་ནི་སྒྲ་རྩོལ་བས་བྱུང་བ་མ་ཡིན་ཏེ། མི་རྟག་པ་ཉིད་ཀྱི་ཕྱིར་ཞེས་པའོ། འདིའི་མི་མཐུན་པའི་ཕྱོགས་ནི་རྩོལ་[1]བ་ལས་བྱུང་བའོ།། གློག་དང་ནམ་མཁའ་ལ་སོགས་པ་ནི་མཐུན་ཕྱོགས་སོ།། དེ་ལ་ཡུལ་གཅིག་གློག་ལ་སོགས་པ་ལ་མི་རྟག་པ་ཉིད་ཡོད་ལ་ནམ་མཁའ་ལ་སོགས་པ་ལ་མེད་ཀྱི་ཕྱིར་འདིའི་མ་ཐུན་ཕྱོགས་རྩོལ་མ་བྱུང་དང་མི་མཐུན་ཕྱོགས་བུམ་པ་ལ་སོགས་པའོ།། དེ་ལ་ཐམས་ཅད་ལ་མི་རྟག་པ་ཉིད་ཡོད་ལ་[2]འདིའི་ཡང་གློག་དང་བུམ་པ་ཆོས་མཐུན་པའི་ཕྱིར་མ་ངེས་པའོ།། ཇི་ལྟར་བུམ་པ་ལ་སོགས་པ་བཞིན་མི་རྟག་པ་ཉིད་ཀྱི་ཕྱིར་རྩོལ་བ་ལས་བྱུང་ཞེས་པ་ལྟ་བུའོ།།[3]

32 མི་མཐུན་ཕྱོགས་ཀྱི་ཡུལ་གཅིག་ལ་ཡོད་ལ་མཐུན་ཕྱོགས་ལ་ཁྱབ་པ་ནི་ཇི་ལྟར་སྒྲ་རྩོལ་བ་ལས་བྱུང་བ་ཡིན་ཏེ་མི་རྟག་པ་ཉིད་ཀྱི་ཕྱིར་ཞེས་པའོ།། རྩོལ་བ་ལས་བྱུང་བའི་སྒྲ་ནི་འདིའི་ཕྱོགས་སོ། བུམ་པ་ལ་སོགས་པ་ནི་མཐུན་ཕྱོགས། དེ་ལ་བུམ་པ་ལ་སོགས་པ་ཐམས་ཅད་ལ་མི་རྟག་པ་ཉིད་དོ། གློག་དང་ནམ་མཁའ་ལ་སོགས་པ་ནི་མི་མཐུན་ཕྱོགས་སོ།། དེ་ལ་གློག་ལ་སོགས་པ་ལ་མི་རྟག་པ་ཉིད་ཡོད་ལ་ནམ་མཁའ་ལ་སོགས་པ་ལ་མེད་པ་དེའི་ཕྱིར་འདི་ཡང་སྔ་མ་བཞིན་མ་ངེས་པའོ།།

---

1. This means प्रयत्नानुत्पन्न =Prayatnanutpanna such translation is wrong. The actual reading should be བཅལ་ མ་ ཐག་ཏུ་བྱུང་ བ་ meaning प्रयत्नानन्तरीय= Prayatnanantariyaka.

2. Here འདི་ is better. 3. Here the translation of some skt. words is omitted altogether.

33 གཉིས་ཀའི་ཕྱོགས་གཅིག་གི་ཡུལ་ལ་ཡོད་པ་ནི་ཇི་ལྟར་སྒྲ་རྟག་སྟེ་ལུས་ཅན་མ་
ཡིན་པ་ཉིད་ཀྱི་ཕྱིར་ཞེས་པ། འདི་ལ་རྟག་པ་ནི་ཕྱོགས་སོ།། ནམ་མཁའ་དང་རྡུལ་ཕྲན་
ལ་སོགས་པ་ནི་མཐུན་ཕྱོགས་སོ།། དེ་ལ་མཐུན་ཕྱོགས་ཀྱི་ཡུལ་ཅིག་ནམ་མཁའ་ལ་ལུས་
ཅན་མ་ཡིན་པ་ཉིད་ཡོད་ལ་རྡུལ་ཕྲན་ལ་སོགས་པ་ལ་མེད་དོ།། འདིའི་མི་རྟག་པའི་ཕྱོགས་
བུམ་པ་དང་བདེ་བ་ལ་སོགས་པ་ནི་མི་མཐུན་ཕྱོགས་སོ།། དེ་ལ་བདེ་བ་ལ་སོགས་པ་ནི་
ལུས་ཅན་མ་ཡིན་པ་ཉིད་ཡོད་ལ་བུམ་པ་ལ་མེད་དོ།། དེའི་ཕྱིར་འདི་ཡང་བདེ་བ་དང་
ནམ་མཁའ་ཆོས་མཐུན་པའི་དཔེར་བྱས་པ་ཉིད་ཀྱིས་མ་ངེས་པའོ།།

34 འགལ་བ་ལ་མི་འཁྲུལ་བ་ནི་ཇི་ལྟར་སྒྲ་མི་རྟག་ཏེ་བྱས་པ་ཉིད་ཀྱི་ཕྱིར་བུམ་པ་བཞིན།
སྒྲ་རྟག་སྟེ་མཉན་བྱ་ཉིད་ཀྱི་ཕྱིར་སྒྲ[1]་བཞིན་ཞེས་པ། འགལ་བའི་དོན་དག་གཅིག་ལ་ཡོད་
པ་ནི་གཉིས་ཀ་ལ་ཐེ་ཚོམ་གྱི་རྒྱུ་ཉིད་དོ།།

35 འགལ་བ་ནི་བཞི་ར་དབྱེ་སྟེ། ཆོས་ཀྱི་རང་བཞིན་ཕྱིན་ཅི་ལོག་ཏུ་སྒྲུབ་པར་བྱེད་
པ་དང་ཆོས་ཀྱི་ཁྱད་པར་ཕྱིན་ཅི་ལོག་ཏུ་སྒྲུབ་པར་བྱེད་པ་དང་། ཆོས་ཅན་གྱི་རང་བཞིན་
ཕྱིན་ཅི་ལོག་ཏུ་སྒྲུབ་པར་བྱེད་པ་དང་། ཆོས་ཅན་གྱི་ཁྱད་པར་ཕྱིན་ཅི་ལོག་ཏུ་བསྒྲུབ་
པར་བྱེད་པ་ཡང་ངོ་ཞེས་པའོ།།

36 དེ་ལ་ཆོས་ཀྱི་རང་བཞིན་ཕྱིན་ཅི་ལོག་ཏུ་སྒྲུབ་པར་བྱེད་པ་ཇི་ལྟར་ན་སྒྲ་རྟག་སྟེ་
བྱས་པ་ཉིད་ཀྱི་ཕྱིར་ཞེས་པ་འམ་བརྩལ་མ་ཐག་ཏུ་བྱུང་བ་ཉིད་ཀྱི་ཕྱིར། ཞེས་འདི་རྟགས་
མི་མཐུན་ཕྱོགས་ཁོ་ན་ལ་ཡོད་པས་འགལ་བའོ།།

---

1. Here སྒྲ་ཉིད་བཞིན་ as in T^2 and skt. is correct.

37 ཆོས་ཀྱི་ཁྱད་པར་ཕྱིན་ཅི་ལོག་ཏུ་སྒྲུབ་པར་བྱེད་པ་ཇི་ལྟར་ན་མིག་ལ་སོགས་པ་གཞན་གྱི་དོན་ཡིན་ཏེ། འདུས་པ་ཉིད་ཀྱི་ཕྱིར་མལ་ཆ་དང་སྟན་ལ་སོགས་པའི་ཡན་ལག་བཞིན་ཞེས་པ་འདིའི་རྟགས་ཇི་ལྟར་མིག་ལ་སོགས་པ་རྣམས་ལ་གཞན་གྱི་དོན་ཉིད་སྒྲུབ་པར་བྱེད་པ་དེ་ལྟར་འདུས་པ་ཉིད་ཀྱང་གཞན་གྱི་སྒྲུབ་པར་བྱེད་པ་ཡིན་ལ་མལ་ཆ་དང་སྟན་ལ་སོགས་པའི་ཡན་ལག་རྣམས་ཀྱང་འདུས་པ་ཉིད་ཡིན་པས་སོ།།

38 ཆོས་ཅན་གྱི་རང་བཞིན་ཕྱིན་ཅི་ལོག་དུ་སྒྲུབ་པར་བྱེད་པ་ཇི་ལྟར་ན་རྫས་དང་ལས་དང་ཡོན་ཏན་དངོས་མེད་དེ་དངོས་པོའི་རྫས་གཅིག་པ་ཅན་ཉིད་ཀྱི་ཕྱིར་དང་། ཡོན་ཏན་དང་ལས་ཀྱི་རང་བཞིན་ཡིན་པའི་ཕྱིར། སྤྱི་དང་ཁྱད་པར་བཞིན་ཞེས་པ། འདིའི་རྟགས་ཇི་ལྟར་རྫས་ལ་སོགས་པའི་མ་ཡིན་པ་ལ་སྒྲུབ་པར་བྱེད་པའི་དངོས་པོ་ཡིན་པ་དེ་ལྟར་དངོས་པོའི་ཡོད་པ་ཉིད་ལ་ཡང་བསྒྲུབ་པར་བྱེད་པ་ཡིན་ཏེ། གཉིས་ཀ་ལ་མི་འཁྲུལ་བའི་ཕྱིར་རོ།།

39 ཆོས་ཅན་གྱི་ཁྱད་པར་ཕྱིན་ཅི་ལོག་ཏུ་སྒྲུབ་པར་བྱེད་པ་[1]འདི་ཉིད་ནི་ཕྱོགས་སྔ་མའི་རྟགས་འདི་ཉིད་ལ་ཆོས་ཅན་གྱི་ཁྱད་པར་གང་ཡོད་པ་རྐྱེན་གྱིས་བྱས་པ་ཉིད་དང་། དེའི་བཀློག་པ་མེད་པ་རྐྱེན་གྱིས་བྱས་པ་ཉིད་ལ་ཡང་སྒྲུབ་པར་བྱད་པ་ཡིན་ཏེ། གཉིས་ཀ་ལ་མི་འཁྲུལ་བའི་ཕྱིར་རོ།།

40 དཔེ་ལྟར་སྣང་བ་རྣམས་འདི་[2]ལྟི་སྟེ། སྒྲུབ་པར་བྱེད་པའི་ཆོས་མ་གྲུབ་པ་དང་། བསྒྲུབ་པར་བྱ་བའི་ཆོས་མ་གྲུབ་པ་དང་། གཉིས་ཀའི་ཆོས་མ་གྲུབ་པ་དང་། རྗེས་སུ་

---

1. Here ཇི་ལྟར་ ན་ Should be supplied according to Skt. 2. Here ལྟ་ is Correct.

འགྲོ་བ་མེད་པ་དང་། རྗེས་སུ་འགྲོ་བ་ཕྱིན་ཅི་ལོག་པ་ཡང་ངོ་།། ཞེས་པ་ཆོས་མཐུན་པ་ཉིད་ཀྱིས་སོ།།

41 ཆོས་མི་མཐུན་པ་ཉིད་ལ་ཡང་སྒྲུབ་པར་བྱེད་པ་ལྡོག་པ་མེད་པ་དང་། སྒྲུབ་པར་བྱ་བ་ལྡོག་པ་མེད་པ་དང་། གཉིས་ཀ་ལྡོག་པ་མེད་པ་དང་། ལྡོག་པ་མེད་པ་དང་། ལྡོག་པ་ཕྱིན་ཅི་ལྡོག་པ་ཡང་ཞེས་པའོ།།

42 དེ་ལ་སྒྲུབ་པར་བྱེད་པའི་ཆོས་མ་གྲུབ་པ་ནི་ཇི་ལྟར་སྒྲ་རྟག་སྟེ། ལུས་ཅན་མ་ཡིན་པ་ཉིད་ཀྱི་ཕྱིར། གང་ལུས་ཅན་མ་ཡིན་པ་དེ་རྟག་པར་མཐོང་སྟེ། དཔེར་ན་རྡུལ་ཕྲ་རབ་བཞིན་ཞེས་པ། དེ་ལ་[1]ཕྲ་རབ་ལ་བསྒྲུབ་པར་བྱ་བ་རྟག་པ་ཉིད་ཡོད་ལ་སྒྲུབ་པར་བྱེད་པའི་ཆོས་ལུས་ཅན་མ་ཡིན་པ་ཉིད་མེད་དེ། རྡུལ་ཕྲན་རྣམས་ལུས་ཅན་ཉིད་ཡིན་པའི་ཕྱིར་རོ།།

43 བསྒྲུབ་བྱའི་ཆོས་མ་གྲུབ་པ་ནི་འདི་ལྟར་སྒྲ་རྟག་སྟེ་ལུས་ཅན་མ་ཡིན་པ་ཉིད་ཀྱི་ཕྱིར། གང་ལུས་ཅན་མ་ཡིན་པ་ཉིད་དེ་རྟག་པར་མཐོང་སྟེ། དཔེར་ན་བློ་བཞིན་ཞེས་པ། བློ་ལ་སྒྲུབ་པར་བྱེད་པའི་ཆོས་ལུས་ཅན་མ་ཡིན་པ་ཉིད་ཡོད་ལ་བསྒྲུབ་བྱའི་ཆོས་རྟག་པ་ཉིད་མེད་དེ་བློ་མི་རྟག་པ་ཉིད་ཀྱི་ཕྱིར་རོ།།

44 གཉིས་ཀ་མ་གྲུབ་པ་ནི་གཉིས་སུ་དབྱེ་སྟེ། ཡོད་པ་དང་མེད་པ་ཡང་ཞེས་སོ།། དེ་ལ་བུམ་པ་བཞིན་ཞེས་པ་ཡོད་པ་ལ་གཉིས་ཀ་ལ་མ་གྲུབ་པ་སྟེ། ལུས་ཅན་ཉིད་ཡིན་པའི་ཕྱིར་དང་། མི་རྟག་པ་ཉིད་ཀྱི་ཡང་ཕྱིར་རོ། ནམ་མཁའ་བཞིན་ཞེས་པ་མེད་པ་གཉིས་ཀ་མ་གྲུབ་པ་སྟེ། ནམ་མཁའ་མེད་པ་ཉིད་དུ་འདོད་པ་ལའོ།།

---

1. Here རྡུལ་ ཕྲ་རབ་ is correct.

45 རྗེས་སུ་འགྲོ་བ་མེད་པ་ནི་གང་ལ་རྗེས་སུ་འགྲོ་བ་མེད་པས་བསྒྲུབ་པར་བྱ་བ་དང་སྒྲུབ་པར་
བྱེད་པ་དག་ལྷན་ཅིག་ཡོད་པར་རབ་ཏུ་ཤེས་པར་བྱེད་པ། དེ་ལྟར་བུམ་པ་ལ་བྱས་པ་ཉིད་དང་མི་
རྟག་པ་ཉིད་ཀྱང་མཐོང་ཞེས་པའོ།།

46 རྗེས་སུ་འགྲོ་བ་ཕྱིན་ཅི་ལོག་པ་ནི་གང་བྱས་པ་དེ་མི་རྟག་པར་མཐོང་ཞེས་བརྗོད་པར་བྱ་བ་
ལ་གང་མི་རྟག་པ་དེ་བྱས་པ་ཡིན་ཞེས་ཟེར་བ་ལྟ་བུའོ།།

47 ཆོས་མི་མཐུན་པ་ལ་ཡང་སྒྲུབ་པར་བྱེད་པ་ལྡོག་པ་མེད་པ་ནི[1]་རེ་ཞིག་ལས་ལ་བསྒྲུབ་བྱ་རྟག་
པ་ཉིད་ལྡོག་སྟེ། ལས་རྣམས་མི་རྟག་པ་ཉིད་ཀྱི་ཕྱིར་རོ།། སྒྲུབ་པར་བྱེད་པ་ལྡོག་པ་མེད་དེ། ལས་
རྣམས་ལུས་ཅན་མ་ཡིན་པ་ཉིད་ཀྱི་ཕྱིར་རོ།།

48 བསྒྲུབ་པར་བྱ་བ་ལྡོག་པ་མེད་པ་ནི་རྡུལ་ཕྲ་རབ་བཞིན་ཞེས་པ་ལ་སྒྲུབ་པར་བྱེད་པ་ལུས་ཅན་
མ་ཡིན་པ་ཉིད་ལྡོག་སྟེ། རྡུལ་ཕྲན་རྣམས་ལུས་ཅན་ཉིད་ཡིན་པའི་ཕྱིར་རོ།། བསྒྲུབ་པར་བྱ་བ་
རྟག་པ་ཉིད་ལྡོག་པ་མེད་དེ། རྡུལ་ཕྲན་རྣམས་རྟག་པ་ཉིད་ཀྱི་ཕྱིར་རོ།།

49 གཉིས་ཀ་ལྡོག་པ་མེད་པ་ནི་ནམ་མཁའ་བཞིན་ཞེས་པ་ལ་རྟག་པ་ཉིད་དང་། ལུས་ཅན་
མ་ཡིན་པ་ཉིད་ལྡོག་པ་མ་ཡིན་པ་ཉིད་ ([2]ལྡོག་པ་མེད་) དེ་ནམ་མཁའ་རྟག་པ་ཉིད་ཀྱི་ཕྱིར་དང་། ལུས་
ཅན་མ་ཡིན་པ་ཉིད་ཀྱི་ཡང་ཕྱིར་རོ།།

50 ལྡོག་པ་མེད་པ་ནི་ཇི་ལྟར་ནམ་མཁའ་ལ་རྟག་པ་ཉིད་དང་། མ་བྱས་པ་ཉིད་ཀྱང་མཐོང་ཞེས་
པ་ལྟ་བུའོ།།

---

1. All omit here ལས་ བཞིན་ 2. Here the bracketed portion appears to be unnecessary.

51 ལྡོག་པ་ཕྱིན་ཅི་ལོག་པ་ནི་དེ་ལྟར་གང་རྟག་[1]སྟེ་[2]བྱས་པ་མ་བྱས་ཡིན་ཞེས་བརྗོད་པར་བྱ་བ་
ལས་གང་མ་བྱས་པ་དེ་རྟག་པ་ཡིན་ཞེས་ཟེར་བ་ལྟ་བུའོ།།

52 འདི་རྣམས་ཀྱིས་ཕྱོགས་དང་གཏན་ཚིགས་དང་དཔེ་ལྟར་སྣང་བ་རྣམས་བརྗོད་པས་སྒྲུབ་
པར་ བྱེད་པར་ལྟར་སྣང་བ་རྣམས་སོ།།

53 བདག་ཉིད་ཀྱིས་རབ་ཏུ་རྟོགས་པར་བྱ་བའི་དོན་ལ་ཡང་མངོན་སུམ་དང་རྗེས་སུ་དཔག་པའི་
ཚད་མ་ཉིད་དག་གོ།

54 དེ་ལ་མངོན་སུམ་རྟོག་པ་དང་བྲལ་བ་སྟེ། ཤེས་པ་གང་གཟུགས་ལ་སོགས་པའི་དོན་ལ་མིང་
དང་རིགས་ལ་སོགས་པའི་རྟོག་པ་དང་བྲལ་པ་དེ་དབང་པོ་སོ་སོའི་དབང་པོ་ལ་ཡོད་པ་ནི་མངོན་སུམ་
ཞེས་པའོ།།

55 རྗེས་སུ་དཔག་པ་ནི་རྟགས་ལས་དོན་མཐོང་བའོ།།

56 རྟགས་ནི་ཚུལ་གསུམ་ཚང་བར་བརྗོད་པ་གང་ལས་གང་རྗེས་སུ་དཔག་པའི་ཤེས་པ་སྐྱེས་པ་
འདེར་མི་དང་བུམ་པ་མི་རྟག་ཅེས་པ་འདི་ལ་སོགས་པ་འདི་རྗེས་སུ་དཔག་པའོ།།

57 གཉིས་ཀ་ལ་ཤེས་པ་དེ་ཉིད་འབྲས་བུ་སྟེ། གཟུགས་ལ་སོགས་པ་རྟོགས་པ་ཉིད་ཀྱི་ཕྱིར་རོ།

58 ཚད་མ་འང་དེ་ཉིད་དེ། དོན་བྱེད་ནུས་པ་ཡང་དག་པར་རྟོགས་པའི་ཕྱིར་ཞེས་པའོ།།

59 དོན་གཞན་ལ་རྟོག་པ་དང་བཅས་པའི་ཤེས་པ་གང་སྐྱེས་པ་དེ་མངོན་སུམ་ལྟར་སྣང་བའོ།
དེ་ལྟར་ན་བུམ་པ་འམ་སྣམ་བུ་ཞེས་རྟོག་པ་དང་བཅས་པ་དེ་རང་གི་མཚན་ཉིད་ཀྱི་ཡུལ་ཉིད་ལས་
མངོན་སུམ་ལྟར་སྣང་བའོ།།

---

1. After སྟེ the sense requires དེ། 2. Here བྱས་ or པས་ is unnecessary.

60 ཐར་གྱི་རྟགས་ལྟར་སྣང་ལ་མ་རྟོགས་པ་དོན་ལྟར་སྣང་བའི་ཤེས་པ་ནི་རྗེས་དཔག་ལྟར་སྣང་བ་སྟེ།རྟགས་ལྟར་སྣང་གི་དབྱེ་བ་མང་པོ་བརྗོད་པ་དེ་ལས་རྗེས་སུ་དཔག་པར་བྱ་བ་ལྟར་སྣང་བའི་ཤེས་པ་མ་རྟོགས་པར་འགྱུར་བ་དེ་ནི་རྗེས་དཔག་ལྟར་སྣང་བའོ།།

61 སྒྲུབ་པར་བྱེད་པའི་སྐྱོན་བརྗོད་པ་རྣམས་ནི་སུན་འབྱིན་པ་རྣམས་སོ།།

62 སྒྲུབ་པར་བྱེད་པའི་སྐྱོན་ཡང་མ་ཚང་བ་དང་། མངོན་སུམ་ལ་སོགས་པ་གནོད་ཕྱོགས་ཀྱི་སྐྱོན་ཉིད་དང་། རྟགས་ཀྱི་སྐྱོན་མ་གྲུབ་པའི་རྟགས་ཉིད་དང་། མ་ངེས་པའི་རྟགས་ཉིད་དང་། འགལ་བའི་རྟགས་ཉིད་དང་། དཔེའི་སྐྱོན་ཉིད་དང་། བསྒྲུབ་བྱའི་ཆོས་ལ་སོགས་པ་མ་གྲུབ་པའོ།།

63 དེའི་བརྗོད་པའི་ཕྱིར་རྒོལ་གྱིས་རབ་ཏུ་རྟོགས་པའི་དུས་ན་སུན་འབྱིན་པའོ།།

64 སྒྲུབ་པར་བྱེད་པ་སྐྱོན་མི་འགྱུར་བ་ལ་སྐྱོན་བརྗོད་པ་རྣམས་ནི་སུན་འབྱིན་ལྟར་སྣང་བ་རྣམས་ཏེ། ཇི་ལྟར་ན་སྒྲུབ་པར་བྱེད་པ་ཡང་དག་པར་ཚང་བ་ལ་མ་ཚང་བ་ཉིད་བརྗོད་པ་དང་། ཕྱོགས་སྐྱོན་མེད་པ་ལ་ཕྱོགས་ཀྱི་སྐྱོན་བརྗོད་པ་དང་། གྲུབ་པའི་རྟགས་ལ་མ་གྲུབ་པའི་རྟགས་སུ[1]་མ་ངེས་པ་མེད་པའི་རྟགས་ལ་མ་ངེས་པའི་རྟགས་སུ་བརྗོད་པ་དང་། མི་འགལ་བའི་རྟགས་ལ་འགལ་བའི་རྟགས་སུ་བརྗོད་པ་དང་། སྐྱོན་མེད་པའི་དཔེ་ལ་དཔེའི་སྐྱོན་བརྗོད་པ་སྟེ། འདི་རྣམས་སུན་འབྱིན་ལྟར་སྣང་བ་རྣམས་སོ།། འདི་རྣམས་ཀྱིས་གཞན་གྱི་[2]སོ་ཕྱོགས་ལ་སྐྱོན་མེད་པ་མ་བརྗོད་དེ། སྐྱོན་མེད་པ་ཉིད་ཀྱི་ཕྱིར་ཞེས་པ་རེ་ཞིག་བཞག་གོ།

65 ཚིག་དོན་ཙུང་ཟད་ཀུན་བཤད་པ།
སྟོན་ལ་ཕྱོགས་ཙམ་བསྒྲུབས་པའི་ཕྱིར།

1. Here བརྗོད་པ་དང་ is wanting. 2. Here གྱི་ seems to be correct.

གང་འདིར་རིགས་དང་མི་རིགས་ཀྱང་།

གཞན་ལས་དེ་དག་ལེགས་ཤེས་བྱ།།

ཞེས་པ་རིགས་པར་འཇུག་པའི་སྒོ་སློབ་དཔོན་ཆེན་པོ་ཕྱོགས་ཀྱི་གླང་པོས་མཛད་པ་རྫོགས་སོ།། ཁ་ཆེའི་པཎྜི་ཏ་ཆེན་པོ་ཐམས་ཅད་མཁྱེན་དཔལ་བསྲུང་བ་ལས། ཤཱ་ཀྱའི་དགེ་སློང་གྲགས་པ་རྒྱལ་མཚན་དཔལ་བཟང་པོས། དཔལ་ས་སྐྱའི་གཙུག་ལག་ཁང་ཆེན་པོར་བསྒྱུར་བའོ།།

बौद्धाचार्यदिङ्नागप्रणीतं

न्यायप्रवेशकशास्त्रम्।

(भोटभाषानुवादः Peking Edition)

(180b2) ༄༅། །ཚད་མ་རིགས་པར་འཇུག་པའི་སྒོ་ཞེས་བྱ་བའི་རབ་ཏུ་བྱེད་པ་བཞུགས། །

།།རྒྱ་གར་སྐད་དུ། ནྱཱ་ཡ་པྲ་བེ་ཤ་ནཱ་མ་པྲ་མཱ་ཎ་པྲ་ཀ་ར་ཎ། བོད་སྐད་དུ། ཚད་མ་རིགས་པར་འཇུག་པའི་སྒོ་ཞེས་བྱ་བའི་རབ་ཏུ་བྱེད་པ།

འཇམ་དཔལ་གཞོན་ནུར་གྱུར་པ་ལ་ཕྱག་(180b3)འཚལ་ལོ། ། ན་ནན་ ཟུར་རྒྱ

1 སྒྲུབ་པ་དང་ནི་སུན་འབྱིན་ཉིད། །
ལྟར་སྣང་བཅས་པ་གཞན་རྟོགས་ཕྱིར། །
མངོན་སུམ་དང་ནི་རྗེས་སུ་དཔག །
ལྟར་སྣང་བཅས་པ་བདག་རིག་ཕྱིར། །
ཅེས་པ་བསྟན་བཅོས་བསྡུས་པའོ། །

2 དེ་ལ་ཕྱོགས་ལ་སོགས་པ་བརྗོད་པ་(180b4)རྣམས་སྒྲུབ་པར་བྱེད་པ་སྟེ། ཕྱོགས་དང་གཏན་ཚིགས་དང་དཔེ་བརྗོད་པ་རྣམས་ནི་ཕྱིར་རྒོལ་རྣམས་ཀྱིས་མ་རྟོགས་པའི་དོན་རབ་ཏུ་རྟོགས་པར་བྱེད་པའི་ཕྱིར་རོ་ཞེས་པའོ། །

3 དེ་ལ་ཕྱོགས་ནི་རབ་ཏུ་གྲགས་པའི་ཆོས་ཅན་རབ་ཏུ་གྲགས་(180b5)པའི་ཁྱད་པར་གྱིས་ཁྱད་པར་དུ་བྱས་པ་རང་གིས་སྒྲུབ་བྱ་ཁོ་ནར་འདོད་པ་མངོན་སུམ་ལ་སོགས་པས་གནོད་པ་མེད་པ་ཅན་འདི་ལྟ་སྟེ། སྒྲ་མི་རྟག་ཅེས་པ་ལྟ་བུའོ། །

4 གཏན་ཚིགས་ནི་ཚུལ་གསུམ་མོ། ། ཚུལ་གསུམ་པོ་དེ་ཡང་(180b6)གང་ཞེ་ན། ཕྱོགས་ཀྱི་ཆོས་ཉིད་དང་། མཐུན་པའི་ཕྱོགས་ཉིད་ལ་ཡོད་པར་ངེས་པ་དང་། མི་མཐུན་པའི་ཕྱོགས་ལ་མེད་པ་ཉིད་དུ་ངེས་པ་ཡང་ངོ། །

5 མཐུན་པའི་ཕྱོགས་དེ་ཡང་གང་། མི་མཐུན་པའི་ཕྱོགས་དེ་གང་ཞེ་ན། (180b7) བསྒྲུབ་པར་བྱ་བའི་ཆོས་ཀྱི་སྤྱིས་དོན་མཚུངས་པ་ཉིད་མཐུན་པའི་ཕྱོགས་ཏེ། འདི་ལྟར་སྒྲ་མི་རྟག་པར་བསྒྲུབ་པ་ལ་བུམ་པ་ལ་སོགས་པ་ཡང་མི་རྟག་པ་ཡིན་པས་མཐུན་ཕྱོགས་སོ། །

6 མི་མཐུན་པའི་ཕྱོགས་ནི་གང་ལ་(180b8)བསྒྲུབ་པར་བྱ་བ་མེད་པ་སྟེ། གང་རྟག་པ་ཡིན་པ་དེ་བྱས་པ་མ་ཡིན་པར་མཐོང་སྟེ། དཔེར་ན་ནམ་མཁའ་བཞིན་ཞེས་པའོ། ། དེ་ལ་བྱས་པ་ཉིད་དམ། བཙལ་མ་ཐག་ཏུ་བྱུང་བ་ཕྱོགས་ཀྱི་ཆོས་ཉིད་དང་བསྒྲུབ་པར་བྱ་བ་མེད་པ་(181a1)པ་ལ་མེད་ཉིད་དུ་ངེས་པ་ཞེས་པ་མི་རྟག་པ་ལ་གཏན་ཚིགས་སོ། །

7 དཔེ་ནི་གཉིས་སུ་དབྱེ་སྟེ། ཆོས་མཐུན་པ་དང་། ཆོས་མི་མཐུན་པ་ཡང་ངོ་། །

8 དེ་ལ་ཆོས་མཐུན་པ་ནི་གང་ལ་གཏན་ཚིགས་ཀྱི་མཐུན་པའི་ཕྱོགས་(181a2) ཉིད་ལ་ཡོད་པ་སྟོན་པ་སྟེ། གང་བྱས་པ་དེ་མི་རྟག་པར་མཐོང་སྟེ། དཔེར་ན་བུམ་པ་ལ་སོགས་པ་བཞིན་ཞེས་པའོ། །

9 ཆོས་མི་མཐུན་པ་ཡང་། གང་ལ་བསྒྲུབ་པར་བྱ་བ་མེད་པ་ལ་རྟགས་མེད་པ་ཉིད་དུ་སྟོན་པ་སྟེ། གང་(181a3)རྟག་པ་དེ་བྱས་པ་མ་ཡིན་ཏེ། དཔེར་ན་ནམ་མཁའ་བཞིན་ཞེས་པའོ། ། རྟག་པའི་སྒྲས་ནི་འདིར་མི་རྟག་པ་ཉིད་མེད་པར་བརྗོད་པ་ཡིན་ལ། བྱས་པ་མ་ཡིན་པའི་སྒྲས་ཀྱང་བྱས་པ་མེད་པར་རོ། ། ཇི་ལྟར་ཡོད་དང་(181a4)མེད་དག་ཡོད་ཅེས་སྨྲས་པ་ཕྱོགས་ལ་སོགས་པ་རྣམས་སོ། །

10 འདི་རྣམས་ཀྱི་བརྗོད་པ་རྣམས་ནི་གཞན་གྱིས་རབ་ཏུ་རྟོགས་པའི་དུས་ན་སྒྲུབ་པར་བྱེད་པ་སྟེ། འདི་ལྟར་སྒྲ་མི་རྟག་ཅེས་པ་ནི་ཕྱོགས་བརྗོད་པའོ། ། བྱས་པའི་(181a5)ཕྱིར་ཞེས་པ་ཕྱོགས་ཀྱི་ཆོས་བརྗོད་པ་ཉིད་དོ། ། གང་བྱས་པ་དེ་ནི་(sic)རྟག་པར་མཐོང་སྟེ་དཔེར་ན་བུམ་པ་བཞིན་ཞེས་པ་མཐུན་ཕྱོགས་ལ་རྗེས་སུ་འགྲོ་བར་བརྗོད་དོ། ། གང་རྟག་པ་ཡིན་པ་དེ་བྱས་པ་མ་ཡིན་པར་མཐོང་སྟེ། (181a6)དཔེར་ན་ནམ་མཁའ་ལ་སོགས་པ་བཞིན་ཞེས་པ་བཟློག་པ་བརྗོད་པའོ། ། འདི་རྣམས་ཉིད་གསུམ་ཡན་ལག་ཅེས་བརྗོད་དོ། །

11 བསྒྲུབ་པར་བྱ་བར་འདོད་པ་ལ་ཡང་མངོན་སུམ་ལ་སོགས་པས་བསལ་བ་རྣམས་ཕྱོགས་ལྟར་(181a7)སྣང་བ་སྟེ། འདི་ལྟར་མངོན་སུམ་གྱིས་བསལ་བ་དང་། རྗེས་སུ་དཔག་པས་བསལ་བ་དང་། འཇིག་རྟེན་པས་བསལ་བ་དང་། ཡིད་ཆེས་པས་བསལ་བ་དང་། རང་གི་ཚིག་གིས་བསལ་བ་དང་། ཁྱད་པར་རབ་ཏུ་གྲགས་(181a8)པ་མ་ཡིན་པ་དང་། ཁྱད་པར་ཅན་རབ་ཏུ་གྲགས་པ་མ་ཡིན་པ་དང་། གཉིས་ཀ་རབ་ཏུ་གྲགས་པ་མ་ཡིན་པ་དང་། གྲགས་པས་བསལ་བ་ཡང་སྟེ་ཞེས་སོ། །

12 དེ་ལ་མངོན་སུམ་གྱིས་གནོད་པ་ནི། ། དཔེར་ན་སྒྲ་མཉན་བྱ་བ་མ་ཡིན་
(181b1)ཞེས་པ་ལྟ་བུའོ། །

13 རྗེས་སུ་དཔག་པས་གནོད་པ་ནི་དཔེར་ན་བུམ་པ་རྟག་ཅེས་པ་ལྟ་བུའོ། །

14 འཇིག་རྟེན་གྱིས་གནོད་པ་ནི། ། དཔེར་ན་མིའི་མགོ་ཐོད་གཙང་སྟེ། སེམས་
ཅན་གྱི་ཡན་ལག་ཡིན་པའི་ཕྱིར། དུང་དང་ཉ་ཕྱིས་ཞེས་(181b2)པ་བཞིན་ཞེས་པ་ལྟ་
བུའོ། །

15 ཡིད་ཆེས་པས་གནོད་པ་ནི་དཔེར་ན་བྱེ་བྲག་པས་སྒྲ་རྟག་ཅེས་བསྒྲུབ་པ་ལྟ་བུའོ། །

16 རང་གི་ཚིག་གིས་གནོད་པ་ནི་དཔེར་ན་ངའི་མ་མོ་གཤམ་ཞེས་པ་ལྟ་བུའོ། །

17 ཁྱད་པར་རབ་ཏུ་གྲགས་པ་མ་ཡིན་པ་ནི། (181b3)དཔེར་ན་སངས་རྒྱས་པས་
གྲངས་ཅན་པ་ལ་སྒྲ་འཇིག་ཅེས་པ་ལྟ་བུའོ། །

18 ཁྱད་པར་ཅན་རབ་ཏུ་གྲགས་པ་མ་ཡིན་པ་ནི། ། དཔེར་ན་གྲངས་ཅན་པས་སངས་
རྒྱས་པ་ལ་བདག་ནི་སེམས་དཔའ་ཅན་ཞེས་པ་ལྟ་བུའོ། །

19 གཉིས་ཀ་རབ་(181b4)ཏུ་གྲགས་པ་མ་ཡིན་པ་ནི། དཔེར་ན་བྱེ་བྲག་པས་སངས་
རྒྱས་པ་ལ་བདག་ནི་བདེ་བ་ལ་སོགས་པ་འདུ་བར་བྱེད་པ་ཅན་ཞེས་པ་ལྟ་བུའོ། །

20 རབ་ཏུ་གྲགས་པ་ཡང་འབྲེལ་ཏེ། དཔེར་ན་མེ་དྲོ་བ་མེད་ཅེས་པ་ལྟ་བུའོ། །

21 འདི་རྣམས་ཀྱི་བརྗོད་(181b5)པ་ནི་ཆོས་ཀྱི་རང་བཞིན་འགོག་པར་བྱེད་པའི་སྒོ་
སྟེ། ཡང་དག་པར་རབ་ཏུ་རྟོགས་པ་མེད་པ་དང་སྒྲུབ་པར་བྱེད་པ་འབྲས་བུ་མེད་པའི་
ཕྱིར་དམ་བཅའ་བའི་སྐྱོན་རྣམས་སོ། །

22 མ་གྲུབ་པ་དང་མ་ངེས་པ་དང་འགལ་བ་སྟེ་གསུམ་པོ་རྣམས་(181b6)ནི་གཏན་ཚིགས་ལྟར་སྣང་བ་རྣམས་སོ། །

23 དེ་ལ་མ་གྲུབ་པའི་དབྱེ་བ་བཞི་སྟེ། གཉིས་ཀ་ལ་མ་གྲུབ་པ་དང་། གང་ཡང་རུང་བ་ལ་མ་གྲུབ་པ་དང་། ཐེ་ཚོམ་ཟ་ནས་མ་གྲུབ་པ་དང་། གཞི་མ་གྲུབ་པ་ཡང་ངོ་ཞེས་པའོ། །

24 དེ་ལ་སྒྲ་མི་རྟག་(181b7)ཉིད་སྒྲུབ་པ་ལ་མིག་གིས་གཟུང་བར་བྱ་བ་ཉིད་ཀྱི་ཕྱིར་ཞེས་པ་གཉིས་ཀ་ལ་མ་གྲུབ་པའོ། །

25 སྒྲ་མངོན་པར་གསལ་བར་སྨྲ་བ་ལ། བྱས་པ་ཉིད་ཀྱི་ཕྱིར་ཞེས་པ་གང་རུང་ལ་མ་གྲུབ་པའོ། །

26 མེ་སྒྲུབ་པ་ལ་རླངས་པ་ལ་སོགས་(181b8)པའི་དངོས་པོར་ཐེ་ཚོམ་ཟ་བའི་འབྱུང་བ་འདུས་པ་བརྗོད་པ་ལྟ་བུ་ཐེ་ཚོམ་ཟ་ནས་མ་གྲུབ་པའོ། །

27 ནམ་མཁའ་རྫས་སུ་ཡོད་དེ། ཡོན་ཏན་གྱི་གཞི་ཉིད་ཀྱི་ཕྱིར་ཞེས་པ་ནམ་མཁའ་ཡོད་པ་ཉིད་དུ་བརྗོད་པ་ལ་གཞི་མ་གྲུབ་(182a1)པའོ། །

28 མ་ངེས་པ་ནི་དྲུག་དུ་དབྱེ་སྟེ། ཐུན་མོང་དང་། ཐུན་མོང་མ་ཡིན་པ་དང་། མཐུན་ཕྱོགས་ཀྱི་ཕྱོགས་གཅིག་ལ་ཡོད་ལ་མི་མཐུན་ཕྱོགས་ལ་ཁྱད་[sic]པ་དང་། མི་མཐུན་ཕྱོགས་ཀྱི་ཕྱོགས་གཅིག་གི་ཡུལ་ལ་(182a2)ཡོད་ལ་མཐུན་ཕྱོགས་ལ་ཁྱབ་པ་དང་། གཉིས་ཀའི་ཕྱོགས་ཅིག་གི་ཡུལ་ལ་ཡོད་པ་དང་། འགལ་བ་ལ་མི་འཁྲུལ་བ་ཡང་ཞེས་པའོ། །

29 དེ་ལ་ཐུན་མོང་བ་འདི་ལྟར་གཞལ་བྱ་ཉིད་ཀྱི་ཕྱིར་སྒྲ་རྟག་ཅེས་པའོ། །དེ་ནི་རྟག་མི་(182a3)རྟག་གི་ཕྱོགས་དག་ལ་ཐུན་མོང་བ་ཉིད་ཀྱི་ཕྱིར་མ་ངེས་པ་སྟེ། ཇི་ལྟར་བུམ་པ་ལ་སོགས་པ་བཞིན་གཞལ་བྱ་ཉིད་ཀྱི་ཕྱིར་རྟག་ཅེས་པ་ལྟ་བུའོ། །

30 ཐུན་མོང་མ་ཡིན་པ་ནི་མཉན་བྱ་ཉིད་ཀྱི་ཕྱིར་སྒྲ་རྟག་ཅེས་པའོ། །དེ་ནི་རྟག་མི་(182a4)རྟག་གི་ཕྱོགས་དག་ལས་ལྡོག་པ་ཉིད་ཀྱི་ཕྱིར་དང་། རྟག་མི་རྟག་གི་རྣམ་པར་ངེས་པ་སྤངས་པའི་གཞན་ཡང་མེད་པའི་ཕྱིར། མཉན་བྱ་ཉིད་འདི་ཇི་ལྟར་ན་ཐེ་ཚོམ་གྱི་རྒྱུ་ཉིད་དོ་ཞེས་པའོ། །

31 མཐུན་ཕྱོགས་ཀྱི་ཕྱོགས་ཅིག་གིས[sic](182a5)ཡུལ་ལ་ཡོད་ལ་། མི་མཐུན་ཕྱོགས་ལ་ཁྱབ་པ་ནི་སྒྲ་རྩོལ་བས་བྱུང་བ་མ་ཡིན་ཏེ། མི་རྟག་པ་ཉིད་ཀྱི་ཕྱིར་ཞེས་པའོ། །འདིའི་མི་མཐུན་པའི་ཕྱོགས་ནི་རྩོལ་བ་ལས་བྱུང་བའོ། །གློག་དང་ནམ་མཁའ་ལ་སོགས་པ་ནི་མཐུན་(182a6)ཕྱོགས་སོ། །དེ་ལ་ཡུལ་གཅིག་གློག་ལ་སོགས་པ་ལ་མི་རྟག་པ་ཉིད་ཡོད་ལ་ནམ་མཁའ་ལ་སོགས་པ་ལ་མེད་ཅིང་འདིའི་མཐུན་ཕྱོགས་རྩོལ་མ་བྱུང་དང་མི་མཐུན་ཕྱོགས་བུམ་པ་ལ་སོགས་པའོ། །དེ་ལ་ཐམས་ཅད་ལ་(182a7)མི་རྟག་པ་ཉིད་ཡོད་ལ་འདིའི་ཡང་གློག་དང་བུམ་པ་ཆོས་མཐུན་པའི་ཕྱིར་མ་ངེས་པའོ། །ཇི་ལྟར་བུམ་པ་ལ་སོགས་པ་བཞིན་མི་རྟག་པ་ཉིད་ཀྱི་ཕྱིར་རྩོལ་བ་ལས་བྱུང་ཞེས་པ་ལྟ་བུའོ། །

32 མི་མཐུན་ཕྱོགས་ཀྱི་ཡུལ་གཅིག་(182a8)ལ་ཡོད་པ་མཐུན་ཕྱོགས་ལ་ཁྱབ་པ་ནི་
ཇི་ལྟར་སྒྲ་རྩོལ་བ་ལས་བྱུང་བ་ཡིན་ཏེ་མི་རྟག་པ་ཉིད་ཀྱི་ཕྱིར་ཞེས་པའོ།། རྩོལ་བ་ལས་
བྱུང་བའི་སྒྲ་ནི་འདིའི་ཕྱོགས་སོ། བུམ་པ་ལ་སོགས་པ་ནི་མཐུན་ཕྱོགས་དེ་ལ་བུམ་པ་
ལ་སོགས་(182b1)པ་ཐམས་ཅད་ལ་མི་རྟག་པ་ཉིད་དོ། ། གློག་དང་ནམ་མཁའ་ལ་སོགས་
པ་ནི་མི་མཐུན་ཕྱོགས་སོ། ། དེ་ལ་གློག་པ་ལ་སོགས་པ་ལ་མི་རྟག་པ་ཉིད་ཡོད་ལ། ནམ་
མཁའ་ལ་སོགས་པ་ལ་མེད་པ་དེའི་ཕྱིར་འདི་ཡང་སྔ་མ་བཞིན་མ་ངེས་(182b2)པའོ།།
33 གཉིས་ཀའི་ཕྱོགས་གཅིག་གི་ཡུལ་ལ་ཡོད་པ་ནི། ཇི་ལྟར་སྒྲ་རྟག་སྟེ་ལུས་ཅན་
མ་ཡིན་པ་ཉིད་ཀྱི་ཕྱིར་ཞེས་པ་འདི་ལ་རྟག་པ་ནི་ཕྱོགས་སོ།། ནམ་མཁའ་དང་རྡུལ་ཕྲན་
ལ་སོགས་པ་ནི་མཐུན་ཕྱོགས་སོ།། དེ་ལ་མཐུན་(182b3)ཕྱོགས་ཀྱི་ཡུལ་ཅིག་ནམ་མཁའ་
ལ་ལུས་ཅན་མ་ཡིན་པ་ཉིད་ཡོད་ལ་རྡུལ་ཕྲན་ལ་སོགས་པ་ལ་མེད་དོ།། འདིའི་མི་རྟག་
པའི་ཕྱོགས་བུམ་པ་དང་བདེ་བ་ལ་སོགས་པ་ནི་མི་མཐུན་ཕྱོགས་སོ།། དེ་ལ་བདེ་བ་ལ་
སོགས་པ་ནི་ལུས་(182b4)ཅན་མ་ཡིན་པ་ཉིད་ཡོད་ལ་བུམ་པ་ལ་མེད་དོ།། དེའི་ཕྱིར་
འདི་ཡང་བདེ་བ་དང་ནམ་མགའ་ཆོས་མཐུན་པའི་དཔེར་བྱས་པ་ཉིད་ཀྱིས་མ་ངེས་པའོ།།
34 འགལ་བ་ལ་མི་འཁྲུལ་བ་ནི་ཇི་ལྟར་སྒྲ་མི་རྟག་སྟེ་བྱས་པ་ཉིད་ཀྱི་ཕྱིར་བུམ་པ་
(182b5)བཞིན། སྒྲ་རྟག་སྟེ་མཉན་བྱ་ཉིད་ཀྱི་ཕྱིར་སྒྲ་བཞིན་ཞེས་པ་འགལ་བའི་དོན་དག་
གཅིག་ལ་ཡོད་པ་ནི་གཉིས་ཀ་ལ་ཐེ་ཚོམ་གྱི་རྒྱུ་ཉིད་དོ།།
35 འགལ་བ་ནི་བཞིར་དབྱེ་སྟེ། ཆོས་ཀྱི་རང་བཞིན་ཕྱིན་ཅི་ལོག་ཏུ་སྒྲུབ་པར་བྱེད་
པ་དང་། ཆོས་(182b6)ཀྱི་ཁྱད་པར་ཕྱིན་ཅི་ལོག་ཏུ་སྒྲུབ་པར་བྱེད་པ་དང་། ཆོས་ཅན་

གྱི་རང་བཞིན་ཕྱིན་ཅི་ལོག་ཏུ་སྒྲུབ་པར་བྱེད་པ་དང་། ཆོས་ཅན་གྱི་ཁྱད་པར་ཕྱིན་ཅི་ལོག་ཏུ་བསྒྲུབ་པར་བྱེད་པ་ཡང་དོ་ཞེས་པའོ།།

36 དེ་ལ་ཆོས་ཀྱི་རང་བཞིན་ཕྱིན་ཅི་ལོག་ཏུ་(182b7)སྒྲུབ་པར་བྱེད་པ་ཇི་ལྟར་ན། སྒྲ་རྟག་སྟེ་བྱས་པ་ཉིད་ཀྱི་ཕྱིར་ཞེས་པ་འམ་བཙལ་མ་ཐག་ཏུ་བྱུང་བ་ཉིད་ཀྱི་ཕྱིར། ཞེས་འདིའི་རྟགས་མི་མཐུན་ཕྱོགས་ཁོ་ན་ལ་ཡོད་པས་འགལ་བའོ།།

37 ཆོས་ཀྱི་ཁྱད་པར་ཕྱིན་ཅི་ལོག་ཏུ་སྒྲུབ་(182b8)པར་བྱེད་པ་ཇི་ལྟར་ན། མིག་ལ་སོགས་པ་གཞན་གྱི་དོན་ཡིན་ཏེ། འདུས་པ་ཉིད་ཀྱི་ཕྱིར་མལ་ཆ་དང་སྟན་ལ་སོགས་པའི་ཡན་ལག་བཞིན་ཞེས་པ་འདིའི་རྟགས་ཇི་ལྟར་མིག་ལ་སོགས་པ་རྣམས་ལ་གཞན་གྱི་དོན་ཉིད་སྒྲུབ་(183a1)པར་བྱེད་པ་དེ་ལྟར་འདུས་པ་ཉིད་ཀྱང་གཞན་གྱི་སྒྲུབ་པར་བྱེད་པ་ཡིན་ལ་མལ་ཆ་དང་སྟན་ལ་སོགས་པའི་ཡན་ལག་རྣམས་ཀྱང་འདུས་པ་ཉིད་ཡིན་པས་སོ།།

38 ཆོས་ཅན་གྱི་རང་བཞིན་ཕྱིན་ཅི་ལོག་དུ་(183a2)སྒྲུབ་པར་བྱེད་པ་ཇི་ལྟར་ན། རྫས་དང་ལས་དང་ཡོན་ཏན་སོ་སོར་མེད་དེ་དངོས་པོའི་རྫས་གཅིག་པ་ཅན་ཉིད་ཀྱི་ཕྱིར་དང་། ཡོན་ཏན་དང་ལས་ཀྱི་རང་བཞིན་ཡིན་པའི་ཕྱིར། སྤྱི་དང་ཁྱད་པར་བཞིན་ཞེས་པ། འདིའི་རྟགས་(183a3)ཇི་ལྟར་རྫས་ལ་སོགས་པའི་མ་ཡིན་པ་ལ་སྒྲུབ་པར་བྱེད་པའི་དངོས་པོ་ཡིན་པ་དེ་ལྟར་དངོས་པོའི་ཡོད་པ་ཉིད་ལ་ཡང་བསྒྲུབ་པར་བྱེད་པ་ཡིན་ཏེ། གཉིས་ཀ་ལ་མི་འགྲུབ་པའི་ཕྱིར་རོ།།

39 ཆོས་ཅན་གྱི་ཁྱད་པར་ཕྱིན་ཅི་ལོག་(183a4)ཏུ་སྒྲུབ་པར་བྱེད་པ་འདི་ཉིད་ནི་ཕྱོགས་

སྒྲ་མའི་རྟགས་འདི་ཉིད་ལ་ཆོས་ཅན་གྱི་ཁྱད་པར་གང་ཡོད་པ་རྐྱེན་གྱིས་བྱས་པ་ཉིད་དང། དེའི་བཟློག་པ་མེད་པ་རྐྱེན་གྱིས་བྱས་པ་ཉིད་ལ་ཡང་སྒྲུབ་པར་བྱེད་པ་ཡིན་ཏེ། གཉིས་ཀ་ལ་མི་(183a5)འགྲུབ་པའི་ཕྱིར་རོ།།

40 དཔེ་ལྟར་སྣང་བ་རྣམས་འདི་ལྟ་སྟེ། སྒྲུབ་པར་བྱེད་པའི་ཆོས་མ་གྲུབ་པ་དང་། བསྒྲུབ་པར་བྱ་བའི་ཆོས་མ་གྲུབ་པ་དང་། གཉིས་ཀའི་ཆོས་མ་གྲུབ་པ་དང་། རྗེས་སུ་འགྲོ་བ་མེད་པ་དང་། རྗེས་སུ་འགྲོ་(183a6)བ་ཕྱིན་ཅི་ལོག་པ་ཡང་ངོ་།། ཞེས་པ་ཆོས་མཐུན་པ་ཉིད་ཀྱིས་སོ།།

41 ཆོས་མི་མཐུན་པ་ཉིད་ལ་ཡང་སྒྲུབ་པར་བྱེད་པ་ལྡོག་པ་མེད་པ་དང་། སྒྲུབ་པར་བྱ་བ་ལྡོག་པ་མེད་པ་དང་། གཉིས་ཀ་ལྡོག་པ་མེད་པ་དང་། ལྡོག་པ་མེད་པ་(183a7)དང་། ལྡོག་པ་ཕྱིན་ཅི་ལྡོག་པ་ཡང་ཞེས་པའོ།།

42 དེ་ལ་སྒྲུབ་པར་བྱེད་པའི་ཆོས་མ་གྲུབ་པ་ནི་ཇི་ལྟར་སྒྲ་རྟག་སྟེ་ལུས་ཅན་མ་ཡིན་པ་ཉིད་ཀྱི་ཕྱིར་གང་ལུས་ཅན་མ་ཡིན་པ་དེ་རྟག་པར་མཐོང་སྟེ། དཔེར་ན་རྡུལ་ཕྲ་རབ་བཞིན་ཞེས་(183a8)པ་དེ་ལ་ཕྲ་རབ་ལ་བསྒྲུབ་པར་བྱ་བ་རྟག་པ་ཉིད་ཡོད་ལ་སྒྲུབ་པར་བྱེད་པའི་ཆོས་ལུས་ཅན་མ་ཡིན་པ་ཉིད་མེད་དེ། རྡུལ་ཕྲན་རྣམས་ལུས་ཅན་ཉིད་ཡིན་པའི་ཕྱིར་རོ།།

43 བསྒྲུབ་བྱའི་ཆོས་མ་གྲུབ་པ་ནི། འདི་ལྟར་སྒྲ་རྟག་སྟེ་ལུས་(183b1)ཅན་མ་ཡིན་པ་ཉིད་ཀྱི་ཕྱིར། གང་ལུས་ཅན་མ་ཡིན་པ་ཉིད་དེ་རྟག་པར་མཐོང་སྟེ་དཔེར་ན་བློ་བཞིན་ཞེས་པ། བློ་ལ་སྒྲུབ་པར་བྱེད་པའི་ཆོས་ལུས་ཅན་མ་ཡིན་པ་ཉིད་ཡོད་ལ་བསྒྲུབ་བྱའི་

ཆོས་རྟག་པ་ཉིད་མེད་དེ་བློ་མི་རྟག་པ་ཉིད་(183b2)ཀྱི་ཕྱིར་རོ།།

44 གཉིས་ཀ་མ་གྲུབ་པ་ནི་གཉིས་སུ་དབྱེ་སྟེ། ཡོད་པ་དང་མེད་པ་ཡང་ཞེས་སོ།། དེ་ལ་བུམ་པ་བཞིན་ཞེས་པ་ཡོད་པ་ལ་གཉིས་ཀ་ལ་མ་གྲུབ་པ་སྟེ། ལུས་ཅན་ཉིད་ཡིན་པའི་ཕྱིར་དང་། མི་རྟག་པ་ཉིད་ཀྱི་ཡང་ཕྱིར་རོ། (183b3)ནམ་མཁའ་བཞིན་ཞེས་པ་མེད་པ་གཉིས་ཀ་མ་གྲུབ་པ་སྟེ། ནམ་མཁའ་མེད་པ་ཉིད་དུ་འདོད་པ་ལའོ།།

45 རྗེས་སུ་ལྒྲོ་བ་མེད་པ་ནི་གང་ལ་རྗེས་སུ་འགྲོ་བ་མེད་པས་བསྒྲུབ་པར་བྱ་བ་དང་། སྒྲུབ་པར་བྱེད་པ་དག་ལྷན་ཅིག་ཡོད་(183b4)པར་རབ་ཏུ་ཤེས་པར་བྱེད་པ་ཇི་ལྟར་བུམ་པ་ལ་བྱས་པ་ཉིད་དང་། མི་རྟག་པ་ཉིད་ཀྱང་མཐོང་ཞེས་པའོ།།

46 རྗེས་སུ་འགྲོ་བ་ཕྱིན་ཅི་ལོག་པ་ནི་གང་བྱས་པ་དེ་མི་རྟག་པར་མཐོང་ཞེས་བརྗོད་པར་བྱ་བ་ལ་སགང་མི་རྟག་པ་དེ་བྱས་(183b5)པ་ཡིན་ཞེས་ཟེར་བ་ལྟ་བུའོ།།

47 ཆོས་མི་མཐུན་པ་ལ་ཡང་སྒྲུབ་པར་བྱེད་པ་ལྡོག་པ་མེད་པ་ནི་། རི་ཞིག་ལས་ལ་བསྒྲུབ་བྱ་རྟག་པ་ཉིད་ལྡོག་སྟེ་ལས་རྣམས་མི་རྟག་པ་ཉིད་ཀྱི་ཕྱིར་རོ།། སྒྲུབ་པར་བྱེད་པ་ལྡོག་པ་མེད་དེ། ལས་(183b6)རྣམས་ལུས་ཅན་མ་ཡིན་པ་ཉིད་ཀྱི་ཕྱིར་རོ།།

48 བསྒྲུབ་པར་བྱ་བ་ལྡོག་པ་མེད་པ་ནི་རྡུལ་ཕྲ་རབ་བཞིན་ཞེས་པ་ལ་སྒྲུབ་པར་བྱེད་པ་ལུས་ཅན་མ་ཡིན་པ་ཉིད་ལྡོག་སྟེ། རྡུལ་ཕྲན་རྣམས་ལུས་ཅན་ཉིད་ཡིན་པའི་ཕྱིར་རོ།། བསྒྲུབ་(183b7)པར་བྱ་བ་རྟག་པ་ཉིད་ལྡོག་པ་མེད་དེ། རྡུལ་ཕྲན་རྣམས་རྟག་པ་ཉིད་ཀྱི་ཕྱིར་རོ།།

49 གཉིས་ཀ་ལྡོག་པ་མེད་པ་ནི་ནམ་མཁའ་བཞིན་ཞེས་པ་ལ་རྟག་པ་ཉིད་དང་། ལུས་ཅན་མ་ཡིན་པ་ཉིད་ལྡོག་པ་མ་ཡིན་པ་ཉིད་ལྡོག་པ་མེད་དེ་ནམ་(183b8)མཁའ་རྟག་པ་ཉིད་ཀྱི་ཕྱིར་དང་། ལུས་ཅན་མ་ཡིན་པ་ཉིད་ཀྱི་ཡང་ཕྱིར་རོ།།

50 ལྡོག་པ་མེད་པ་ནི་དེ་ལྟར་ནམ་མཁའ་ལ་རྟག་པ་ཉིད་དང་། མ་བྱས་པ་ཉིད་ཀྱང་མཐོང་ཞེས་པ་ལྟ་བུའོ།།

51 ལྡོག་པ་ཕྱིན་ཅི་ལོག་པ་ནི་དེ་ལྟར་གང་རྟག་(184a1)སྟེ་བྱས་པ་མ་ཡིན་ཞེས་བརྗོད་པར་བྱ་བ་ལས་གང་མ་བྱས་པ་དེ་རྟག་པ་ཡིན་ཞེས་ཟེར་བ་ལྟ་བུའོ།།

52 འདི་རྣམས་ཀྱིས་ཕྱོགས་དང་གཏན་ཚིགས་དང་དཔེ་ལྟར་སྣང་བ་རྣམས་བརྗོད་པས་སྒྲུབ་པར་ བྱེད་པར་ལྟར་(184a2)སྣང་བ་རྣམས་སོ།།

53 བདག་ཉིད་ཀྱིས་རབ་ཏུ་རྟོགས་པར་བྱ་བའི་དོན་ལ་ཡང་མངོན་སུམ་དང་རྗེས་སུ་དཔག་པའི་ཚད་མ་ཉིད་དག་གོ།

54 དེ་ལ་མངོན་སུམ་རྟོག་པ་དང་བྲལ་བ་སྟེ། ཤེས་པ་གང་གཟུགས་ལ་སོགས་པའི་དོན་(184a3)ལ་མིང་དང་རིགས་ལ་སོགས་པའི་རྟོག་པ་དང་བྲལ་བ་དེ་དབང་པོ་སོ་སོའི་དབང་པོ་ལ་ཡོད་པ་ནི་མངོན་སུམ་ཞེས་པའོ།།

55 རྗེས་སུ་དཔག་པ་ནི་རྟགས་ལས་དོན་མཐོང་བའོ།།

56 རྟགས་ནི་ཚུལ་གསུམ་ཚང་བར་བརྗོད་པ(184a4)་གང་ལས་གང་རྗེས་སུ་དཔག་པའི་ཤེས་པ་སྐྱེས་པ་འདི་ར་མི་དང་ལྡུམ་པ་མི་རྟག་པ་ཅེས་པ་ལ་སོགས་པ་འདི་རྗེས་སུ་དཔག་པའོ།།

57 གཉིས་ཀ་ལ་ཤེས་པ་དེ་ཉིད་འབྲས་བུ་སྟེ། གཟུགས་ལ་སོགས་པ་རྟོགས་པ་ཉིད་ཀྱི་ཕྱིར་(184a5)རོ།།

58 ཚད་མ་འང་དེ་ཉིད་དེ། དོན་བྱེད་ནུས་པ་ཡང་དག་པར་རྟོགས་པའི་ཕྱིར་ཞེས་པའོ།།

59 དོན་གཞན་ལ་རྟོག་པ་དང་བཅས་པའི་ཤེས་པ་གང་སྐྱེས་པ་དེ་མངོན་སུམ་ལྟར་སྣང་བའོ། དེ་ལྟར་ན་བུམ་པ་འམ་སྣམ་བུ་ཞེས་(184a6)རྟོག་པ་དང་བཅས་པ་དེ་རང་གི་མཚན་ཉིད་ཀྱི་ཡུལ་

ཉིད་ལས་མངོན་སུམ་ལྟར་སྣང་བའོ།།

60 ཐར་གྱི་རྟགས་ལྟར་སྣང་ལ་ས་རྟོགས་པ་དོན་ལྟར་སྣང་བའི་ཤེས་པ་ནི་རྗེས་དཔག་ལྟར་སྣང་བ་སྟེ།རྟགས་ལྟར་སྣང་གི་དབྱེ་བ་མང་(184a7)པོ་བརྗོད་པ་དེ་ལས་རྗེས་སུ་དཔག་པར་བྱ་བ་ལྟར་སྣང་བའི་ཤེས་པ་མ་རྟོགས་པར་འགྱུར་བ་དེ་ནི་རྗེས་དཔག་ལྟར་སྣང་བའོ།།

61 སྒྲུབ་པར་བྱེད་པའི་སྐྱོན་བརྗོད་པ་རྣམས་ནི་སུན་འབྱིན་པ་རྣམས་སོ།།

62 སྒྲུབ་པར་བྱེད་པའི་སྐྱོན་ཡང་(184a8)མ་ཚང་བ་དང་། མངོན་སུམ་ལ་སོགས་པ་གནོད་ཕྱོགས་ཀྱི་སྐྱོན་ཉིད་དང་། རྟགས་ཀྱི་སྐྱོན་མ་གྲུབ་པའི་རྟགས་ཉིད་དང་། མ་ངེས་པའི་རྟགས་ཉིད་དང་། འགལ་བའི་རྟགས་ཉིད་དང་། དཔེའི་སྐྱོན་ཉིད་དང་། བསྒྲུབ་བྱའི་(184b1)ཆོས་ལ་སོགས་པ་མ་གྲུབ་པའོ།།

63 དེའི་བརྗོད་པའི་ཕྱིར་རྒོལ་གྱིས་རབ་ཏུ་རྟོགས་པའི་དུས་ན་སུན་འབྱིན་པའོ།།

64 སྒྲུབ་པར་བྱེད་པ་སྐྱོན་མི་འབྱུང་བ་ལ་སྐྱོན་བརྗོད་པ་རྣམས་ནི་སུམ་འབྱིན་ལྟར་སྣང་བ་རྣམས་ཏེ། ཇི་ལྟར་ན་སྒྲུབ་(184b2)པར་བྱེད་པ་ཡང་དག་པར་ཚང་བ་ལ་མ་ཚང་བ་ཉིད་བརྗོད་པ་དང་། ཕྱོགས་སྐྱོན་མེད་པ་ལ་ཕྱོགས་ཀྱི་སྐྱོན་བརྗོད་པ་དང་ གྲུབ་པའི་རྟགས་ལ་མ་གྲུབ་པའི་རྟགས་སུ་མ་ངེས་པ་མེད་པའི་རྟགས་ལ་མ་ངེས་པའི་རྟགས་སུ་བརྗོད་པ་(184b3)དང་། མི་འགལ་བའི་རྟགས་ལ་འགལ་བའི་རྟགས་སུ་བརྗོད་པ་དང་། སྐྱོན་མེད་པའི་དཔེ་ལ་དཔེའི་སྐྱོན་བརྗོད་པ་སྟེ། འདི་རྣམས་སུན་འབྱིན་ལྟར་སྣང་བ་རྣམས་སོ།། འདི་རྣམས་ཀྱིས་གཞན་གྱིས་ཕྱོགས་ལ་སྐྱོན་མེད་པ་མ་བརྗོད་དེ། (184b4)སྐྱོན་མེད་པ་ཉིད་ཀྱི་ཕྱིར་ཞེས་པ་རེ་ཞིག་བཞག་གོ།

65 ཚིག་དོན་ཙུང་ཟད་ཀུན་བཤད་པ།།

 སྟོན་ལ་ཕྱོགས་ཙམ་བསྒྲུབས་པའི་ཕྱིར།

གང་འདིར་རིགས་དང་མི་རིགས་ཀྱང་།

གཞན་ལས་དེ་དག་ལེགས་ཞེས་[sic]བྱ།།

ཞེས་པ་རིགས་(184b5)པར་འཇུག་པའི་སྒོ་སློབ་དཔོན་ཆེན་པོ་ཕྱོགས་ཀྱི་གླང་པོས་མཛད་པ་རྫོགས་སོ།། |__|ཁ་ཆེའི་པཎྜི་ཏ་ཆེན་པོ་ཐམས་ཅད་མཁྱེན་དཔལ་བསྲུང་བ་ལས། ཤཱ་ཀྱའི་དགེ་སློང་གྲགས་པ་རྒྱལ་མཚན་དཔལ་བཟང་པོས། དཔལ་(185a6)ས་སྐྱའི་གཙུག་ལག་ཁང་ཆེན་པོར་བསྒྱུར་བའོ།། |__|